Persönlichkeits- und Lernentwicklung
an staatlichen und privaten Grundschulen

Frank Lipowsky, Gabriele Faust,
Claudia Kastens (Hrsg.)

Persönlichkeits- und Lernentwicklung an staatlichen und privaten Grundschulen

Ergebnisse der PERLE-Studie
zu den ersten beiden Schuljahren

Waxmann 2013
Münster / New York / München / Berlin

Bibliografische Informationen der Deutschen Nationalbibliothek
Die Deutsche Nationalbibliothek verzeichnet diese Publikation in der Deutschen Nationalbibliografie; detaillierte bibliografische Daten sind im Internet über http://dnb.d-nb.de abrufbar.

Das dieser Veröffentlichung zugrunde liegende Vorhaben wurde mit Mitteln des Bundesministeriums für Bildung und Forschung unter den Förderkennzeichen PLI 3026A bzw. PLI 3026 B gefördert. Die Verantwortung für den Inhalt dieser Veröffentlichung liegt bei den Herausgebern bzw. Autoren.

ISBN 978-3-8309-2826-3

© Waxmann Verlag GmbH, Münster 2013

www.waxmann.com
info@waxmann.com

Umschlaggestaltung: Anne Breitenbach, Tübingen
Umschlagfoto: © contrastwerkstatt – Fotolia.com
Druck: Hubert & Co., Göttingen
Gedruckt auf alterungsbeständigem Papier,
säurefrei gemäß ISO 9706

Printed in Germany

Alle Rechte vorbehalten. Nachdruck, auch auszugsweise, verboten.
Kein Teil dieses Werkes darf ohne schriftliche Genehmigung des Verlages in irgendeiner Form reproduziert oder unter Verwendung elektronischer Systeme verarbeitet, vervielfältigt oder verbreitet werden.

Inhalt

Vorwort der Herausgeber 7

Frank Lipowsky, Gabriele Faust, Claudia Kastens und Swantje Post
1. Die PERLE-Studie: Überblick und Hintergründe.................................... 9

Nicole E. Berner, Caroline Theurer und Edgar Schoreit
2. Die Entwicklung der Kreativität und ihr Zusammenhang mit der Intelligenz 29

Karina Karst und Frank Lipowsky
3. Leistungsentwicklung im Fach Mathematik und deren Determinanten 51

Miriam Lotz, Edgar Schoreit und Iris Kempter
4. Die Entwicklung des Leseverständnisses und der Rechtschreibfähigkeit 77

Claudia Kastens, Katrin Gabriel und Frank Lipowsky
5. Selbstkonzeptentwicklung im Anfangsunterricht 99

Carina Tillack und Emely Mösko
6. Der Einfluss familiärer Prozessmerkmale auf die Entwicklung der
   Mathematikleistung der Kinder 129

Swantje Post, Claudia Kastens und Frank Lipowsky
7. Professionelle Handlungskompetenz von Lehrpersonen 151

Frank Lipowsky, Gabriele Faust und Claudia Kastens
8. PERLE 1: Zusammenfassung und Ausblick 189

Autoren und Autorinnen.. 195

Publikationen aus dem PERLE-Projekt... 197

Vorwort

Mit diesem Band liegt die erste Buchpublikation zum Projekt „PERLE – Persönlichkeits- und Lernentwicklung von Grundschulkindern" (2005–2012) mit den Ergebnissen zur ersten Phase des Projekts („PERLE 1") in den ersten beiden Klassenstufen der Grundschule vor. Das Projekt „PERLE" ist eine der wenigen Längsschnittuntersuchungen in Deutschland, die die Kinder unmittelbar vom Schuleintritt bis zum Ende der Grundschule begleiteten. Der Band soll den Kenntnisstand zur Entwicklung der Schüler am Anfang der Pflichtschulzeit in Deutschland erweitern, und zwar im Hinblick auf die Entwicklung der Leistungen in zentralen Domänen und die der Selbstkonzepte. Dabei werden auch familiäre Merkmale und solche auf Seiten der Lehrpersonen, die die Persönlichkeits- und Lernentwicklung der Kinder potenziell beeinflussen können, untersucht. Ungewöhnlich ist, dass die Stichprobe sowohl staatliche Grundschulen als auch einen privaten Grundschultyp, die so genannten „BIP-Kreativitätsschulen", umfasste. Deshalb werden mit dem Fach Kunst, den Kunstlehrpersonen und der Kreativitätsentwicklung der Grundschulkinder Aspekte einbezogen, die sonst selten in quantitativen Bildungslängsschnittstudien berücksichtigt werden. Wir können deshalb auch Ergebnisse zum Vergleich der Entwicklungen und ihrer Bedingungen in diesen beiden Schultypen darlegen.

Dieses Buch wäre nicht entstanden ohne die Mithilfe und die Mitwirkung vieler Beteiligter. Wir bedanken uns beim Bundesministerium für Bildung und Forschung (BMBF) für die finanzielle Förderung, ohne die das Projekt nicht hätte stattfinden können. Die wissenschaftlichen Mitarbeiter an den beiden Standorten Kassel und Bamberg haben durch ungewöhnlichen Einsatz dazu beigetragen, dass das umfangreiche Erhebungsprogramm entworfen und umgesetzt werden konnte. In diesem Zusammenhang sind wir auch den zahlreichen studentischen und wissenschaftlichen Hilfskräften und den vielen Datenerhebern, die dank der Hilfe der Universität Leipzig gewonnen und geschult werden konnten, zu großem Dank verpflichtet. Das Gleiche gilt für die Kooperationspartner der Studie in den Fächern Kunst und Deutsch. Den Schulbehörden des Freistaats Sachsen danken wir für die Unterstützung bei der Rekrutierung der staatlichen Grundschulen und dem Sächsischen Staatsministerium für Kultus für die Zusammenarbeit bei der Genehmigung der Studie und den Lehrerfortbildungsveranstaltungen zu den Projektergebnissen. Das Deutsche Institut für Internationale Pädagogische Forschung (DIPF) in Frankfurt am Main unterstützte das Projekt durch methodische Beratung und Bereitstellung von Infrastruktur. Die Universitäten Kassel und Bamberg stellten die benötigten Räumlichkeiten großzügig zur Verfügung. Vor allem aber danken wir den beteiligten Schulen, Lehrpersonen, Kindern und Eltern: Nur durch ihre engagierte und verlässliche Zusammenarbeit konnte diese Untersuchung durchgeführt werden.

Bamberg und Kassel, im Februar 2013
Die Herausgeber

1. Die PERLE-Studie: Überblick und Hintergründe

Frank Lipowsky, Gabriele Faust, Claudia Kastens und Swantje Post

Einleitung

Die PERLE-Studie untersucht die Leistungs- und Persönlichkeitsentwicklungen von Grundschulkindern unter Einbezug verschiedener Hintergrundmerkmale der Schüler[1] und des Unterrichts über die Grundschulzeit. Eine der Besonderheiten der PERLE-Studie besteht darin, dass die Stichprobe staatliche (oder auch öffentliche) und private Grundschulen (oder auch Grundschulen in freier Trägerschaft), die sog. BIP-Kreativitätsgrundschulen, umfasst.

Zum Schuleintritt und am Ende jeder Klassenstufe wurden der Leistungsstand in den Fächern Mathematik und Deutsch und – als insbesondere für die Kreativitätsschulen bedeutsam – die kreativen Leistungen der Schüler erfasst. Die multikriteriale Sichtweise des Projekts beinhaltet ferner die längsschnittliche Analyse kognitiver und affektiv-motivationaler Variablen wie dem domänenspezifischen Fähigkeitsselbstkonzept der Kinder, der Intelligenz oder der Lernfreude.

Da Merkmale auf Klassenebene (Klassenzusammensetzung, Qualität des Unterrichts oder Lehrerexpertise) als relevante schul- und klassenbezogene Einflussgrößen für Schulerfolg gelten, wurden als unabhängige Variablen Merkmale der Lehrpersonen, aber auch familiäre Lebens- und Lernbedingungen der Schüler erhoben und auf ihre Einflüsse untersucht. Wirkungen der Lehr- und Lernprozesse auf die Entwicklungen der Schüler können somit unter Kontrolle verschiedener Eingangsvoraussetzungen untersucht werden.

Der vorliegende Bericht über die PERLE-Studie verfolgt drei Ziele: In erster Linie geht es darum, die längsschnittlichen Daten zu nutzen, um aufzuzeigen, wie sich die Schüler in den ersten beiden Jahren der Grundschulzeit in verschiedenen Bereichen (Leistung, Kreativität, Selbstkonzept) entwickeln. Ergänzend dazu werden Fragen nach der Beeinflussbarkeit dieser schulbezogenen Outcomevariablen geklärt. Dies betrifft insbesondere Merkmale des Elternhauses und des Unterrichts bzw. der Lehrkräfte, aber auch Eingangsvoraussetzungen wie das Vorwissen der Schüler.

Außerdem wird im Kontext dieser Analysen untersucht, ob sich die Entwicklung der Schüler, die die BIP-Schulen besuchen, von der der Schüler an staatlichen Schulen unterscheidet. Dabei wird die Entwicklung in Mathematik, Lesen, Rechtschreiben, in der Kreativität und in den auf diese Domänen bezogenen Selbstkonzepten betrachtet. Dabei ist zu berücksichtigen, dass die einbezogenen staatlichen Schulen nicht repräsentativ für

---

[1] Aus Gründen der besseren Lesbarkeit wird im gesamten Bericht nur die männliche Form verwendet. Wenn nicht explizit anders genannt, beziehen sich jedoch alle Aussagen auf beide Geschlechter.

die Grundschulen in den untersuchten Regionen waren, sondern eine positiv selegierte Stichprobe darstellten.

Der Bericht umfasst vor dem Hintergrund verschiedener Fragestellungen die Ergebnisse der Studie PERLE 1 bis zum Ende des zweiten Schuljahres. Die Datenerhebung des Anschlussprojekts PERLE 2, das die weitere Entwicklung der Schüler bis zum Ende der Klassenstufe vier verfolgte, wurde im Sommer 2010 abgeschlossen. Ergebnisse aus PERLE 2 sind nicht Gegenstand dieses Berichts.

Vor Beginn der in dieser Veröffentlichung im Mittelpunkt stehenden Längsschnittstudie PERLE 1 (2006 bis 2008) wurden die Leistungen von Viertklässlern der BIP-Kreativitätsgrundschulen in Mathematik, Lesen und Naturwissenschaften in einer querschnittlichen Studie mit den Leistungen der IGLU-Stichprobe 2001 verglichen. Die Ergebnisse dazu sind in Lipowsky et al. (eingereicht) dargestellt.

1.1 Design und Ziel der PERLE-Studie 1

Mit der im Herbst 2006 begonnenen Längsschnittstudie PERLE 1 wurde die Entwicklung von Grundschülern multidimensional und multikriterial in einem quasi-experimentellen Design untersucht.

Die Multikriterialität bezieht sich hierbei auf die Betrachtung verschiedener Outcomevariablen. Es wurden sowohl klassische Leistungstests als auch Fragebögen zur Erfassung kognitiver und affektiv-motivationaler Variablen und Tests zur Erfassung der Kreativität eingesetzt.

Abbildung 1 veranschaulicht den Ablauf der Datenerhebung in den Schuljahren 2006/07 (1. Schuljahr) und 2007/08 (2. Schuljahr) überblicksartig. Hier zeigt sich die multidimensionale Perspektive. Es wurden auf vier unterschiedlichen Ebenen Daten erhoben: Beobachter[2], Schüler, Lehrer und Eltern.

Die Schüler wurden zu drei bzw. vier unterschiedlichen Zeitpunkten befragt (Einschulung plus Zusatzerhebung, Ende 1. Schuljahr, Ende 2. Schuljahr). Durch dieses Vorgehen ist es möglich, neben der Betrachtung von Entwicklungsverläufen auf Seiten der Schüler auch mögliche Einflussvariablen zu kontrollieren bzw. Erklärungsvariablen je nach Fragestellung zu untersuchen.

Neben einer Stichprobe von Schülern regulärer staatlicher Grundschulen wurde im Rahmen der PERLE-Studie eine Stichprobe von so genannten BIP-Grundschülern rekrutiert, die zur selben Zeit an diesen privaten Grundschulen eingeschult wurden. Dies erlaubt die Betrachtung schultypbezogener differenzieller Entwicklungsverläufe.

Bisherige Erfahrungen deuten beispielsweise darauf hin, dass BIP-Schüler bei den Bildungsempfehlungen für die weiterführenden Schulen gegenüber Kindern aus öffentlichen Grundschulen besser abschneiden. Darüber hinaus wird von herausragenden Leistungen einzelner Kinder unter anderem in Schach, Musik, Bildender Kunst, Mathematik

---

2 In diesem Buch sind die Videostudien und die in diesem Kontext angesiedelten Erhebungen nicht berücksichtigt. Für genauere Hinweise zur Durchführung der Videostudien siehe Lotz, Lipowsky & Faust (in Druck).

1. Die PERLE-Studie: Überblick und Hintergründe

und Informationstechnologie berichtet (Mehlhorn & Mehlhorn, 2003). Es fehlt jedoch an einer umfangreichen und unabhängigen Evaluation und wissenschaftlichen Begleitforschung zur Wirksamkeit der BIP-Konzeption. Diese Lücke galt es mit der PERLE-Studie zumindest ein Stück weit zu schließen.

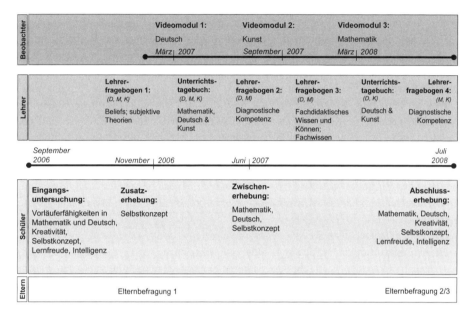

Abbildung 1: Übersicht über die Anlage der PERLE-Studie 1

Die Untersuchung der Fördereffekte privater Grundschulen stellt in Deutschland einen besonders herausfordernden Forschungsgegenstand dar: Weil die Schülerschaft an den staatlichen Schulen zwar aufgrund des Sprengelprinzips sozial vorselegiert ist, im Prinzip aber noch die gesamte Breite der Begabungen und Herkünfte repräsentiert, könnte der Selektionsvorteil privater Grundschulen im Primarbereich besonders groß und ihr Besuch für entsprechend interessierte Eltern daher besonders wirkungsvoll und ertragreich erscheinen. Da bislang keine deutschen Studien zur Wirksamkeit privater Beschulung im Grundschulsektor vorliegen, ist offen, wie groß der Vorteil privater Schulen unter diesen Bedingungen ist.

In der PERLE-Untersuchung werden unter der Bezeichnung „Privatschule" nicht verschiedene schulorganisatorische und pädagogische Ansätze vermischt. Vielmehr liegt den hier untersuchten BIP-Kreativitätsgrundschulen ein vergleichsweise homogenes Schulkonzept zugrunde. Damit lassen sich mögliche Unterschiede zwischen den Schultypen differenzierter als in der Privatschulforschung üblich beschreiben. In dieser Hinsicht geht die PERLE-Studie folgender Frage nach:

Welche Entwicklungen zeigen sich an den BIP-Kreativitätsschulen und an den staatlichen Grundschulen nach Kontrolle relevanter Lernvoraussetzungen (schultypvergleichende Perspektive)?

Die breite Erfassung von Hintergrund- und Kontextmerkmalen im Rahmen einer Grundschullängsschnittstudie erlaubt darüber hinaus die Untersuchung einer Reihe von Fragestellungen, die insgesamt für die Grundschulforschung relevant sind. Diese Fragen lassen sich auf einer allgemeinen Ebene folgendermaßen konkretisieren:

Welche schulischen und unterrichtlichen Merkmale fördern die Persönlichkeits- und Lernentwicklung? Während sich in diesem Bericht die Kapitel 3 und 4 den Lernentwicklungen in den Domänen Mathematik und Sprache widmen, nehmen die Kapitel 2 und 5 mit der Kreativität und der Intelligenz die Entwicklung übergreifender und mit dem Selbstkonzept persönlichkeitsbezogene Merkmale der Schüler in den Blick (multikriteriale Perspektive).

Welche Bedeutung haben individuelle und klassen- bzw. schulbezogene Merkmale für die Entwicklung der Schüler? Da in Schulstudien die Schüler als Einheiten auf der untersten Ebene gruppenspezifisch Klassen besuchen, wodurch ihre Entwicklung ähnlicher verläuft als die Entwicklung von Schülern unterschiedlicher Klassen, muss diese Mehrebenenstruktur berücksichtigt werden. Wenn es in den nachfolgenden Analysen um die Frage des Einflusses des Schultyps oder anderer klassenbezogenen Variablen geht, wird demzufolge immer die Klassenzugehörigkeit kontrolliert (mehrebenenanalytische Perspektive).

Gilt dies gleichermaßen für alle Schülergruppen und alle Lern- und Persönlichkeitsbereiche? Auswertungen, in denen Schüler zu Gruppen wie z. B. die Schüler an den staatlichen bzw. an den BIP-Schulen zusammengefasst werden, könnten feinkörnigere Entwicklungen vernachlässigen. Daher wird hier exemplarisch für das Fach Mathematik untersucht, wie sich unterschiedlich leistungsfähige Schülergruppen entwickeln (differentielle Perspektive, siehe Kapitel 3).

Wie hängen die Entwicklungen in verschiedenen Bereichen zusammen? Entwicklungen in eng verwandten Bereichen wie z. B. in der Lese- und in der Rechtschreibentwicklung könnten sich zumindest beim Großteil der Schüler wechselseitig fördern, sie könnten aber auch unabhängig voneinander oder in komplexeren Beziehungsmuster verlaufen. Als Beispiel für derartige längsschnittliche Abhängigkeiten wird die Schwellenwert-Hypothese zum Zusammenhang von Intelligenz und Kreativität (z. B. Sternberg & O'Hara, 1999) geprüft (strukturelle Perspektive, siehe Kapitel 2).

Auf der Basis von insgesamt über 130 videografierten Doppelstunden in den Unterrichtsfächern Deutsch, Mathematik und Kunst, in diese Videomodule eingebundene Schüler- und Lehrerbefragungen und weiteren Erhebungen wie z. B. Unterrichtstagebüchern erlaubt die PERLE-Studie auch die Untersuchung des Unterrichts, dessen Qualität und spezifischer Lehrer- und Schülerwahrnehmungen (mikrogenetische Perspektive). Da diese Analysen aber noch nicht abgeschlossen sind, bleiben Ergebnisse dazu späteren Veröffentlichungen vorbehalten.

1.2 Höherer Lernerfolg durch Privatschulen? Ein Überblick über den Forschungsstand

Innerhalb des Bildungswesens erfüllen private Schulen wichtige Funktionen: Sie bieten alternative pädagogische Angebote und/oder versprechen eine relativ homogene Schulkultur, die einer besonderen Idee oder Weltanschauung verpflichtet ist (Leschinsky, 2003). Im Schuljahr 2008/09 besuchten 707.672 Schüler private Schulen, was 7.6 % aller Schüler in allgemeinbildenden Bildungsgängen entspricht (Autorengruppe Bildungsberichterstattung, 2010, S. 67), darunter mehr Mädchen als Jungen und weniger ausländische Schüler als deutsche (Lohmann, Spieß & Feldhaus, 2009). Da aufgrund der demografischen Entwicklung die Schülerzahl im allgemeinbildenden Schulwesen zurückgeht, bislang aber die Zunahme privater Einrichtungen anhält, steigt der Anteil der privaten Einrichtungen nach wie vor an. Private Grundschulen sind insbesondere in den Ballungsräumen Berlin, Hamburg, München und Leipzig vertreten und ihr Anteil liegt in Ostdeutschland insgesamt auffallend hoch (Autorengruppe Bildungsberichterstattung, 2012, S. 71f.).

Bei stetig steigenden Schülerzahlen an Privatschulen sind es vornehmlich Eltern aus bildungsnahen Schichten, die eine Entscheidung für die private Beschulung treffen. Während die Zahl der Privatschüler aus bildungsnahen Elternhäusern von 1997 bis 2007 um 77 % zunahm, stieg die Zahl der Privatschüler aus bildungsfernen Schichten im gleichen Zeitraum um lediglich 12 % an. Die Entscheidung zugunsten eines Privatschulbesuchs scheint stärker vom Bildungsgrad als vom Einkommen der Eltern determiniert (Lohmann et al., 2009).

Vergegenwärtigt man sich die besonderen sozialen Hintergrundbedingungen der Schülerschaft und die demzufolge häufig günstigeren Kontextbedingungen an Privatschulen, so lässt sich annehmen, dass Privatschulen differenzielle Entwicklungsmilieus darstellen, die zu einer positiveren Entwicklung der Lernenden beitragen können als staatliche Schulen. Eltern könnten sich deshalb durch den Besuch einer Privatschule Lernvorteile für ihre Kinder erhoffen.

Die nationale und internationale Schulforschung kann jedoch keine eindeutigen und klaren Evidenzen dafür vorlegen, dass sich Schülerleistungen an Privatschulen günstiger entwickeln als an staatlichen Schulen. Hierzu tragen unterschiedliche Stichproben mit unterschiedlichem kulturellem Hintergrund, die unterschiedlichen Bildungssysteme in den einzelnen Ländern, unterschiedliche Analyseverfahren und schließlich die vergleichsweise breite und heterogene Kategorie „Privatschule" bei. Die Befunde sind daher insgesamt uneinheitlich und nicht leicht zu interpretieren. Im Folgenden wird der Forschungsstand in Abhängigkeit vom kulturellen Hintergrund des jeweiligen Schulsystems dargestellt.

Für die *amerikanische Situation* liegen vergleichsweise viele Studien vor. Die schon ältere Coleman-Studie (Coleman, Hoffer & Kilgore, 1982) gilt als eine der ersten Privatschulstudien. Diese querschnittliche Studie gelangte zu dem Ergebnis, dass amerikanische Privatschüler an katholischen Schulen, auch nach Kontrolle ihres sozialen Hintergrunds, bessere Schulleistungen erbringen als Schüler staatlicher Schulen. Die durch die umfassende Kritik an dieser Studie veranlasste Längsschnittstudie konnte diese Ergebnisse weitgehend bestätigen, und zwar auch nach Kontrolle der Vortestunterschiede und der sozialen Hintergrundbedingungen (Coleman & Hoffer, 1987; zur Kritik: z. B. Alexander & Pallas, 1985; Willms, 1985). Auch Bryk, Lee und Holland (1993) und die vielbeachtete Studie von Chubb und Moe (1990) kamen zu vergleichbaren Ergebnissen und attestierten katholischen und privaten Schulen eine höhere Effektivität als öffentlichen Schulen.

McEwan (2000) fasst den Forschungsstand zu experimentellen Versuchen an amerikanischen Grundschulen zusammen, die Bildungsgutscheine oder Stipendien für den Besuch an Privatschulen vorsahen. Im Rahmen dieser Versuche wurden Eltern bildungsbenachteiligter Grundschulkinder Gutscheine für den Besuch von Privatschulen angeboten. Die Eltern, die sich beworben hatten, wurden randomisiert auf zwei Gruppen verteilt. Einem Teil der Eltern wurde das Stipendium gewährt, einem anderen Teil der Eltern nicht. Die Kinder dieser Eltern bildeten die Kontrollgruppe. Der Vergleich der einjährigen Entwicklung der beiden Schülergruppen ergab nur in einigen Jahrgängen signifikante Unterschiede zugunsten der Privatschüler. Differenzierte Analysen zeigten, dass vor allem Schüler mit dunkler Hautfarbe an den katholischen Schulen von den Programmen profitierten, primär in Mathematik, weniger im Lesen. Die Vorteile waren eher in den höheren Jahrgängen der Grundschule zu beobachten, nicht in den unteren. Wenglinsky (2007) bilanziert die längsschnittlichen Ergebnisse dieser Projekte dahingehend, dass die positiven Effekte dieser Schulversuche mit dem Alter der Schüler verschwinden (zu den Versuchen vgl. auch die Kontroverse von Krueger & Zhu, 2004a und 2004b, und Howell & Peterson, 2004).

Aktuellere amerikanische Studien können die Überlegenheit von Privatschulen und sogenannten Charter-Schulen[3] gegenüber staatlichen Schulen, was die Schulleistungen der Lernenden anbelangt, ebenfalls nicht durchgängig bestätigen. Vorteile zugunsten von Privatschulen/Charter-Schulen belegen Levin (1998) und Peterson und Llaudet (2006) – sowie für Schüler mit heller Hautfarbe – auch Stevans und Sessions (2000). Keine Vorteile zugunsten von Privatschulen/Charter-Schulen, sondern zugunsten öffentlicher Schulen ergeben die Studien und Arbeiten von Bettinger (2005), Braun, Jenkins und Grigg (2006), des Centers for Research on Education Outcomes (CREDO 2009), von Lubienski, Lubienski und Crane (2008), Lubienski und Lubienski (2006) und Wenglinsky (2007) (zusammenfassend Lubienski & Weitzel, 2008).

Betrachtet man die beschriebenen Befunde amerikanischer Studien, scheint es so, dass mit Einbezug und Kontrolle von Hintergrundvariablen und Lernvoraussetzungen der Lernenden und unter Kontrolle der unterschiedlichen Kontextbedingungen Schüler

---

3 Charter-Schools sind Schulen in den USA mit erweiterter Autonomie und höherer Rechenschaftspflicht. Sie werden von privaten Anbietern eingerichtet und geführt. Diese Anbieter verpflichten sich in einem Vertrag (Charter) zur Erreichung bestimmter Ziele und Vorgaben. Charter-Schools werden weitgehend durch öffentliche Gelder finanziert, befinden sich aber in privater Trägerschaft. Im Unterschied zu Privatschulen kostet der Besuch von Charter-Schools allerdings in der Regel kein Geld (Busemeyer, 2006; Effenberger, 2005).

an staatlichen Schulen mindestens gleich gute, mitunter sogar bessere Leistungen erbringen.

Auch in *lateinamerikanischen Ländern* existiert nach Kontrolle der sozialen Hintergrundbedingungen der Schüler und der sozialen Kontextbedingungen kein Vorteil zugunsten der Privatschüler in der Beherrschung der Muttersprache und in Mathematik (Somers, McEwan & Willms, 2004).

Ähnlich verwirrend und inkonsistent wie in den USA ist die Situation in *Europa*. Opdenakker und Van Damme (2006) zeigen, dass Schüler an katholischen Privatschulen in Flandern auf den ersten Blick deutlich bessere Leistungen erzielen als Schüler an öffentlichen Schulen. Diese Effekte verschwinden aber, sobald man soziale Hintergrundmerkmale der Lernenden kontrollierend einbezieht. Ähnliche Effekte zeigen sich beispielsweise auch in Spanien (Mancebón, Calero, Choi & Ximénez-de-Embún, 2010; Perelman & Santin, 2008). Dronkers und Robert (2003; 2008a, b) untersuchten die Schulleistungen von Sekundarstufenschülern in 22 OECD-Ländern auf der Basis der PISA-Daten. Die Autoren stellten zum einen fest, dass der größte Teil an Leistungsunterschieden zwischen öffentlichen und privaten Schulen auf Unterschiede in den Lernvoraussetzungen und den Kompositionsbedingungen zurückgeführt werden kann. Zum anderen ermittelten sie über alle Teilnehmerländer hinweg, dass Schüler an staatsabhängigen Privatschulen mit öffentlicher Finanzierung und freier Trägerschaft (private government-dependent[4]) bessere Leseleistungen und bessere mathematische Leistungen aufwiesen als Schüler an öffentlichen Schulen, und zwar auch nach Kontrolle von sozialen Hintergrundbedingungen und nach Berücksichtigung von Kontextbedingungen (vgl. auch Wößmann, 2006).

Der letztgenannte Befund, wonach Schüler an staatsabhängigen Privatschulen in allen 22 OECD-Ländern bessere Leseleistungen erbringen als Schüler an öffentlichen Schulen, wurde jüngst von Dronkers und Avram (2010) relativiert, denn mittels Propensity-Score-Matching-Verfahren konnten sie nicht alle in den Vorgängerstudien ermittelten Unterschiede replizieren.

Dies deckt sich auch mit den Ergebnissen von Vanderberghe (2003), der bei der Untersuchung der Leseleistungen in ausgewählten PISA-2000-Ländern keinen einheitlichen Ergebnistrend ausmachen konnte. In einigen Ländern (z. B. Belgien, Frankreich und Irland) stellte er eine Überlegenheit staatsabhängiger privater Schulen gegenüber staatlichen Schulen fest. Darüber hinaus erwiesen sich jedoch auch Unterschiede zwischen staatlichen und privat finanzierten und geleiteten Schulen als signifikant, und zwar zugunsten der staatlichen Schulen (z. B. in der Schweiz, in Österreich, Japan und Mexiko). In einem erheblichen Teil der Länder gab es jedoch keine Unterschiede.

---

4   Häufig werden in der Privatschulforschung drei Typen von Schulen unterschieden: (1) Privat finanzierte und geleitete Schulen, die unabhängig sind von staatlicher Einflussnahme und Anerkennung (private-independent) und weniger als 50% ihrer erforderlichen finanziellen Mittel vom Staat erhalten. (2) Private Schulen, die zu einem erheblichen Teil (mehr als 50%) vom Staat finanziell alimentiert und unterstützt werden, sich aber in privater Trägerschaft befinden (private government-dependent), und (3) öffentlich finanzierte und geleitete Schulen (public). Bei den Privatschulen in Deutschland handelt es sich meist um private government-dependent Schulen. Dies gilt auch für die BIP-Kreativitätsgrundschulen.

Die Ergebnisse der PISA-Studie 2006 zeigen auf den ersten Blick dramatische Vorsprünge der Privatschulen gegenüber den staatlichen Schulen, die aber deutlich geringer werden, sobald man die familiäre Herkunft der einzelnen Schüler kontrolliert, und die sich – bis auf die Situation in Kanada – sogar ins Gegenteil verkehren, wenn man zusätzlich noch den sozioökonomischen Hintergrund der gesamten Schülerschaft an den Schulen berücksichtigt (OECD, 2007).

Ähnlich verwirrend und unklar wie in den USA und Gesamteuropa ist die Forschungslage in *Deutschland*. Im Unterschied zur amerikanischen Situation existieren in Deutschland jedoch nur wenige Studien, die sich überhaupt dieser Thematik angenommen haben.

In Nordrhein-Westfalen untersuchten Dronkers und Hemsing (1999) unter Kontrolle der sozialen Hintergrundbedingungen die Bildungsbiografien von 451 ehemaligen Schülern an Privatschulen und verglichen diese mit jenen von 1.538 Schülern staatlicher Gymnasien. Die Befragung wurde im Jahr 1985 durchgeführt. Als Kontrollvariablen wurden Merkmale einbezogen, die bereits während der Ersterhebung im Jahr 1970 erfasst wurden. Zu diesem Zeitpunkt besuchten alle Befragten ein zehntes Schuljahr an einem nordrhein-westfälischen Gymnasium. Analysiert wurden unter anderem die Abiturnoten, der höchste erreichte Schulabschluss, die Examensnote im Studium und das Berufsprestige. Es zeigte sich, dass die Schüler an katholischen Privatschulen bessere Abiturnoten erreichten als die Schüler staatlicher Gymnasien und anderer Privatschulen, während an den evangelischen Schulen der Anteil der Schüler, die überhaupt Abitur machten, höher war. Was den Studienerfolg (Examensnote) anbelangt, ergaben sich keine Unterschiede in Abhängigkeit des besuchten Schultyps. Im Berufsprestige wiesen die ehemaligen Schüler der Schulen in katholischer Trägerschaft geringere Werte auf als die Schüler der anderen privaten Schulen und der staatlichen Schulen. Da in Nordrhein-Westfalen erst im Jahr 2007 das Zentralabitur eingeführt wurde, sind die Noten zwischen den Schulen nicht unbedingt vergleichbar. Insofern ist die Aussagekraft dieser Studie begrenzt. Zudem muss berücksichtigt werden, dass es sich um eine vergleichsweise alte Studie handelt.

Im Zuge der TIMS- und der BIJU-Studie wurden ebenfalls Bildungserfolge von Privatschülerinnen und -schülern näher untersucht. Die Auswertung der TIMSS-Daten ergab keinen Unterschied zwischen Schülern an konfessionellen Privatschulen und Schülern an staatlichen Schulen, und zwar weder in Mathematik noch in den Naturwissenschaften (Dronkers, Baumert & Schwippert, 2002). Allerdings war die Stichprobe mit 85 Privatschülern vergleichsweise klein.

Auf der Basis der BIJU-Daten ergab sich ein gemischtes Bild. In Englisch und Biologie schnitten die Schüler konfessioneller Schulen besser ab, in Mathematik waren ihre Leistungen schlechter. Auch hier war die Stichprobe aber vergleichsweise schmal (Dronkers, Baumert & Schwippert, 2001). In beiden Studien wurden zentrale kognitive Voraussetzungen und soziale Hintergrundbedingungen kontrolliert.

Weiß und Preuschoff (2006) ermittelten auf der Basis der PISA-E-Stichprobe von 2000, dass die Leistungsunterschiede zwischen Schülern, die staatliche oder private Schulen besuchen, kaum ins Gewicht fallen, sofern man den Schultyp kontrolliert und mögliche systematische Unterschiede in den Voraussetzungen zwischen staatlichen und privaten Schülern mittels Propensity Score Matching nivelliert. Lediglich für die Mädchen an den Realschulen des PISA-E-Samples ergaben sich positive Effekte. Mädchen an privaten Realschulen schnitten sowohl im Lesen als auch in den Naturwissenschaften etwas besser ab als Mädchen an staatlichen Schulen. Für Jungen an Realschulen und für Schüler an Gymnasien zeigten sich keine Unterschiede zugunsten einer privaten Beschulung. Standfest und Kollegen, die sich auf die gleiche Stichprobe beziehen, den Unterschied im Lesen zwischen konfessionellen und staatlichen Schulen aber mittels Mehrebenenanalysen prüften und dabei auch soziale Hintergrundvariablen kontrollierten, beziffern den Effekt zugunsten der Privatschulen mit einer Neuntel Standardabweichung, was einem Vorsprung von ca. zwei bis drei Monaten entspricht (vgl. Standfest, Köller, Scheunpflug & Weiß, 2004). Dronkers und Avram (2009) kommen auf der Basis eines gepoolten Datensatzes aus den PISA-Studien 2000, 2003 und 2006 für Deutschland zu ähnlichen Ergebnissen. Demzufolge sind die Leseleistungen an staatsabhängigen Privatschulen mit öffentlicher Finanzierung besser als die Leseleistungen an öffentlichen Schulen.

Wenig untersucht ist, wie sich Schüler an nicht-konfessionellen Privatschulen mit einer bestimmten Konzeption (z. B. Montessorischulen, Waldorfschulen etc.) entwickeln. Eine österreichische Studie nahm sich der Waldorfschulen an. Herangezogen wurden die Leistungen der Waldorfschüler im Rahmen der letzten PISA-Studie 2006. Die Analyse der Daten zeigte, dass die Waldorfschüler bessere naturwissenschaftliche Leistungen erzielten als die Schüler des österreichischen Regelschulwesens und dass sie auch im affektiv-motivationalen Bereich (Lernfreude, Interesse und Selbstkonzept) höhere Werte aufwiesen als die Regelschüler. In Mathematik und im Lesen traten diese Vorteile nicht auf. Zu beachten ist bei der Interpretation dieser Ergebnisse jedoch, dass die Waldorfschüler eher aus Familien mit einem hohen sozioökonomischen Index (SES) kommen und dass die Schülerschaft diesbezüglich homogener ausfällt als an den anderen Schulformen (Wallner-Paschon, 2009).

Insgesamt lässt sich auf der Basis des gleichwohl heterogenen Forschungsstands davon ausgehen, dass Leistungsvergleiche zwischen Schülern an Privatschulen und Schülern an staatlichen Schulen ohne Berücksichtigung der individuellen Lernvoraussetzungen der Schüler und ohne Kontrolle der günstigeren sozialen Kontextbedingungen an Privatschulen deutlich zugunsten der Privatschulen ausfallen dürften. Mit Einbezug der erwähnten Schüler- und Klassenmerkmale dürften die Effekte jedoch merklich geringer werden oder sogar ganz verschwinden.

Die Prüfung dieser Annahme setzt allerdings ein längsschnittliches und multidimensionales Studiendesign voraus. Nur wenn neben Leistungsdaten der Schüler auch Merkmale des familiären Hintergrunds erhoben wurden und die Leistungen längsschnittlich untersucht werden können – am besten ab dem Schuleintritt – ist es möglich, Effekte privater Schulen differenziert zu betrachten. Werden zusätzlich Merkmale des Unterrichts erfasst, können außerdem Unterschiede in den Entwicklungen der Lernenden mit Unterschieden auf der Prozessebene des Unterrichts erklärt werden. Hier kann die PERLE-Studie einen wichtigen Beitrag leisten, wobei die Unterrichtsprozessuntersuchungen allerdings noch im Gange sind. Zum gegenwärtigen Zeitpunkt beschränkt sich der Schultypvergleich auf die Überprüfung, ob in der Persönlichkeits- und Lernentwicklung der Schüler bis zum Ende der zweiten Klassenstufe Unterschiede bestehen.

1.3 Die BIP-Kreativitätsgrundschulen

Ein weiteres Defizit der Privatschulforschung besteht darin, dass die Gruppe der untersuchten Privatschulen sehr heterogen ist. Dies spiegelt sich auch in den teilweise widersprüchlichen Befunden zur Effektivität der Privatschulen wieder (s.o.). Reine Mädchenschulen, konfessionelle und nicht-konfessionelle Schulen und Schulen mit teilweise völlig unterschiedlichen pädagogischen und organisatorischen Ansätzen werden in Studien häufig unter dem Label „Privatschule" zusammengefasst. Merkmale der Schulen und der Status „Privatschule" sind somit konfundiert.

In der PERLE-Studie wird mit den privaten BIP-Kreativitätsschulen eine besondere Form von Privatschulen einbezogen, die auf Forschungen von Hans-Georg und Gerlinde Mehlhorn aufbauen. Ihr Ziel ist die umfassende Förderung der Begabung, der Intelligenz und der Persönlichkeit der Schüler.

Die schulische Umsetzung der Konzeption begann Anfang der 90er Jahre des letzten Jahrhunderts. Ab 1992 wurde zunächst nachmittäglicher Zusatzunterricht angeboten. Parallel mit dem Aufbau einer auf die BIP-Schulen bezogenen einjährigen Lehrerfortbildung entstanden seit 1997 in mehreren neuen Bundesländern Kindertagesstätten ab dem vierten Lebensjahr und freie Grundschulen, die inzwischen größtenteils als Ersatzschulen anerkannt sind. Die BIP-Schulen erheben Schulgeld, das gegenwärtig bei 250-300 Euro pro Monat liegt.

Die Teilnahme an Zusatzangeboten wie beispielsweise Instrumentalunterricht ist darin zwar nicht inbegriffen, wohl aber das ganztägige Bildungsangebot und Betreuungs- und Bildungsangebote in den Schulferien.

Die BIP-Einrichtungen unterscheiden sich in der Konzeption und einzelnen schulischen Merkmalen erheblich von staatlichen Schulen. Sie beanspruchen eine umfassende Förderung der Entwicklung von Begabung, Intelligenz, Persönlichkeit und der Kreativität ihrer Schülerschaft. Darauf sollen die Lehrpersonen im schulischen und unterrichtlichen Alltag einwirken (vgl. Mehlhorn, 2001).

Die besonderen Merkmale der Schulen, die sogenannten „BIP-Spezifika" der Konzeption, lassen sich auf vier verschiedenen Ebenen anordnen, die im Folgenden näher beschrieben werden.[5]

---

5 Die hier genannten Merkmale der BIP-Konzeption beziehen sich auf Informationen aus folgenden Quellen: Mehlhorn (2001), Mehlhorn & Mehlhorn (2003), http://www.mehlhornschulen.de/ grundkonzept.pdf [letzter Zugriff am 07.04.2010]; http://www.bip-münchen.de/bildungs konzept/grundschulkonzept.html [letzter Zugriff am 07.04.2010]; http://www.creativity schools.com/ [letzter Zugriff am 07.04.2010]; http://www.probip-dresden.de/clients/probip/ probip.nsf/content/BIPKreativitaet_Definition.htm [letzter Zugriff am 07.04.2010]; http://www.krea-schulzentrum.de/konzept.html [letzter Zugriff am 07.04.2010].

1. Die PERLE-Studie: Überblick und Hintergründe

1.3.1 Merkmale der Schulumwelt

Zu den Besonderheiten der Schulen, basierend auf der BIP-Konzeption, zählen auf der Ebene der Schulumwelt beispielsweise die kleinen Klassen (maximal 22 Kinder pro Klasse), die Öffnung der Schulen in den Ferien und der Ganztagesbetrieb mit Hortbetreuung.

Die Kinder bekommen in den BIP-Schulen keine täglichen Hausaufgaben, da alle Schularbeiten in der Schule unter Anleitung der Pädagogen geleistet werden sollen.

Unterrichtsausfall gibt es an den Schulen laut eigenen Aussagen nicht, da bei fehlenden Lehrern immer eine qualifizierte, in der Regel fachgerechte Vertretung eingesetzt werde und die Kinder somit nicht außerplanmäßig nach Hause geschickt werden. Die Schulumwelt ist auch dadurch gekennzeichnet, dass ein über den Unterricht hinausgehendes kreativitätspädagogisches Förderprogramm stattfindet.

1.3.2 Merkmale der Lehrpersonen

Im Hinblick auf die Lehrpersonen ist die BIP-spezifische Aus- und Fortbildung der Lehrpersonen zu Kreativitätspädagogen als verpflichtende Zusatzqualifizierung zu nennen. Diese müssen die Lehrpersonen bei Neuanstellung berufsbegleitend absolvieren. Die Kosten müssen von ihnen selbst getragen werden. Die Zusatzqualifizierung umfasst mindestens 1860 Stunden und soll laut Aussage der Ausbildungsinstitution mit einem fünf- bis sechssemestrigen universitären Studium vergleichbar sein. Zudem verpflichten sich die Lehrpersonen während ihrer Tätigkeit als Lehrer an einer BIP-Schule zur stetigen Weiterbildung.

BIP-Kreativitätsschullehrer sind aufgrund ihrer Anstellung an freien Schulen keine Beamten, sondern Angestellte, die bei Neuanstellungen einen befristeten Vertrag mit einjähriger Laufzeit bekommen, der erst nach der Bewährung als BIP-Kreativitätsgrundschullehrer verlängert wird.

Von den Lehrern der BIP-Schulen wird eine Identifikation mit den Werten und Zielen des Schulkonzepts, um dieses entsprechend in ihrem Unterricht umzusetzen, und die Gestaltung entsprechender Lehr- und Lernbedingungen erwartet. So unterrichten sie im Team und sollen jeden einzelnen Schüler verstärkt individuell fördern.

1.3.3 Merkmale des Curriculums und des Unterrichts

Auf der Ebene des Curriculums und des Unterrichts drücken sich kennzeichnende Elemente unter anderem in der Selbstbezeichnung der BIP-Kreativitätsgrundschulen als „Leistungsschulen" aus. Ziel ist, dass mindestens vier von fünf Kindern am Ende der Grundschulzeit Übergangsempfehlungen zum Gymnasium erhalten. Die Schulen wollen anstrengende, lustbetonte und konzentrierte Tätigkeiten anregen und fördern. Damit einhergehend werden hohe Leistungsanforderungen an die Schülerschaft gestellt. Beispielsweise werden auch Hauptfächer schon ab dem ersten Schuljahr benotet und individuelle Förderpläne für diejenigen Schüler erstellt, die in bestimmten Fächern die Note 3 haben.

Die Erfüllung der Lehrplananforderungen gilt als Minimum dessen, was am Ende eines Schuljahres von den Schülern erreicht werden soll. Der Lernfortschritt der Schüler wird dabei stets überprüft und den Kindern sowie deren Eltern in regelmäßigen Abständen mitgeteilt. Rückmeldungen und Bewusstmachung der eigenen Entwicklung gelten zum einen als Basis für sinnvolle Wiederholungen, zum anderen soll dadurch das Selbstwertgefühl der Kinder gestärkt werden, wobei der Zuwachs an Neuem nie so gering sein soll, dass er nicht bemerkt wird.

Neben anderen Differenzierungsmaßnahmen wie praktiziertem klassen- und jahrgangsstufenübergreifenden Unterricht werden für die Fächer Mathematik und Deutsch die Klassen nach unterschiedlichen Kriterien (z. B. Leistung, Arbeitsgeschwindigkeit) in zwei Gruppen geteilt, die getrennt jeweils von einem Lehrer unterrichtet werden (Teamteaching). Diese Teilung der Klassen ist allerdings nicht starr, sondern wird im Verlauf des Schuljahres oder zum Schuljahreswechsel der Lern- und Leistungsentwicklung der Schüler entsprechend angepasst.

Weiterhin findet neben dem Unterricht laut Lehrplan ein speziell gestaltetes kreativitätspädagogisches Förderprogramm im Rahmen der so genannten „Krea-Fächer" statt (Strategisches Spiel, Darstellendes Spiel, Digitale Medien, Tanz und Bewegung, sprachliches, bildkünstlerisches und musikalisches Gestalten, Entdecken-Erforschen-Erfinden).

An den BIP-Schulen nehmen die Schüler ab dem ersten Schuljahr verpflichtend an einem frühzeitigen Fremdsprachenangebot teil (Englisch, Arabisch, Französisch, Chinesisch, Spanisch), wobei sie drei Fremdsprachen belegen müssen, von denen mindestens eine der drei Sprachen eine nichteuropäische Sprache sein muss. Zusätzlich erhalten die Schüler neben dem regulären Unterricht die Möglichkeit Instrumentalunterricht zu belegen.

Es wird insbesondere Wert auf fächerübergreifenden Unterricht gelegt und deshalb gefordert, dass Unterricht nicht ausschließlich auf fachspezifische Ziele beschränkt ist.

1.3.4 Merkmale der unterrichtlichen Interaktionen

Der Ebene der unterrichtlichen Interaktion lässt sich unter anderem die angestrebte Werteerziehung zuordnen. Zu diesen Werten zählen Anstand, Höflichkeit, Verantwortungsbewusstsein für sich und andere, Engagement, Toleranz, Demokratieverständnis, Lust auf Lernen und Leisten, auf Kreativität und Unternehmergeist und vieles andere wie Disziplin und Ordnung. Die BIP-Schulen streben eine langfristige Vorbereitung ihrer Schüler auf eine spätere Tätigkeit als kreative Erfinder, Wissenschaftler, Unternehmer oder Manager an – Personen, die ihr berufliches und privates Leben selbstständig und verantwortungsbewusst gestalten, an der Gesellschaft teilhaben und in diese integriert sind.

Um jedem Kind die Möglichkeit zur optimalen individuellen Entwicklung zu geben, werden an den BIP-Schulen sowohl äußere als auch innere Differenzierungsformen genutzt. Durch den zuvor beschriebenen Teilungsunterricht in Mathematik und Deutsch (Teamteaching) wird eine effektivere Förderung der einzelnen Schüler erwartet. Dies bezieht sich vor allem auf die intensive Einzelförderung eher leistungsschwacher Schüler im Unterricht. Zudem werden von den Lehrern leistungsdifferenzierte Wochenpläne für die Schüler in einer Klasse erstellt (Aufgabendifferenzierung).

1.4 Datengrundlage PERLE 1

Im Folgenden wird die Stichprobe der PERLE-Studie 1 näher beschrieben und es werden Details zur Datenerhebung dargestellt.

1.4.1 Stichprobe

Schüler

Die Datenerhebung erfolgte in 38 Schulklassen aus 20 Schulen in den Bundesländern Sachsen, Berlin, Mecklenburg-Vorpommern und Thüringen. Hierbei handelt es sich um 13 staatliche Grundschulen mit insgesamt 21 Klassen und sieben BIP-Kreativitätsgrundschulen mit insgesamt 17 Klassen. Um die regionalen und curricularen Bedingungen möglichst konstant zu halten, wurde die Datenerhebung vorwiegend in Schulen Sachsens durchgeführt. Tabelle 1 gibt dazu einen detaillierten Überblick.

Die Anzahl der Schüler konnte zu jedem Messzeitpunkt ungefähr konstant gehalten werden. Während an der Erhebung des ersten Messzeitpunkts (Eingangsuntersuchung) 735 Schüler teilnahmen, waren bei der Zwischenerhebung (Ende des 1. Schuljahres) noch 705 Schüler in der Stichprobe. In Tabelle 2 ist die Anzahl der Schüler pro Messzeitpunkt dargestellt. Aufgrund der gewöhnlichen Fluktuation durch Um- und Zuzüge von Familien oder aufgrund leistungsbedingten Wiederholens oder Überspringens von Klassenstufen hat sich die Anzahl an Schülern für den tatsächlichen Längsschnitt etwas verringert. Insgesamt haben 627 Schüler an allen vier Messzeitpunkten der PERLE 1-Studie teilgenommen, davon 373 Schüler staatlicher Schulen und 254 Schüler aus BIP-Kreativitätsgrundschulen.

Indem wir in PERLE die Bundeslandzugehörigkeit der Schulen weitgehend konstant gehalten haben, werden mögliche Effekte regionalstruktureller Einflussfaktoren bei der schultypspezifischen Betrachtung verringert.

Tabelle 1: Anzahl von Schulen und Klassen in PERLE nach regionaler Herkunft und Schultyp

	Schulen		Klassen	
	staatlich	BIP	staatlich	BIP
Sachsen	13	3	21	11
Berlin		2		4
Mecklenburg-Vorpommern		1		1
Thüringen		1		1
Gesamt	13	7	21	17

Die Schüler waren zum ersten Messzeitpunkt im Mittel sechs Jahre und sechs Monate alt, wobei die BIP-Schüler bei ihrer Einschulung im Schnitt drei Monate jünger waren als die Schüler an staatlichen Schulen.

Tabelle 2: Anzahl (*N*) der befragten/getesteten Schüler und Klassen in PERLE 1 pro Messzeitpunkt

	Schüler			Klassen		
	gesamt	staatlich	BIP	gesamt	staatlich	BIP
Längsschnitt PERLE 1	627	373	254	38	21	17
Eingangsuntersuchung (Anfang 1. Sj.)	735	436	299	38	21	17
Zusatzerhebung Selbstkonzept (Anfang 1. Sj.)	702	423	279	38	21	17
Zwischenerhebung (Ende 1. Sj.)	740	439	301	38	21	17
Abschlusserhebung[6] (Ende 2. Sj.)	832	535	297	46	29	17

Lehrer

Insgesamt waren bis zu 84 Grundschullehrer mit ihren Klassen am Projekt PERLE beteiligt. Davon waren 40 Lehrer an staatlichen Grundschulen beschäftigt und 44 Lehrer an den BIP-Kreativitätsgrundschulen. Diese die Klassenstichprobengröße übersteigende Anzahl der Lehrpersonen ergibt sich unter anderem daraus, dass in den 17 Klassen der BIP-Kreativitätsgrundschulen die Fächer Mathematik und Deutsch jeweils von zwei Lehrern unterrichtet wurden (Teilungsunterricht, siehe Kapitel 1.3.3).

Zudem ist in der Stichprobe der Lehrer aufgrund von Schulwechseln und Schwangerschaften eine leichte Fluktuation zu verzeichnen. Gleichzeitig ist zu berücksichtigen, dass nicht alle Lehrpersonen zu den unterschiedlichen Messzeitpunkten ihre Teilnahmebereitschaft signalisierten und somit auch nicht an jeder schriftlichen Befragung teilnahmen.

Eltern

Aus den international vergleichenden Leistungsuntersuchungen ist hinlänglich bekannt, dass der soziale Hintergrund von Schülern eine bedeutsame Einflussvariable darstellt,

---

6 Einige staatliche Schulen wollten nach der Abschlusserhebung von PERLE 1 (Ende zweites Schuljahr) nicht mehr an PERLE 2, also der Fortsetzung der Studie im dritten und vierten Schuljahr bis zum Ende der Grundschulzeit, teilnehmen. Um eine zu große Stichprobenreduktion beim Übergang zum dritten Schuljahr zu verhindern und eine Verankerung mit dem zweiten Schuljahr zu ermöglichen, nahmen acht neu rekrutierte staatliche Klassen bereits an der Abschlusserhebung am Ende des zweiten Schuljahres teil. Daher war die Schüleranzahl in der Abschlusserhebung von PERLE 1 etwas höher.

mit der sich Unterschiede in der Leistungsentwicklung zwischen Schülern erklären lassen (Baumert & Schümer, 2001; Bos, Schwippert & Stubbe, 2007; vgl. auch Kapitel 6).

Um für einige der durchgeführten Analysen diese Unterschiede kontrollieren zu können, wurde über die Elternbefragung ($N = 385$) der International Socio-Economic Index (ISEI) nach Ganzeboom, De Graaf und Treiman (1992) bestimmt. Hierbei wird beiden Elternteilen in Abhängigkeit von den Angaben zum Bildungsabschluss, zur beruflichen Ausbildung, zur Erwerbstätigkeit, zur beruflichen Stellung und zum jeweils ausgeübten Beruf ein Wert zwischen 16 und 90 Punkten zugeordnet. Höhere Werte stehen für einen höheren Rangplatz in der sozialen Hierarchie. Der jeweils höhere ISEI beider Elternteile entspricht dem HISEI. Der HISEI in den Familien der PERLE-Stichprobe beträgt im Mittel 62.54 Punkte ($SD = 15.34$) und liegt damit deutlich über dem mittleren HISEI für Deutschland, welcher in der PISA-Studie 2003 bei 49.2 Punkten ($SD = 15.9$) lag (Prenzel et al., 2005).

Wie in anderen Studien zur Privatschulforschung (siehe Kapitel 1.2) zeigt sich auch für die PERLE-Studie ein höherer sozioökonomischer Status für die Schüler der privaten BIP-Schulen ($M = 65.53$, $SD = 14.03$) als für die Schüler an den staatlichen Schulen ($M = 60.27$, $SD = 15.96$). Dieser Unterschied fällt allerdings, gewollter Weise, deutlich geringer als gewohnt aus, da eine gezielte Vorauswahl der staatlichen Schulen durch die Schulämter erfolgte, um eine möglichst große Vergleichbarkeit zwischen privaten und staatlichen Schulen zu erreichen.

1.4.2 Datenerhebungen

Die insgesamt 120-minütige Eingangsuntersuchung (4 mal je 30min) wurde in Einzelbefragung beziehungsweise -testung durchgeführt. Um die Eingangsuntersuchung und die folgenden Erhebungen miteinander verbinden zu können, wurden einzelne Testaufgaben in der Zwischen- und Abschlusserhebung ebenfalls in Einzeltestung administriert. Ansonsten wurden die Erhebungen in Teilgruppen (Zusatzerhebung Selbstkonzept ca. zehn Wochen nach Schulbeginn) oder im Klassenverband (Zwischenerhebung am Ende der ersten und Abschlusserhebung am Ende der zweiten Klassenstufe) durchgeführt.

Für sämtliche Erhebungen schulten die Mitarbeiter Datenerheber, die durch die Kooperation mit der Universität Leipzig gewonnen werden konnten. Die Mitarbeiter beaufsichtigten auch die Datenerhebungen vor Ort.

Der erste Elternfragebogen wurde im Rahmen der Zusatzerhebung zum Selbstkonzept ca. zehn Wochen nach Schulbeginn über die Kinder an die Eltern verteilt. Diese konnten den ausgefüllten Bogen mit einem frankierten Rückumschlag zurückschicken. Nach einmaligem Nachfassen wurde eine Rücklaufquote von 78.4 % ($N = 572$) erreicht. Eine zweite Elternbefragung mit zwei Fragebögen fand am Ende der Feldphase im Sommer 2008 statt, wobei auch bei dieser Erhebung einmal an die Rücksendung des Fragebogens erinnert wurde.

Die teilnehmenden Mathematik- und Deutschlehrer wurden viermal befragt. Auch hier wurden Einstellungsfragebögen und vom Projekt entwickelte „Tests" (fachdidaktisches Wissen, Fachwissen und diagnostische Kompetenz) für Lehrer eingesetzt. Jede Erhebung hatte einen inhaltlichen Schwerpunkt. Die Kunstlehrer nahmen nur an der ersten Befragung teil. Darüber hinaus wurden die Lehrer direkt zu ihrem unterrichtlichen Handeln in Form von Unterrichtstagebüchern befragt. Diese Erhebung fand in jedem Fach zweimal statt (Mai 2007 und Mai 2008), wobei das zweite Tagebuch im Fach Mathematik in das entsprechende Videomodul integriert war (Januar und Februar/März 2008).

Die videografische Erfassung des unterrichtlichen Geschehens erfolgte zu drei Messzeitpunkten. Unter curricular vergleichbaren Bedingungen wurden in den Fächern Deutsch, Kunst und Mathematik jeweils zwei Unterrichtsstunden à 45min aufgezeichnet. Diese Erhebungen bilden drei kleinere Teilstudien im Rahmen dieses Projekts, die sich wiederum in ihrem Design voneinander unterscheiden. In diesem Kontext wurden die Lehrpersonen außerdem noch einmal mündlich zu ihrem durchgeführten Unterricht befragt.[7]

Die enge Verzahnung verschiedener Datenquellen – schriftliche und mündliche Befragungen von Lehrpersonen, Eltern, Schülern und Videoaufnahmen – erlaubt die Verknüpfung der Perspektiven von Lehrpersonen und Beobachtern sowie von Eltern und Schülern auf Unterricht.

1.5 Aufbau des Berichts und Untersuchungsschwerpunkte

Der vorliegende Bericht informiert insbesondere über die Entwicklungen der Schüler in den ersten beiden Schuljahren, das heißt vom Schuleintritt bis zum Ende des zweiten Schuljahres. Dadurch dass in der PERLE-Studie neben den Leistungen und den motivationalen Orientierungen der Schüler auch Unterrichtsmerkmale, Lehrermerkmale und Aspekte des familiären Hintergrunds erfasst wurden, ist es möglich, Unterschiede zwischen den Schultypen in verschiedenen Bereichen zu identifizieren.

Zum einen wird untersucht, ob sich Unterschiede zwischen den Schülern in den beiden Schultypen in den Bereichen Mathematik, Schriftspracherwerb, Kreativität und Selbstkonzept aufzeigen lassen. Zum anderen werden weiterführende Fragen aufgegriffen, die für die Grundschulforschung insgesamt relevant sind. Dies betrifft Prädiktoren der Leistungsentwicklung sowie die Kreativitäts- und die Selbstkonzeptentwicklung in den ersten beiden Grundschuljahren.

Ergänzend – auch um Erklärungshinweise für mögliche Unterschiede zwischen den Schultypen besser interpretieren zu können – beleuchten wir außerdem, ob sich die Einstellungen und Überzeugungen der Lehrkräfte an den beiden Schultypen unterscheiden und inwiefern Status- und Prozessmerkmale des Elternhauses bedeutsam für die Leistungsentwicklung in Mathematik sind. Die Kapitel behandeln folgende Themen:

Kapitel 2 widmet sich der Kreativitätsentwicklung und fragt u.a. danach, wie Intelligenz und Kreativität bei Grundschulkindern im Anfangsunterricht zusammenhängen.

Kapitel 3 nimmt die mathematische Leistungsentwicklung in den Blick und überprüft, welche Bedeutung ausgewählte Lehrerüberzeugungen und motivationale Lehrer-

---

7 Derzeit ist ein Technischer Bericht in Arbeit, der über die Anlage der Videostudien und das Vorgehen bei den bisherigen Auswertungen informiert (vgl. Lotz et al., in Druck).

orientierungen auf die mathematische Leistungsentwicklung von Grundschulkindern haben.

Kapitel 4 untersucht u.a., inwiefern sich die Lesefähigkeiten und Rechtschreibleistungen am Ende des zweiten Schuljahres durch die Vorläuferfähigkeiten zu Beginn der Grundschulzeit vorhersagen lassen und inwieweit diese Vorläuferfähigkeiten ihre prädiktive Kraft für die Entwicklung im Lesen und Rechtschreiben auch dann behalten, wenn man gleichzeitig die Lesefähigkeit und die Rechtschreibleistungen Ende des ersten Schuljahres kontrolliert.

Kapitel 5 betrachtet die Selbstkonzeptentwicklung der Schüler in Mathematik, Lesen und Schreiben sowie in der Kreativität und prüft, ob man in diesen Domänen davon sprechen kann, dass sich die Selbstkonzeptentwicklung der Schüler in den ersten Schuljahren mit dem Terminus „Vom Optimisten zum Realisten" (Helmke, 1998) bezeichnen lässt. Zudem wird analysiert, ob sich der sogenannte Big-Fish-Little-Pond-Effekt, der durch soziale Vergleiche der Schüler untereinander erklärt wird, bereits in den ersten Schuljahren nachweisen lässt.

Kapitel 6 fokussiert auf die Eltern und analysiert, welchen Einfluss familiäre Status- und Prozessmerkmale auf die mathematische Leistungsentwicklung haben.

Kapitel 7 nimmt die dritte Personengruppe, die Lehrer, in den Blick und prüft, ob sich Lehrer an den BIP-Schulen und Lehrer an den staatlichen Grundschulen im Hinblick auf zentrale Komponenten ihrer professionellen Handlungskompetenz überzufällig unterscheiden.

Das abschließende *Kapitel 8* fasst die Befunde zusammen und gibt einen Ausblick auf weitere Analysen und Publikationen.

Literatur

Alexander, K.L. & Pallas, A.M. (1985). School sector and cognitive performance. When is a little a little? *Sociology of Education, 58*(2), 115–128.

Autorengruppe Bildungsberichterstattung (Hrsg.) (2010). *Bildung in Deutschland 2010. Ein indikatorengestützter Bericht mit einer Analyse des Bildungswesens im demografischen Wandel.* Bielefeld: Bertelsmann.

Autorengruppe Bildungsberichterstattung (Hrsg.) (2012). *Bildung in Deutschland 2012. Ein indikatorengestützter Bericht mit einer Analyse zur kulturellen Bildung im Lebenslauf.* Bielefeld: Bertelsmann.

Baumert, J. & Schümer G. (2001). Familiäre Lebensverhältnisse, Bildungsbeteiligung und Kompetenzerwerb. In J. Baumert, E. Klieme, M. Neubrand, M. Prenzel, U. Schiefele, W. Schneider, P. Stanat, K.-J. Tillmann & M. Weiß (Hrsg.), *PISA 2000. Basiskompetenzen von Schülerinnen und Schülern im internationalen Vergleich* (S. 323–407). Opladen: Leske + Budrich.

Bettinger, E.P. (2005). The effect of charter schools on charter students and public schools. *Economics of Education Review, 24*, 133–147.

Bos, W., Schwippert, K. & Stubbe, T.C. (2007). Die Koppelung von sozialer Herkunft und Schülerleistung im internationalen Vergleich. In W. Bos, S. Hornberg, K.-H. Arnold, G. Faust, L. Fried, E.-M. Lankes, K. Schwippert & R. Valtin (Hrsg.), *IGLU 2006. Lese-*

kompetenzen von Grundschulkindern im internationalen Vergleich (S. 225–247). Münster: Waxmann.

Braun, H., Jenkins, F. & Grigg, W. (2006). *Comparing private schools and public schools using hierarchical linear modelling.* National Center for Education Statistics, Institute of Education Sciences. Zugriff am 20. Juli 2010, http://nces.ed.gov/nationsreportcard//pdf/studies/2006461.pdf.

Bryk, A.S., Lee, V.E. & Holland, P.B. (1993). *Catholic schools and the common good.* Cambridge, MA: Harvard University Press.

Busemeyer, M. (2006). *Die Bildungsausgaben der USA im internationalen Vergleich.* Wiesbaden: Deutscher Universitätsverlag.

Center for Research on Education Outcomes (CREDO) (2009). *Multiple choice. Charter school performance in 16 states.* Stanford University. Zugriff am 20. Juli 2010, http://credo.stanford.edu/.

Chubb, J.E. & Moe, T.M. (1990). *Politics, markets, and America's schools.* Washington, D.C.: The Brookings Institution.

Coleman, J.S., Hoffer, Th. & Kilgore, S. (1982). *High school achievement. Public, catholic, and private schools compared.* New York: Basic Books Inc. Publishers.

Coleman, J.S. & Hoffer, Th. (1987). *Public and private high schools. The impact of communities.* New York: Basic Books Inc. Publishers.

Dronkers, J. & Avram, S. (2009). Choice and effectiveness of private and public schools. A new approach. *Zeitschrift für Pädagogik, 55*(6), 895–909.

Dronkers, J. & Avram, S. (2010). A cross-national analysis of the relations of school choice and effectiveness differences between private-dependent and public schools. *Educational Research and Evaluation, 16*(2), 151–175.

Dronkers, J., Baumert, J. & Schwippert, K. (2001). Erzielen deutsche weiterführende Privatschulen bessere kognitive und nicht-kognitive Resultate? In L. Deben & J. van de Ven (Hrsg.), *Berlin und Amsterdam: Globalisierung und Segregation. Beiträge zur 7. Konferenz Berlin-Amsterdam* (S. 29–45). Amsterdam: Het Spinhuis.

Dronkers, J., Baumert, J. & Schwippert, K. (2002). *Are German non-public secondary schools more effective at teaching mathematics and natural sciences?* Zugriff am 28. Juni 2010, http://www.eui.eu/Personal/Dronkers/nonDutchpapers.htm.

Dronkers, J. & Hemsing, W. (1999). Effektivität öffentlichen, kirchlichen und privaten Gymnasialunterrichts. Bildungs-, Berufs- und Sozialisationseffekte in nordrhein-westfälischen Gymnasien. *Zeitschrift für Erziehungswissenschaft, 2*(2), 247–261.

Dronkers, J. & Robert, P. (2003). *Effectiveness of public and private schools in a comparative perspective.* EUI Working Paper SPS No. 2003/13. San Domenico. Zugriff am 20. Juli 2010, http://cadmus.eui.eu/dspace/bitstream/1814/1360/1/sps2003-13.pdf.

Dronkers, J. & Robert, P. (2008a). School choice in the light of the effectiveness differences of various types of public and private schools in 19 OECD countries. *Journal of School Choice, 2*(3), 260–301.

Dronkers, J. & Robert, P. (2008b). Differences in scholastic achievement of public, private government-dependent and private independent schools. A cross-national analysis. *Educational Policy, 22*(4), 541–577.

Effenberger, S. (2005). *Schulreform in den USA seit den 90er Jahren: Charter Schools. Entstehung, Probleme und Perspektiven – mit vier aktuellen Fallstudien.* Göttingen: Cuvillier.

Ganzeboom, H.B.G, de Graaf, P.M. & Treiman, D.J. (with De Leeuw, J.) (1992). A standard international socio-economic index of occupational status. *Social Science Research, 21*(1), 1–56.

Helmke, A. (1998). Vom Optimisten zum Realisten? Zur Entwicklung des Fähigkeitsselbstkonzeptes vom Kindergarten bis zur 6. Klassenstufe. In F.E. Weinert (Hrsg.), *Entwicklung im Kindesalter* (S. 115–132). Weinheim: Beltz.

Howell, W.G. & Peterson, P.E. (2004). Uses of theory in randomized field trials. Lessons from school voucher research on disaggregation, missing data, and the generalization of findings. *American Behavioral Scientist, 47*, 634–657.

Krueger, A.B. & Zhu, P. (2004a). Another look at the New York City school voucher experiment. *American Behavioral Scientist, 47*, 658–698.

Krueger, A.B. & Zhu, P. (2004b). Inefficiency, subsample selection bias, and nonrobustness. A response to Paul E. Peterson and William G. Howell. *American Behavioral Scientist, 47*, 718–728.

Leschinsky, A. (2003). Der institutionelle Rahmen des Bildungswesens. In K.S. Cortina, J. Baumert, A. Leschinsky, K.U. Mayer & L. Trommer (Hrsg.), *Das Bildungswesen in der Bundesrepublik Deutschland. Strukturen und Entwicklungen im Überblick* (S. 148–213). Reinbek b. Hamburg: Rowohlt.

Levin, H.M. (1998). Educational vouchers. Effectiveness, choice, and costs. *Journal of Policy Analysis and Management, 17*, 373–392.

Lipowsky, F., Stubbe, T., Faust, G., Künsting, J., Post, S. & Bos, W. (eingereicht). *Was leisten Schülerinnen und Schüler der privaten BIP-Kreativitätsgrundschulen im nationalen Vergleich?*

Lohmann, H., Spieß, K.C. & Feldhaus, C. (2009). *Der Trend zur Privatschule geht an bildungsfernen Schichten vorbei.* Zugriff am 17. Juli 2010, http://www.diw.de/documents/publikationen/73/diw_01.c.339720.de/09-38-1.pdf.

Lotz, M., Lipowsky, F. & Faust, G. (in Druck). Technischer Bericht zu den PERLE-Videostudien. In F. Lipowsky, G. Faust & K. Greb (Hrsg.), *Dokumentation der Erhebungsinstrumente des Projekts „Persönlichkeits- und Lernentwicklung von Grundschulkindern" (PERLE) – Teil 3.* (Materialien zur Bildungsforschung Band 23/3). Frankfurt am Main: Gesellschaft zur Förderung Pädagogischer Forschung (GFPF).

Lubienski, S.T. & Lubienski, C. (2006). School sector and academic achievement. A multilevel analysis of NAEP mathematics data. *American Educational Research Journal, 43*(4), 651–698.

Lubienski, S.T., Lubienski, C. & Crane, C.C. (2008). Achievement differences and school type. The role of school climate, teacher certification, and instruction. *American Journal of Education, 115*(1), 97–138.

Lubienski, C. & Weitzel, P. (2008). *The effects of vouchers and private schools in improving academic achievement. A critique of advocacy research.* Zugriff am 20. Juli 2010, http://lawreview.byu.edu/archives/2008/2/91LUBIENSKI.FIN.pdf.

Mancebón, M.-J., Calero, J., Choi, A. & Ximénez-de-Embún, D.P. (2010). *The efficiency of public and publicly-subsidized high schools in Spain. Evidence from PISA-2006.* Zugriff am 20. Juli 2010, http://mpra.ub.uni-muenchen.de/22354/.

McEwan, P. (2000). *Comparing the effectiveness of public and private schools. A review of evidence and interpretations.* National Center for the Study of Privatization in Education. Occasional Paper Nr. 3. New York: Teachers College, Columbia University.

Mehlhorn, H.-G. (2001). Begabungsentwicklung durch Kreativitätsförderung in Kindergarten und Schule. In Arbeitsstab Forum Bildung in der Geschäftsstelle der Bund-Länder-Kommission für Bildungsplanung und Forschungsförderung (Hrsg.), *Finden und Fördern von Begabungen. Fachtagung des Forum Bildung am 6. und 7. März 2001 in Berlin.* Materialien des Forums Bildung (Band 7, S. 22–44). Bonn: Arbeitsstab Forum Bildung.

Mehlhorn, G. & Mehlhorn, H.-G. (2003). Kreativitätspädagogik. Entwicklung eines Konzepts in Theorie und Praxis. *Bildung und Erziehung, 56*(1), 23–45.

OECD (Hrsg.) (2007). *PISA 2006 – Schulleistungen im internationalen Vergleich. Naturwissenschaftliche Kompetenzen für die Welt von morgen.* Bielefeld: Bertelsmann.

Opdenakker, M.C. & Van Damme, J. (2006). Differences between secondary schools: A study about school context, group composition, school practice, and school effects with special attention to public and catholic schools and types of schools. *School Effectiveness and School Improvement, 17*(1), 87–117.

Perelman, S. & Santin, D. (2008). Measuring educational efficiency at student level with parametric stochastic distance functions. An application to Spanish PISA results. *Education Economics.* DOI: 10.1080/09645290802470475.

Peterson, P.E. & Llaundet, E. (2006). *On the public-private school achievement debate.* Faculty Research Working Papers Series (No. PEPG 06-02). Harvard University. Zugriff am 28. Juni 2010, http://ksgnotes1.harvard.edu/Research/wpaper.nsf/rwp/RWP06-036.

Prenzel, M., Baumert, J., Blum, W., Lehmann, R., Leutner, D., Neubrand, M., Pekrun, R., Rost, J. & Schiefele, U. (Hrsg.) (2005). *PISA 2003. Der zweite Vergleich der Länder in Deutschland – Was wissen und können Jugendliche?* Münster: Waxmann.

Somers, M.A., McEwan, P.J. & Willms, D.J. (2004). How effective are private schools in Latin America? *Comparative Education Review, 48*(1), 48–70.

Standfest, C., Köller, O., Scheunpflug, A. & Weiß, M. (2004). Profil und Erträge von Schulen in kirchlicher Trägerschaft – Ergebnisse einer quantitativen Untersuchung. *Zeitschrift für Erziehungswissenschaft, 7*(3), 359–379.

Sternberg, R.J. & O'Hara, L.A. (1999). Creativity and intelligence. In R.J. Sternberg (Ed.), *Handbook of creativity* (pp. 251–272). Cambridge: Cambridge Univ. Press.

Stevans, L.K. & Sessions, D.N. (2000). Private/public school choice and student performance revisited. *Education Economics, 8*(2), 169–184.

Vandenberghe, V. (2003). *Private, private government-dependent and public schools. An international effectiveness analysis.* Zugriff am 20. Juli 2010, http://ideas.repec.org/p/wpa/wuwppe/0312004.html.

Wallner-Paschon, C. (2009). Kompetenzen und individuelle Merkmale der Waldorfschüler/innen im Vergleich. In C. Schreiner & U. Schwantner (Hrsg.), *PISA 2006. Österreichischer Expertenbericht zum Naturwissenschafts-Schwerpunkt (Abschnitt 9.6).* Graz: Leykam. Zugriff am 20. Juli 2010, http://www.bifie.at/buch/322/9/6.

Weiß, M. & Preuschoff, C. (2006). Gibt es einen Privatschuleffekt? Ergebnisse eines Schulleistungsvergleichs auf der Basis von Daten aus PISA-E. In M. Weiss (Hrsg.), *Evidenzbasierte Bildungspolitik. Beiträge der Bildungsökonomie* (S. 55–72). Berlin: Duncker & Humblot.

Wenglinsky, H. (2007). *Are private high schools better academically than public high schools?* Center on Education Policy (CEP). Zugriff am 20. Juli 2010, http://epsl.asu.edu/epru/epru_2007_thinktankreview.htm.

Willms, J.D. (1985). Catholic-school effects on academic achievement. New evidence from the High School and Beyond Follow-up Study. *Sociology of Education, 58*(2), 98–114.

Wößmann, L. (2006, February). *Public-Private partnerships and schooling outcomes across countries.* CESIFO Working Paper No. 1662. Category I: Public Finance.

2. Die Entwicklung der Kreativität und ihr Zusammenhang mit der Intelligenz

Nicole E. Berner, Caroline Theurer und Edgar Schoreit

Einleitung

Die Förderung der Kreativität gilt als implizite Bildungsaufgabe der Grundschule (Serve, 2000). Neben der gesellschaftlichen Notwendigkeit, die Kreativität der Kinder zu fördern, ist kreatives Denken für das individuelle und selbstständige Lernen unentbehrlich (Cropley, 1990). Auch im Sinne einer positiven Persönlichkeitsentwicklung ist die Förderung des kreativen Potentials der Kinder ein wichtiges Anliegen. Gerade hier hat die Grundschule als gesellschaftliche Institution – auch im Sinne der Chancengleichheit – die Aufgabe, die Kreativität aller Schüler grundlegend zu fördern und für die weitere Persönlichkeits- und Lernentwicklung bestmögliche Voraussetzungen zu schaffen. Im folgenden Kapitel werden die Kreativitätsentwicklung in den ersten beiden Grundschuljahren und der Zusammenhang zwischen der Kreativität und der Intelligenz untersucht.

Kreativität als kognitive Leistungsfähigkeit im Sinne des divergenten Denkens steht in engem Zusammenhang mit der Intelligenz (z. B. Guilford, 1956). Die Forschungslage zum Zusammenhang zwischen Kreativität und Intelligenz zeigt sich in der Fachliteratur bisher inkonsistent und ist für Kinder im Grundschulalter wenig fundiert (z. B. Sternberg & O´Hara, 1999). Gerade im Hinblick auf die Entwicklung und Förderung von Kreativität und Intelligenz in der Grundschule ist es notwendig, Erkenntnisse über den Zusammenhang der beiden Konstrukte zu gewinnen.

In den privaten BIP-Kreativitätsgrundschulen ist die Förderung der Begabung, der Intelligenz, der Kreativität und Persönlichkeit der Grundschüler ein zentrales Anliegen. Im folgenden Kapitel wird untersucht, ob sich entsprechende Unterschiede zwischen den Schultypen in der Entwicklung der Kreativität und quer- sowie längsschnittliche Zusammenhänge mit der Intelligenz zeigen.

2.1 Theoretischer Hintergrund

2.1.1 Begriffsverständnis von Kreativität

In der aktuellen pädagogisch-psychologischen Forschung wird Kreativität als ein „prozessuale[s] Interaktionsgefüge" (Urban, 2004, S. 46) von personalen, kognitiven und motivationalen Faktoren sowie bereichsspezifischen Fertigkeiten und Umwelt- beziehungsweise Umgebungsbedingungen des Individuums angesehen. Urban veranschaulicht diese Annahme in seinem „4P-U-Modell" (Problem-Person-Prozess-Produkt-Umwelt; Urban, 2004), das die Interaktion zwischen der Problemstellung, der Person, dem kreativen Denkprozess, dem daraus entstehenden Produkt und der Umwelt berücksichtigt.

Ein selbst entdecktes oder gegebenes Problem erfordert von der Person bestimmte Fähigkeiten und Fertigkeiten im kognitiven, personalen und motivationalen Bereich. Der damit beginnende kreative Denkprozess zur Lösung der Problemstellung wird dabei von unterschiedlichen Umgebungsfaktoren positiv oder negativ beeinflusst. Das Produkt wird währenddessen immer wieder auf die Problemstellung hin evaluiert und beeinflusst so den Verlauf des kreativen Prozesses.

Das daraus entstehende kreative Produkt hat schließlich Einfluss auf die Persönlichkeit (z. B. durch Stolz, Zufriedenheit oder neue Erkenntnisse), auf die Problemstellung (durch deren Lösung) und auf die Umwelt (z. B. Lob durch die Lehrkraft). Die Umgebungs- und Umweltfaktoren beeinflussen die Persönlichkeit sowohl im kreativen Prozess als auch in der Entwicklung ihrer kognitiven und personalen Fähigkeiten und Fertigkeiten.

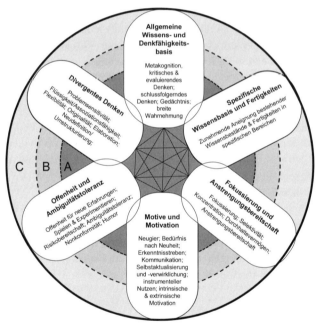

A: Individuelle Dimension
B: Gruppen-bezogene bzw. Nah-Umwelt-bezogene Dimension
C: Gesellschaftliche/historische/globale Dimension

Abbildung 1: Komponentenmodell der Kreativität (nach Urban, 2004, S. 48)

Urban unterscheidet dabei zwischen direkten Umgebungsbedingungen und drei übergeordneten Umweltfaktoren, in die das Individuum eingeordnet ist (Urban, 2004). Thematisiert das „4P-U-Modell" vorrangig die Interaktion der unterschiedlichen Aspekte der Kreativität (Person, Prozess, Problem, Produkt, Umwelt), so zeigt Urban anhand seines Komponentenmodells der Kreativität (vgl. Abbildung 1) auf, wie personale und kognitive Faktoren im kreativen Prozess zusammenspielen. Zu betonen ist, dass die sechs Komponenten im kreativen Prozess interagieren und ein „funktionales System" bilden (Urban, 2004, S. 47). Die Komponenten stehen in Bezug zu unterschiedlichen Dimensionen, die je nach Entwicklung und Altersstufe die Qualität als kreatives Produkt bestimmen. Demnach gilt in der nah-umwelt-bezogenen Dimension ein Produkt dann als kreativ, wenn es für andere Personen im Umkreis der Person als neuwertig, nützlich und originell beurteilt wird (Urban, 2004). Die Kriterien der Beurteilung richten sich dabei nach dem Entwicklungsstand und dem Alter der Individuen.

2.1.2 Entwicklung und Stabilität der Kreativität

Die Entwicklung der Kreativität in der Grundschule wurde längsschnittlich bisher kaum untersucht. Neben den sequenzanalytischen Befunden von Krampen, Freilinger und Wilmes (1991) werden in den meisten vorliegenden Studien querschnittliche Befunde zur Beschreibung der kreativen Entwicklung während der Grundschulzeit herangezogen (vgl. Torrance, 1963; Urban, 1988).

Krampen et al. (1991) berichten neben einem tendenziellen Anstieg der von ihnen erhobenen kreativen Fähigkeitsdimensionen von „diskontinuierliche[n] Entwicklungsverläufe[n] bei Vor- und Primarschülern" (Krampen et al., 1991, S. 44). In einer älteren Studie stellt Torrance (1963) nach Auswertung mehrerer Quer- und Längsschnittstudien einen tendenziellen Anstieg der kreativen Leistung in den ersten drei Grundschuljahren fest. Ebenso zeigt sich bei Urban (1988) – auf Querschnittsdaten unterschiedlicher Stichproben beruhend – ein Anstieg des kreativen Potenzials bei sechs- bis achtjährigen Kindern. Allerdings geht diesem Anstieg ein starker Einbruch der Kreativität mit der Einschulung voraus. Vor der Einschulung weisen die Kinder im Mittel höhere Kreativitätswerte auf. Der Anstieg der Kreativität in den ersten Schuljahren kann somit zum Teil auch als eine Anpassung an das ursprüngliche Ausgangsniveau betrachtet werden.

Zur normativen Stabilität von Kreativität finden sich unterschiedliche Befunde. Je nach verwendeten Tests und Zeitintervallen zwischen den beiden Testdurchführungen zeigt sich eine unterschiedliche Stabilität der Kreativität. Insgesamt ergab sich in mehreren Studien mit dem „Test zum Schöpferischen Denken – Zeichnerisch" (Urban & Jellen, 1995; kurz: TSD-Z) eine moderate bis hohe normative Stabilität der Kreativität mit Test-Retest-Reliabilitäten von $r = .38$ bis $r = .81$ (Urban & Jellen, 1995; Bröcher, 1989). Sparfeldt, Wirthwein und Rost (2009) berichten in ihrer Studie bei einem Zeitintervall von fünf Jahren (viertes bis neuntes Schuljahr) von einer Stabilität von $r = .35$. Für eine sechswöchige, in den Unterricht integrierte Kreativitätsförderung in einer vierten Grundschulklasse zeigen sich negative und teilweise sehr geringe Test-Retest-Reliabilitäten von $r = -.30$ bis $r = .09$. Die geringe normative Stabilität wird hier als Resultat der pädagogischen Intervention gedeutet (Urban & Jellen, 1995).

Krampen et al. (1991) berichten bei einem Zeitintervall von zwei Jahren Test-Retest-Reliabilitäten von $r = .22$ bis $r = .34$. Die Autoren interpretieren die Koeffizienten als in einem hinreichend hohen Bereich liegende Stabilitätskoeffizienten und sprechen von einer zeitlich relativ stabilen Persönlichkeitseigenschaft.

2.1.3 Intelligenz und Kreativität

Die Kreativitätsforschung entstand mit Guilford (1950) aus der Kritik an der meist einseitig auf kognitives Denken ausgerichteten Intelligenzdiagnostik heraus. In seinem „Structure-of-Intellect-Model" (auch Intelligenz-Struktur-Modell) erweiterte Guilford die intellektuellen Fähigkeiten des Menschen um divergente Denkprozesse (Guilford & Hoepfner, 1976). Da am kreativen Prozess sowohl divergente als auch konvergente Denkprozesse beteiligt sowie Fachwissen, spezifische Fertigkeiten und planvolles Vorgehen notwendig sind, ist aus theoretischer Sicht ein Zusammenhang zwischen Kreativität und Intelligenz anzunehmen. Die Bedeutung der Intelligenz für die kreative Leistung wird in der aktuellen Literatur unterschiedlich diskutiert (vgl. Sternberg & O´Hara, 1999).

In den Studien zum Intelligenz-Struktur-Modell wird die Kreativität als der Intelligenz untergeordnet interpretiert (Guilford & Christensen, 1973; Guilford & Hoepfner, 1966). Guilford und Mitarbeiter berichten hier von einem durchschnittlichen Zusammenhang zwischen der Intelligenz – gemessen mit dem California Test of Mental Maturity (CTMM) – und der Kreativität – erfasst durch die Guilford-Testbatterie – von $r = .37$ bei semantischen Aufgaben und von $r = .22$ bei figuralen Aufgaben. Es zeigt sich, dass Schüler mit geringer Intelligenz ebenfalls nur geringe Werte im divergenten Denken aufweisen, dass aber Schüler mit einem hohen IQ alle möglichen Punktwerte erreichen, das heißt, die Kreativitätswerte der sehr intelligenten Schüler streuen über die gesamte Spannweite der Testbatterie.

Neben der Annahme, Kreativität sei der Intelligenz untergeordnet, werden die beiden Konstrukte sowohl im Rahmen der Schwellentheorie (z. B. Barron & Harrington, 1981) als auch in Renzullis „Drei-Kreise-Modell" der Hochbegabung (Renzulli, 1986) als einander überschneidend angenommen. Die Schwellentheorie basiert auf unterschiedlichen Studien (zusammenfassend Sternberg & O`Hara, 1999). Sie besagt, dass bis zu einem IQ von 120 die Kreativität und die Intelligenz hoch miteinander korrelieren, dass jedoch bei einem IQ über 120 die Intelligenz nur einen geringen bis keinen Zusammenhang mit der Kreativität aufweist. Ergebnisse dieser Art werden dahingehend interpretiert, dass „hohe Intelligenz zwar nicht gleichbedeutend mit entsprechender Kreativität ist, hohe Kreativität aber eine überdurchschnittliche Intelligenz unabdingbar voraussetzt" (Amelang & Bartussek, 1990, S. 259).

Eine dritte Annahme zum Zusammenhang von Intelligenz und Kreativität wird von Sternberg und Lubart (1991) anhand der Investmenttheorie der Kreativität postuliert. Dabei wird die Intelligenz als ein der Kreativität untergeordnetes Konstrukt angesehen. Kreativität entsteht erst im Zusammenspiel aus Intelligenz, Wissen, intellektuellen Stilen, Persönlichkeitsmerkmalen, Motivation sowie Umwelt- und Umgebungsfaktoren. Die Qualität der kreativen Denkleistung ergibt sich dabei aus der Art des Zusammenspiels der genannten sechs Aspekte.

Von manchen Forschern wird die Ansicht vertreten, dass Kreativität und Intelligenz zwei völlig eigenständige Konstrukte sind, die nur wenig miteinander in Zusammenhang stehen. Dies wird unterstrichen durch empirische Befunde, die nur einen geringen Zusammenhang zwischen den beiden Konstrukten nachweisen können ($r = .26$, Getzels & Jackson, 1963; $r = .09$, Wallach & Kogan, 1966).

Offenbar wird der Zusammenhang zwischen den beiden Konstrukten aber auch durch Drittvariablen moderiert. In ihrer Metaanalyse weist Kim (2005) nach, dass das Alter den Zusammenhang zwischen Intelligenz und Kreativität maßgeblich beeinflusst. Mittels Korrelationskoeffizienten aus 21 Studien weist sie Unterschiede zwischen den Altersgruppen Grundschüler, Mittelschüler, Oberschüler und Erwachsene nach. Die geringste durchschnittliche Korrelation ergab sich für die Gruppe der Grundschüler mit $r = .09$. Für die Gruppen der Mittelschüler, Oberschüler und Erwachsenen wurden engere durchschnittliche Zusammenhänge von $r = .21$ bis $r = .26$ ermittelt. Damit zeigt sich gerade für die Altersgruppe der Grundschüler ein geringerer Zusammenhang zwischen Intelligenz und Kreativität.

Insgesamt ist aufgrund der differierenden Ergebnisse der verschiedenen Studien anzunehmen, dass Kreativität und Intelligenz je nach verwendeten Tests, Stichproben und spezifischen Erhebungssituationen einen unterschiedlich starken Zusammenhang aufweisen (vgl. Preiser, 2006).

2.1.4 Kreativitätsentwicklung von Jungen und Mädchen

Das Geschlecht ist bei der Kreativitätsentwicklung eine häufig untersuchte Variable. Empirisch zeigten sich in bisherigen Studien für das Grundschulalter keine bedeutsamen Unterschiede zwischen Jungen und Mädchen (Krampen et al., 1991; Torrance, 1963; Urban, 1988), wobei die Befunde nicht immer auf der Analyse längsschnittlicher Datensätze basieren. Ob sich die Kreativität von Jungen und Mädchen unterschiedlich entwickelt, wurde bisher längsschnittlich kaum untersucht.

In der Längsschnittstudie von Sparfeldt et al. (2009) zeigte sich sowohl für das Grundschulalter als auch für den Sekundarbereich kein statistisch bedeutsamer Effekt des Geschlechts auf die Kreativitätsentwicklung der Schüler. Allerdings wurde in dieser Studie die Kreativität der Kinder lediglich zweimal zu fünf Jahre auseinander liegenden Messzeitpunkten (im vierten und im neunten Schuljahr) erfasst. Aussagen über differentielle Entwicklungen und Effekte des Geschlechts innerhalb dieses Zeitraums oder innerhalb der Grundschulzeit sind daher auch auf dieser Basis nicht möglich.

2.1.5 Kreativität in der Schulklasse

Die Schulklasse als soziale Gruppe kann den kreativen Prozess und damit auch die individuelle Kreativität der Schüler sowohl positiv als auch negativ beeinflussen. In der Fachliteratur wird angenommen, dass sich in der Schulklasse Konformitätsdruck sowie eine strenge Lehrer-Schüler-Hierarchie kreativitätshemmend auswirken. Als positives Unterrichtsmerkmal wird die gegenseitige Anregung der Schüler durch außergewöhnliche, originelle Ideen und Einfälle angenommen. Ferner wird vermutet, dass durch gegenseitiges Verständnis und durch wechselseitige Unterstützung eine vertrauensvolle Atmosphäre wächst, in der es eher möglich sein sollte, kreative, ungewöhnliche Einfälle ohne Hemmungen zu äußern (Preiser & Buchholz, 2004).

Ulmann (1968) vertritt die Annahme, dass besonders bei jüngeren Schülern die Gruppenatmosphäre sowie das Klassenklima noch stark vom Lehrer beeinflusst werden. Heinelt (1978) vermutet in dieser Hinsicht, dass die eigene Kreativität der Lehrkraft eine wichtige Rolle spielt, um kreative Schüler erkennen, verstehen und fördern zu können. Preiser (2006) konnte empirisch einen positiven Einfluss des Lernklimas in der Klasse auf die Kreativität der Schüler, gemessen durch den „Test zum schöpferischen Denken – Zeichnerisch" (Urban & Jellen, 1995), zeigen. Das Lernklima wurde in dieser Studie anhand des Fragebogens für kreativitäts- und innovationsfreundliches Klima bei jüngeren Schülern (kurz: KIK-jS; Preiser, 2006) erfasst. Erhoben wurde die von den Schülern empfundene Ideenanregung und zielgerichtete Motivierung in der Schulklasse, die Wahrnehmung einer offenen, vertrauensvollen Atmosphäre sowie die wahrgenommene Förderung der eigenen Unabhängigkeit.

Insgesamt unterstreichen die Ergebnisse die Annahme, dass sich in Klassen mit einer innovationsfreundlichen Atmosphäre, geprägt durch Toleranz für neue Ideen und eine hohe gegenseitige Anregung der Schüler untereinander, ein positiver Effekt auf die individuelle Kreativität der Schüler nachweisen lassen sollte.

2.1.6 Kreativitätspädagogik der BIP-Kreativitätsgrundschulen

Die Förderung der Kreativität ist neben der Lern- und Leistungsentwicklung als „Schlüsselqualifikation grundlegender Bildung" (Hallitzky, 2000, S. 62) ein wichtiges Bildungsziel der Grundschule (z. B. Serve, 2000). In den privaten BIP-Kreativitätsgrundschulen liegt ein besonderer Schwerpunkt auf der Förderung der Kreativität. Durch eine anregende und vielschichtige Lernumwelt sollen die kognitiven und kreativen Fähigkeiten der Schüler intensiv gefördert werden. Dabei beschränkt sich die Kreativität nicht nur auf die musisch-künstlerischen Fächer, sondern wird als umfassende Fähigkeit zu neuartigen Problemlösungen verstanden (siehe Kapitel 1.3).

Der Schwerpunkt des besonderen Schulkonzepts der BIP-Schulen liegt darin, dass durch die Entwicklung des Begabungspotenzials, der Intelligenz und der Persönlichkeit die Kreativität der Schüler entwickelt und gefördert werden soll. Sowohl in den am Lehrplan orientierten Unterrichtsfächern als auch in einem spezifischen „Komplexprogramm zur Kreativitätsförderung" (Schöppe, 2010) sollen die Schüler in fünf Fähigkeitsdimensionen gefördert werden: in der kognitiven, der sprachlich-kommunikativen, der künstlerisch-ästhetischen, der psychomotorischen sowie der sozial-emotionalen Dimension. Dazu werden zusätzliche Unterrichtsfächer angeboten. Hierzu zählen das bildkünstlerische, musikalische und sprachliche Gestalten, Darstellendes Spiel, Tanz und Bewegung, das Arbeiten mit digitalen Medien, strategisches Spiel, Schach und das Erlernen von drei Fremdsprachen (Englisch, Französisch und Arabisch oder Chinesisch) ab der ersten Klasse. Zusätzlich gibt es ein fächerübergreifendes Unterrichtsangebot „Entdecken–Erforschen–Erfinden", bei dem, teilweise kombiniert mit Ferienprojekten, Inhalte der beiden Fächer Sachkunde und Werken vertieft aufgegriffen werden (Schöppe, 2010).

Der Konzeption der BIP-Schulen gingen eigene Untersuchungen der Begründer voraus (Mehlhorn & Mehlhorn, 2003). Dieser Modellversuch war vom Beginn des letzten

Kindergartenjahres bis zum Ende des vierten Schuljahres angelegt und erstreckte sich auf den Zeitraum von 1988 bis 1993. Beteiligt waren acht Kindergärten: vier als Versuchs- und vier als Kontrollkindergärten. In der Grundschule konnte das Projekt dann in sechs Klassen weitergeführt werden. Nach der Wende 1989 verringerte sich durch Umzüge in den Westen die Stichprobe erheblich, sodass die Kontrollgruppe aufgegeben wurde. Für die Experimentalgruppe konnten zusätzliche Schüler gefunden werden, sodass der Modellversuch weitergeführt wurde. Angelegt war die Intervention als Ergänzungsprogramm zusätzlich zum schulischen Lehrplan und sah drei bis vier zusätzliche Unterrichtsstunden in besonderen Tätigkeitsbereichen vor, die dann auch später in den BIP-Kreativitätsgrundschulen umgesetzt wurden. Mehlhorn und Mehlhorn (2003) berichten zusammenfassend, dass die BIP-Kreativitätsgrundschüler im Modellversuch bis zum Ende des zweiten Förderjahres durchschnittlich bessere Leistungen in Intelligenz- und Kreativitätstests erzielt hätten als Schüler einer Normstichprobe, die herangezogen wurde, da ein Vergleich mit der Kontrollgruppe aufgrund des durch die Wende bedingten Ausfalls nicht mehr möglich war. Außerdem, so die zusammenfassende Darstellung der Ergebnisse des Modellversuchs durch die Schulgründer, hätten Lehrerbefragungen ergeben, dass sich die im Modellversuch geförderten Schüler im Unterricht toleranter und hilfsbereiter verhielten als Schüler, die nicht am Modellversuch teilgenommen hatten und Parallelklassen besuchten (Mehlhorn & Mehlhorn, 2003).

2.2 Fragestellungen und Hypothesen

2.2.1 Die Entwicklung der Kreativität in den ersten beiden Grundschuljahren

Fragestellung 1: Wie stabil ist die Kreativität in den ersten beiden Grundschuljahren?

Im Allgemeinen zeigt sich in den uns bekannten Studien zur Kreativitätsentwicklung ein mittlerer Anstieg der kreativen Leistung in den ersten beiden Grundschuljahren, wobei zu beachten ist, dass es sich teilweise um Studien handelt, die unterschiedliche Kohorten verschiedenen Alters querschnittlich untersuchten (z. B. Torrance, 1963; Urban, 1988).

Hypothese 1: In den ersten beiden Grundschuljahren zeigt sich ein Anstieg der mittleren kreativen Leistung.

Neben der Mittelwertstabilität wird auch die normative Stabilität der Kreativität geprüft. Aufgrund der uneinheitlichen Befundlage zur Stabilität der Kreativität (siehe Kapitel 2.1.2) können dazu jedoch keine Hypothesen formuliert werden.

Fragestellung 2: Entwickelt sich die Kreativität in den ersten beiden Grundschuljahren unterschiedlich, je nachdem, ob die Schüler BIP-Kreativitätsgrundschulen besuchen oder staatliche Grundschulen?

Aufgrund des besonderen Schulkonzepts der BIP-Kreativitätsgrundschulen mit dem Schwerpunkt der Kreativitätsförderung ist zu vermuten, dass sich in diesen Schulen eine positivere Entwicklung der individuellen kreativen Leistung der Schüler abzeichnet.

Hypothese 2: Die Entwicklung der kreativen Leistung verläuft für die BIP-Kreativitätsgrundschüler auf individueller Ebene positiver als für die Schüler in den staatlichen Grundschulen.

2.2.2 Determinanten der Kreativität in den ersten beiden Grundschuljahren

Bezugnehmend auf die theoretischen Annahmen (siehe Kapitel 2.1) ist davon auszugehen, dass sowohl schülerbezogene als auch schulbezogene Determinanten Einfluss auf die Kreativitätsentwicklung von Grundschülern haben. Unsere Fragestellungen und Hypothesen lauten daher wie folgt:

Schülerbezogene Determinanten der Kreativität

Fragestellung 3: Zeigt sich für unsere Stichprobe ein Einfluss der Geschlechtszugehörigkeit auf die Kreativitätsentwicklung?

Hypothese 3: In Anknüpfung an die Forschungslage ist zu erwarten, dass sich kein Effekt des Geschlechts auf die Kreativitätsentwicklung ergibt.

Klassen- und schulbezogene Determinanten der Kreativität

Fragestellung 4: Inwiefern hat der Schultyp einen Einfluss auf die Kreativität der Schüler am Ende des zweiten Schuljahres?

Hier erwarten wir aufgrund des besonderen Schulkonzepts der BIP-Kreativitätsgrundschulen, dass sich ein positiver Effekt der BIP-Zugehörigkeit auf die Entwicklung der kreativen Leistung der Schüler zeigt.

Hypothese 4: Die Kreativitätsentwicklung der BIP-Schüler verläuft unter Kontrolle der Klassenzugehörigkeit positiver als die der Schüler an staatlichen Grundschulen.

Fragestellung 5: Inwiefern hat das durchschnittliche Kreativitätsniveau einer Klasse zu Beginn der Grundschule einen Effekt auf die Entwicklung der Kreativität der Grundschüler in den ersten beiden Grundschuljahren?

Es ist anzunehmen, dass sich Klassen mit einem durchschnittlich höheren Kreativitätsniveau zu Beginn der Grundschulzeit durch ein kreativeres Klassenklima auszeichnen. Dieses sollte sich langfristig auch auf die Kreativitätsentwicklung auf der Individualebene auswirken. Daher erwarten wir, dass sich ein positiver Einfluss der durchschnittlichen Kreativität der Klasse auf die Kreativitätsentwicklung der PERLE-Schüler zeigt.

Hypothese 5: Die durchschnittliche Kreativität der Klasse wirkt sich positiv auf die individuelle Kreativitätsentwicklung aus.

2. Die Entwicklung der Kreativität und ihr Zusammenhang mit der Intelligenz

Zusammenhang zwischen Intelligenz und Kreativität

Aufgrund der Befunde anderer Studien und theoretischer Annahmen ist von einem Zusammenhang zwischen den beiden Konstrukten Kreativität und Intelligenz auszugehen. Unsere Fragestellungen und Hypothesen lauten daher wie folgt:

Fragestellung 6: Wie stellen sich die querschnittlichen Zusammenhänge zwischen den untersuchten Konstrukten dar?

Aufgrund anderer Studien mit Grundschülern zur Untersuchung des Zusammenhangs zwischen Intelligenz und Kreativität (z. B. Getzels & Jackson, 1963; Wallach & Kogan, 1966) wird ein mäßiger Zusammenhang zwischen den Konstrukten für beide Messzeitpunkte erwartet. Entsprechend den Ergebnissen von Kim (2005; siehe Kapitel 2.1.3) erwarten wir jedoch einen tendenziell höheren Zusammenhang am Ende des zweiten Schuljahres.

Hypothese 6a: Es zeigen sich nur moderate Zusammenhänge zwischen der Kreativität und der Intelligenz.

Hypothese 6b: Am Ende des zweiten Schuljahres fällt der Zusammenhang zwischen Intelligenz und Kreativität stärker aus als zu Beginn der Grundschulzeit.

Fragestellung 7: Welchen Einfluss hat die Kreativität auf die Intelligenz der Schüler?

Zur Untersuchung eventueller wechselseitiger Einflüsse werden die kreuzweisen Abhängigkeiten zwischen den beiden Konstrukten ermittelt. So wird untersucht, ob die Kreativität am Schulanfang einen stärkeren Einfluss auf die nachfolgende Intelligenz hat oder ob sich umgekehrt die Intelligenz zu Schulbeginn auf die Kreativität am Ende des zweiten Schuljahres auswirkt. Guilford fasst Kreativität in seinem Intelligenzstrukturmodell als einen Teil der allgemeinen Intelligenz auf (Guilford & Hoepfner, 1976; siehe Kapitel 2.1.3). Mehlhorn und Mehlhorn (2003) postulieren, dass sich eine günstige Kreativitätsentwicklung auch positiv auf die Intelligenz auswirkt.

Hypothese 7: Im zeitlichen Verlauf hat die Kreativität einen größeren Einfluss auf die Intelligenzentwicklung als die Intelligenz auf die Kreativitätsentwicklung.

Fragestellung 8: Zeigen sich hinsichtlich der kreuzweisen Abhängigkeiten von Kreativität und Intelligenz Unterschiede zwischen den Schultypen?

Aufgrund der besonderen Kreativitätsförderung in den BIP-Schulen wird eine stabilere Kreativitätsentwicklung der BIP-Schüler im Vergleich zu der Entwicklung der staatlichen Schüler erwartet. In Verbindung mit der Annahme, dass Kreativität einen Teil der allgemeinen Intelligenz darstellt, wird aufgrund der höheren angenommenen normativen Stabilität in der kreativen Leistung der BIP-Schüler erwartet, dass der Einfluss der Kreativität auf die Intelligenz bei den BIP-Schülern stärker ausfällt als bei den staatlichen Schülern.

Hypothese 8: Der Einfluss der Kreativität auf die Intelligenz fällt bei den BIP-Schülern stärker aus als bei den staatlichen Schülern.

2.3 Methode

2.3.1 Instrumente und verwendete Variablen

Die Kreativität der Schüler wurde zu Beginn des ersten und am Ende des zweiten Schuljahres mit dem „Test zum schöpferischen Denken – Zeichnerisch" (Urban & Jellen, 1995; TSD-Z) erhoben. Es handelt sich dabei um ein nonverbales Testverfahren, bei dem die Schüler sechs Fragmente weiterzeichnen und sich für diese Zeichnungen einen Titel ausdenken sollen. Die zeichnerischen Fertigkeiten werden dabei nicht in die Bewertung mit einbezogen. Der Test liegt in Form A und in Form B vor. Form B ergibt sich dabei aus der 180°-Drehung der Form A. Um Erinnerungseffekte zu reduzieren, wurden zu Beginn des ersten Schuljahres Form A und am Ende des zweiten Schuljahres Form B eingesetzt. Abbildung 2 zeigt die unterschiedliche Bearbeitung des Testbogens eines Schülers zu beiden Erhebungszeitpunkten.

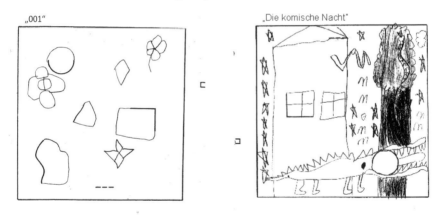

Abbildung 2: Beispiel für die unterschiedliche Bearbeitung des TSD-Z-Bogens durch einen Schüler zu beiden Messzeitpunkten: Links die Zeichnung zu Beginn des ersten Schuljahres mit dem vom Schüler vergebenen Titel „001"; rechts die Zeichnung am Ende des zweiten Schuljahres mit dem Titel „Die komische Nacht".

Die Auswertung der entstandenen Zeichnungen erfolgte anhand von 14 Kategorien, wobei nur aufgrund des Summenwertes Aussagen über die Kreativität möglich sind. Insgesamt können maximal 72 Rohpunkte erreicht werden (Urban & Jellen, 1995). Um Niveauunterschiede zu den beiden Messzeitpunkten untersuchen zu können, wurden die Rohwerte für die Analysen verwendet.

Die Interraterreliabilität wurde mittels des relativen Generalisierbarkeitskoeffizienten mit dem Programm für Generalisierbarkeitsstudien 2.0.D von Ysewin (1997) bestimmt. Dieser entspricht einem Gütekriterium für die Übereinstimmung der Urteile im Sinne relativer Konsistenz. Während des Auswertungsprozesses wurde die Übereinstimmung der Rater mehrmals bestimmt. Zum ersten Messzeitpunkt zu Beginn des ersten Schuljahres ergaben sich dabei Interraterreliabilitäten von $g = .86$ bis $g = .98$, zum zweiten Messzeitpunkt am Ende des zweiten Schuljahres von $g = .94$ bis $g = .99$. Zu beiden Messzeitpunkten ist damit die Raterübereinstimmung als überdurchschnittlich hoch zu bewerten, und es kann von einer reliablen und objektiven Messung ausgegangen werden.

Die intellektuellen Fähigkeiten der Schüler wurden mit den Subtests 3 bis 5 des nonverbalen Intelligenztests CFT 1 (Weiß & Osterland, 1997) Anfang des ersten und Ende des zweiten Schuljahres erfasst. Die drei Subtests „Klassifikationen" (Subtest 3), „Ähnlichkeiten" (Subtest 4) und „Matrizen" (Subtest 5) liegen in zwei Pseudoparallelformen vor, wobei der Unterschied sich lediglich in der Reihenfolge der zu lösenden Aufgaben zeigt. Die mit dem Test erfasste fluide Intelligenz nach Cattell (1997) entspricht der Grundintelligenz und ist die Fähigkeit des Kindes, „in neuartigen Situationen und anhand von sprachfreiem, figuralem Material Denkprobleme zu erfassen, Beziehungen herzustellen, Regeln zu erkennen, Merkmale zu identifizieren und rasch wahrzunehmen" (Weiß & Osterland, 1997, S. 4). Maximal können in den drei verwendeten Subtests 36 Rohpunkte erreicht werden. Die jeweils zwölf Items der drei Subtests bilden eine gemeinsame Skala. Für die Analysen wurden die Normwerte der entsprechenden Klassenstufen verwendet. Hierbei wurden die im Manual angegebenen T-Normwerte in die gebräuchlicheren IQ-Werte umgerechnet.

2.3.2 Analysemethoden

Für die hier durchgeführten Analysen wurde die Mehrebenenstruktur berücksichtigt. Eine Ausnahme stellt die Untersuchung der Veränderung der Kreativität vom ersten zum zweiten Erhebungszeitpunkt mittels univariater Varianzanalysen mit Messwiederholung dar. Damit konnte geprüft werden, inwiefern sich tatsächlich Unterschiede in der Kreativität der Grundschüler zwischen den beiden Erhebungszeitpunkten zeigen.

Zur Berechnung des Zusammenhangs der Kreativität zu beiden Erhebungszeitpunkten wurden Korrelationen berechnet: Für die Untersuchung der Determinanten der Kreativität wurden, um die hierarchische Struktur der Daten zu berücksichtigen, Mehrebenenanalysen mit HLM 6.06 (Raudenbush, Bryk & Congdon, 2008) durchgeführt. Alle Variablen wurden z-standardisiert, um die Stärke der Regressionskoeffizienten miteinander vergleichen zu können. Die Kreativität der Schüler zu Beginn des ersten Schuljahres wurde in den Modellen als Prädiktor für die kreative Leistung der Schüler am Ende des zweiten Schuljahres herangezogen, wodurch sich die Mehrebenenmodelle auch als Modelle zur Vorhersage der Kreativitätsentwicklung begreifen lassen.

Zur Überprüfung der Fragestellung, ob die Kreativität mehr Erklärungskraft für die Intelligenz besitzt, als dies in umgekehrter Richtung der Fall ist, wurde die Methode der kreuzweisen zeitabhängigen Panelkorrelation (crossed-lagged-panel-correlation; Campbell, 1963) gewählt. Dazu wurden die Daten der Intelligenz- und Kreativitätsmessungen in einem Pfadmodell so modelliert, dass jeder der quer- und längsschnittlichen Zusammenhänge jeweils unter Berücksichtigung der anderen Pfade berechnet werden kann. Die Schätzung dieses Pfadmodells wurde mit dem Statistikprogramm M*Plus* 5 (Muthén

& Muthén, 1998–2007) vorgenommen. Mit diesem Programm kann die Mehrebenenstruktur der Daten berücksichtigt werden, indem die Klasse als Gruppenmerkmal (Clustervariable) definiert wird. Die Abhängigkeiten der beobachteten Werte innerhalb der definierten Cluster werden während der Schätzung der Pfadkoeffizienten berücksichtigt, indem eine Korrektur der Standardfehler vorgenommen wird (Muthén & Muthén, 1998–2007).

2.3.3 Stichprobe

Da durch die Verwendung des Programms HLM Fälle mit fehlenden Werten von der Analyse ausgeschlossen werden, wurden von der PERLE-Gesamtstichprobe nur diejenigen Schüler in die jeweiligen Berechnungen aufgenommen, von denen zu beiden Messzeitpunkten in allen verwendeten Variablen Daten vorlagen. Hierdurch reduzierte sich die Stichprobe auf $N = 593$ Schüler. Diese Stichprobengröße liegt allen Mehrebenen- und Varianzanalysen zugrunde. Von den 593 Schülern besuchten 173 Jungen und 186 Mädchen staatliche Grundschulen, 112 Jungen und 122 Mädchen besuchten BIP-Kreativitätsgrundschulen.

In M*Plus* können Fälle mit einzelnen fehlenden Werten in die Analysen eingeschlossen werden, da das Programm fehlende Werte mit dem Full-Information-Maximum-Likelihood-Algorithmus schätzt.[1] So ergibt sich für die Pfadanalysen eine Stichprobengröße von $N = 797$ Schülern.

2.4 Ergebnisse

2.4.1 Die Entwicklung der Kreativität in den ersten beiden Grundschuljahren

Wie stabil ist die Kreativität in den ersten beiden Grundschuljahren?

Betrachtet man die Entwicklung der Kreativität über die gesamte Stichprobe hinweg (vgl. Tabelle 1), so ergibt sich ein Anstieg der durchschnittlichen Kreativität vom Beginn des ersten Schuljahres ($M_{t1} = 17.17$, $SD_{t1} = 8.76$) bis zum Ende des zweiten Schuljahres ($M_{t2} = 23.35$, $SD_{t2} = 9.74$). Dieser ist mit $F_{(1;\ 591)} = 141.63$; $p < .01$ signifikant. Damit kann die aufgestellte Hypothese 1 bestätigt werden: Es gibt eine positive Veränderung im Sinne eines Anstiegs der kreativen Leistung in den ersten beiden Grundschuljahren.

Insgesamt ergibt sich über die gesamte Stichprobe hinweg eine nur geringe normative Stabilität der Kreativität zwischen den beiden Messzeitpunkten mit $r = .11$ ($p < .01$). Bei den BIP-Schülern ist der Zusammenhang zwischen der Kreativität am Anfang des ersten und der Kreativität am Ende des zweiten Grundschuljahres mit $r = .08$ (ns) schwächer als bei den staatlichen Grundschülern mit $r = .12$ ($p < .05$).

Nach der Formel von Cohen, Cohen, West und Aiken (2003) ist dieser Unterschied jedoch nicht signifikant ($\Delta_{emp} = .04 < \Delta_{krit\ \alpha = .05} = .16$).

---

[1] Für eine detailliertere Beschreibung des Algorithmus zum Umgang mit fehlenden Werten wird auf Muthén und Muthén (1998–2007, S. 8) verwiesen.

2. Die Entwicklung der Kreativität und ihr Zusammenhang mit der Intelligenz

Tabelle 1: Mittelwerte und Standardabweichungen der Kreativität für alle Schüler, BIP-Kreativitätsgrundschüler und staatliche Grundschüler

	alle Schüler		BIP		staatlich	
	M	SD	M	SD	M	SD
Anfang 1. Schuljahr	17.17	8.76	17.83	8.14	16.74	9.13
Ende 2. Schuljahr	23.35	9.74	24.04	8.96	22.90	10.19

Anmerkungen: Mittelwert *(M)* und Standardabweichung *(SD)*

Entwickelt sich die Kreativität in den ersten beiden Grundschuljahren unterschiedlich, je nachdem, ob die Kinder BIP-Kreativitätsgrundschulen besuchen oder staatliche Grundschulen?

Wie aus Abbildung 3 ersichtlich wird, haben die Grundschüler der BIP-Kreativitätsgrundschulen zu Beginn des ersten Schuljahres im Durchschnitt mit $M_{t1} = 17.83$ ($SD_{t1} = 8.14$) einen etwas höheren Kreativitätswert als die Schüler staatlicher Grundschulen ($M_{t1} = 16.74$; $SD_{t1} = 9.13$). Auch am Ende des zweiten Schuljahres zeigt sich deskriptiv ein etwas höherer Durchschnittswert bei den BIP-Kreativitätsgrundschülern mit $M_{t2} = 24.04$ ($SD_{t2} = 8.96$) im Vergleich zu den staatlichen Grundschülern ($M_{t2} = 22.90$; $SD_{t2} = 10.19$).

Dieser Unterschied am Ende des zweiten Schuljahres wird mit $F_{(1;\ 591)} = 3.73$ ($p = .05$) beinahe signifikant (vgl. Tabelle 2). In der Interaktion von Messzeitpunkt und Schultyp hingegen zeigt sich kein signifikanter Unterschied ($F_{(1;\ 591)} = 0.00$; $p = .96$; vgl. Tabelle 2), was auch bereits am parallelen Verlauf der beiden Linien in Abbildung 3 erkennbar ist.

Zusammenfassend lässt sich feststellen, dass sich Schüler von BIP-Kreativitätsgrundschulen und staatlichen Grundschulen in der Entwicklung ihrer Kreativität in den ersten beiden Grundschuljahren nicht signifikant unterscheiden. Damit kann die Hypothese 2 nicht bestätigt werden. Die BIP-Schüler weisen in den ersten zwei Grundschuljahren keine günstigere Kreativitätsentwicklung auf als die staatlichen Grundschüler.

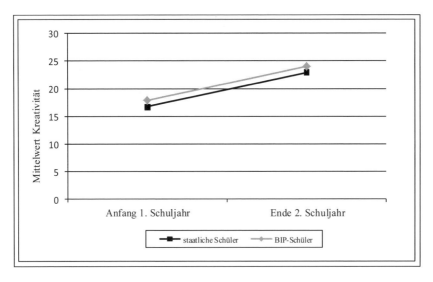

Abbildung 3: Durchschnittlicher Kreativitätswert (TSD-Z) zu beiden Messzeitpunkten im Vergleich von staatlichen Grundschülern und BIP-Kreativitätsgrundschülern

Tabelle 2: Univariate Varianzanalysen mit Messwiederholung zur Kreativitätsentwicklung in BIP-Kreativitätsgrundschulen und staatlichen Grundschulen

	$F_{(1;594)}$	p	η^2
Zeit	141.63	< .001	.19
Zeit * Schultyp	0.00	.96	.00
Schultyp	3.73	.05	.01

Anmerkungen: F = F-Wert (Freiheitsgrade); p = Irrtumswahrscheinlichkeit; η^2 = partielles Eta-Quadrat

2.4.2 Determinanten der Kreativität in den ersten beiden Grundschuljahren

Aufgrund der hierarchischen Datenstruktur werden für die nachfolgenden Analysen keine einfachen Regressionsanalysen, sondern Mehrebenenanalysen durchgeführt. Dies ist auch nach empirischer Prüfung notwendig, da sich zeigte, dass die *ICC* (Intra-Class-Correlation) für die kreative Leistung der Schüler zu Beginn der Grundschulzeit .06 und am Ende des zweiten Schuljahres .13 beträgt. Dies bedeutet, dass 6 % der Gesamtvarianz in der kreativen Leistung der Schüler zu Beginn des ersten Schuljahres und am Ende des zweiten Schuljahres bereits 13 % der Gesamtvarianz auf Unterschiede zwischen den Klassen zurückzuführen sind. Die Klassenzugehörigkeit hat damit einen Effekt auf die individuelle Kreativität der Schüler, der im Verlauf der ersten beiden Grundschuljahre sogar eher zunimmt.

2. Die Entwicklung der Kreativität und ihr Zusammenhang mit der Intelligenz

Tabelle 3: Einfluss des Geschlechts und des Schultyps auf die Kreativitätsentwicklung in den ersten zwei Grundschuljahren

		AV Kreativität, Ende 2. Schuljahr					
		Modell 1		Modell 2		Modell 3	
	Prädiktoren	Beta	SE	Beta	SE	Beta	SE
L-2	Schultyp [a]			.14ns	.13		
	Durchschnittliche Kreativität, Anfang 1. Schuljahr					.12[†]	.06
L-1	Kreativität, Anfang 1. Schuljahr	.10*	.04	.08[†]	.05	.07ns	.05
	Geschlecht [b]	.10ns	.10				

Anmerkungen: Beta = z-standardisierter Regressionskoeffizient, SE = Standardfehler, ** $p < .01$, * $p < .05$, † $p < .10$, ns: nicht signifikant, [a]: dummy-kodiert: 1 = BIP, 0 = staatlich, [b]: dummy-kodiert: 1 = weiblich, 0 = männlich; L-1 = Individualebene, L-2 = Klassenebene

Zeigt sich für unsere Stichprobe ein Einfluss der Geschlechtszugehörigkeit auf die Kreativitätsentwicklung?

Unter Kontrolle der individuellen Kreativität zu Beginn des ersten Grundschuljahres und der Klassenzugehörigkeit zeigt sich in den Mehrebenenanalysen kein signifikanter Einfluss des Geschlechts auf die Kreativität am Ende des zweiten Schuljahres. Damit kann die Hypothese 3 bestätigt werden: Es zeigt sich kein Effekt des Geschlechts auf die Kreativitätsentwicklung in den ersten beiden Grundschuljahren. Die individuelle Kreativität zu Beginn des ersten Grundschuljahres hat dagegen einen signifikanten, wenngleich nur schwachen Einfluss auf die Kreativität am Ende des zweiten Schuljahres (vgl. Tabelle 3, Modell 1).

Inwiefern hat der Schultyp einen Einfluss auf die Kreativitätsentwicklung der Schüler in den ersten beiden Grundschuljahren?

Nach Berücksichtigung der individuellen Kreativität der Schüler am Anfang des ersten Schuljahres und der Klassenzugehörigkeit zeigt sich kein signifikanter Effekt des Schultyps auf die Kreativität der Schüler am Ende des zweiten Schuljahres (vgl. Tabelle 3, Modell 2). Die Vorhersagekraft der individuellen Kreativität der Schüler zu Beginn des ersten Schuljahres auf die Kreativität der Schüler am Ende des zweiten Schuljahres ist dann nur noch tendenziell vorhanden und wird nicht mehr signifikant. Damit lässt sich ein positiver Effekt des Schultyps auf die Entwicklung der kreativen Leistung der Schüler (Hypothese 4) nicht nachweisen, wie sich dies bereits mittels univariater Varianzanalyse ohne Berücksichtigung der Mehrebenenstruktur (siehe 2.4.1) zeigte.

Inwiefern hat das durchschnittliche Kreativitätsniveau einer Klasse zu Beginn der Grundschule einen Effekt auf die Entwicklung der Kreativität der Grundschüler in den ersten zwei Grundschuljahren?

Unter Kontrolle der individuellen Kreativität zu Beginn des ersten Schuljahres zeigt sich mit $\beta = .12$ ($p = .06$; Tabelle 3, Modell 3) nur ein tendenzieller Einfluss des durchschnittlichen Kreativitätsniveaus der Klasse auf die individuelle Kreativität der Schüler am Ende des zweiten Schuljahres. Damit kann die Hypothese 5, dass sich ein positiver Einfluss der durchschnittlichen Kreativität einer Klasse auf die Kreativitätsentwicklung in den ersten beiden Grundschuljahren zeigt, in der vorliegenden Stichprobe nicht bestätigt werden. Weitere Analysen zeigen aber, dass bei Einbezug weiterer Prädiktoren der Einfluss des durchschnittlichen Kreativitätsniveaus einer Klasse auf die individuelle Kreativität der Schüler signifikant wird (vgl. Berner, Lotz, Kastens, Faust & Lipowsky, 2010).

2.4.3 Zusammenhang zwischen Intelligenz und Kreativität

Wie stellen sich die querschnittlichen Zusammenhänge zwischen den untersuchten Konstrukten dar?

Abbildung 4 stellt das zugrunde liegende Pfadmodell dar. Es sind die Pfadkoeffizienten eingefügt, die mit dem Programm M*Plus* für die gesamte Stichprobe und die Substichproben ermittelt wurden.

Für die Gesamtstichprobe können für beide Messzeitpunkte niedrige Zusammenhänge zwischen den Konstrukten gezeigt werden, was der hypothetischen Annahme entspricht. Für den ersten Messzeitpunkt zeigt sich eine Korrelation von $r = .15$ ($p < .01$), bis zum Ende des zweiten Schuljahres sinkt die partielle Korrelation auf $r = .08$ ($p < .05$) ab. Auch bei Betrachtung der bivariaten Korrelationen zu beiden Messzeitpunkten (MZP 1: $r = .15$, $p < .01$; MZP 2: $r = .10$, $p < .01$; ohne Abbildung) lässt die Korrelation am Ende des zweiten Schuljahres nach. Diese Ergebnisse widersprechen der Annahme, dass die Beziehung zwischen beiden Konstrukten bis zum Ende des zweiten Schuljahres enger wird.

Welchen Einfluss hat die Intelligenz auf die Kreativität der Schüler?

Es wurde angenommen, dass sich über die Zeit eine unterschiedliche Einflussstärke der kreuzweisen Abhängigkeiten der beiden Konstrukte zeigt. Dabei wird im Vergleich zur umgekehrten Konstellation ein größerer Einfluss der Kreativität zu Beginn des ersten Schuljahres auf die Intelligenz am Ende des zweiten Schuljahres angenommen. Im Gegensatz zu den postulierten unterschiedlichen kreuzweisen Abhängigkeiten zeigt sich weder ein Einfluss der Kreativität auf die Intelligenz noch ein Einfluss der Intelligenz auf die Kreativität ($\beta = -.05$, $p = .10$, bzw. $\beta = .06$, ns).

2. Die Entwicklung der Kreativität und ihr Zusammenhang mit der Intelligenz

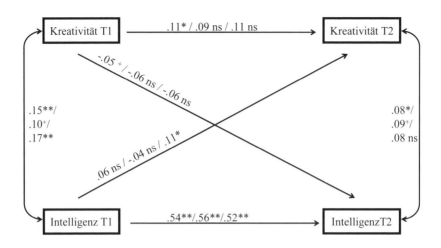

Abbildung 4: Cross-Lagged-Panel-Design mit zugehörigen Pfadkoeffizienten für die Stichproben Gesamt/ BIP/ staatlich; ** $p < .01$, * $p < .05$; † $p < .10$, ns = nicht signifikant

Zeigen sich hinsichtlich der kreuzweisen Abhängigkeiten von Kreativität und Intelligenz Unterschiede zwischen den Schultypen?

Aufgrund der Kreativitätsförderung in den BIP-Schulen wurde postuliert, dass die Kreativität der Privatschüler zum ersten Messzeitpunkt größeren Einfluss auf die Intelligenz zum zweiten Messzeitpunkt hat, als dies bei staatlichen Schülern der Fall ist. Gemäß der Pfadkoeffizienten (vgl. Abbildung 4) muss diese Hypothese verworfen werden. Mit $\beta = -.06$ (ns) hat die Kreativität in beiden Substichproben keinen Effekt auf die spätere Intelligenz der Schüler, und es zeigt sich demnach für die BIP-Schüler kein stärkerer Einfluss der Kreativität (MZP 1) auf die Intelligenz (MZP 2).

Was den Effekt der Intelligenz (MZP 1) auf die spätere Kreativität (MZP 2) anbelangt, so zeigt sich auf deskriptiver Ebene ein Unterschied zwischen den Gruppen. Während die Intelligenz (MZP 1) der staatlichen Schüler mit $\beta = .11$ ($p = .05$) einen signifikanten, wenn auch geringen Effekt auf die Kreativität (MZP 2) hat, zeigt sich für die BIP-Schüler ein Effekt um Null ($\beta = -.04$, ns; vgl. Abbildung 4). Allerdings bleibt diese Unterschiedlichkeit der Koeffizienten unterhalb der statistischen Bedeutsamkeit.[2] Das Ergebnis, dass sich für die staatlichen Schüler ein signifikanter Einfluss der Intelligenz auf die Kreativität zeigt, aber keiner in die umgekehrte Richtung, widerspricht tendenziell der Grundannahme von Hypothese 8 (siehe Kapitel 2.2.2).

Es kann zusammenfassend festgehalten werden, dass im Hinblick auf die kreuzweisen Abhängigkeiten keine Unterschiede zwischen den Schultypen bestehen.

---

2 Sämtliche Pfadkoeffizienten wurden anhand der von M*Plus* angegebenen Standardfehler nach Cohen et al. (2003; siehe Formel S. 46) auf signifikante Unterschiede zwischen den Schultypen getestet. Demnach ist keiner der Unterschiede statistisch bedeutsam.

2.5 Diskussion

In unseren Daten zeigt sich über alle Schüler hinweg ein deutlicher Anstieg der kreativen Leistung der PERLE-Schüler in den ersten beiden Grundschuljahren: Die von uns untersuchten Grundschüler erbringen im zweiten Schuljahr im Durchschnitt eine signifikant bessere kreative Leistung als zu Beginn des ersten Schuljahres. Anhand dieses Ergebnisses sind jedoch keine Aussagen darüber möglich, inwiefern dieser Anstieg auf Einflüsse der Schule und des Unterrichts zurückzuführen ist, oder ob dies eine im Sinne der kindlichen Entwicklung „normale" Leistungssteigerung darstellt. Hierzu sind weitere Analysen geplant.

Unsere Hypothese, dass in den ersten beiden Grundschuljahren die BIP-Schüler eine günstigere Entwicklung in ihrer Kreativität nehmen, konnten wir nicht bestätigen. Allerdings deutet sich tendenziell ein von Schulbeginn an bestehender Unterschied zwischen den beiden Schultypen zugunsten der BIP-Schüler an. Um die Entwicklung der kreativen Leistung über die gesamte Grundschulzeit zu untersuchen, wurde von PERLE am Ende des vierten Schuljahres erneut die Kreativität der Schüler erfasst, um so die Entwicklung der Schüler hinsichtlich ihrer kreativen Leistung über die gesamte Grundschulzeit verfolgen zu können. Zusätzlich zur Erfassung der zeichnerisch-schöpferischen Kreativität wurde ab dem dritten Schuljahr die verbale Kreativität erfasst, die hinsichtlich ihrer Zusammenhänge mit der Intelligenz, dem Wortschatz und der anhand des TSD-Z erfassten Kreativität untersucht werden soll.

Insgesamt lässt sich feststellen, dass sich die Kreativität in den ersten beiden Grundschuljahren innerhalb der PERLE-Stichprobe als wenig stabil erweist, was in der geringen bivariaten Korrelation und in den geringen Pfadkoeffizienten zum Ausdruck kommt. Die Ergebnisse aus den Cross-Lagged-Panel-Analysen (siehe Kapitel 2.4.3) lassen auch erkennen, dass diese interindividuellen Unterschiede nicht durch die Intelligenz(-entwicklung) erklärbar sind. Auch das Geschlecht hatte keinen Einfluss auf die Kreativitätsentwicklung der Schüler in den ersten beiden Grundschuljahren.

Im Vergleich der beiden Schultypen werden zwar deskriptiv unterschiedliche Stabilitäten deutlich, diese Unterschiede werden jedoch nicht signifikant. Im Vergleich zu anderen Studien zeigt sich die Kreativität der Schüler in der PERLE-Stichprobe über die ersten beiden Schuljahre hinweg auf Individualebene als insgesamt nur wenig stabil. Es ist zu vermuten, dass gerade in den ersten beiden Grundschuljahren – verstärkt durch den neuen Lebensabschnitt der Schüler – äußere Einflüsse in Form von schulischen, unterrichtlichen sowie familiären Determinanten die Kreativität beeinflussen. Dies scheint für beide Schultypen ähnlich zu sein. Die geringe Stabilität, sowohl über die gesamte Stichprobe betrachtet als auch für die beiden Schultypen, erschwert weitergehende Aussagen über die schulischen Einflüsse und zeigt die Notwendigkeit differenzierender Analysen. Die Zunahme des Effekts der Klassenzugehörigkeit durch den Anstieg der *ICC* in den ersten beiden Grundschuljahren deutet für unsere Stichprobe allerdings auf einen – wenn auch nur moderaten – Einfluss von Schule und Unterricht auf die Kreativitätsentwicklung der Grundschüler hin.

2. Die Entwicklung der Kreativität und ihr Zusammenhang mit der Intelligenz

In diesem Zusammenhang erwies sich das durchschnittliche Kreativitätsniveau der Klasse im Vergleich zur individuellen Kreativität als der tendenziell bessere Prädiktor für die spätere individuelle Kreativität, auch wenn dieser Einfluss in dem überprüften Modell nicht signifikant wurde. Auch im Vergleich zum Geschlecht und dem Schultyp als Prädiktoren scheint das durchschnittliche Kreativitätsniveau der Klasse die Kreativitätsentwicklung der Schüler eher zu erklären.

Insgesamt deuten die Befunde darauf hin, dass die Kreativität im frühen Grundschulalter ansteigt und sich tendenziell auch durch Merkmale einer kreativitätsfördernden Umwelt erklären lässt. Die am Ende des zweiten Schuljahres höhere *ICC* von 13 % lässt vermuten, dass es lohnenswert ist, zusätzlich zu den untersuchten Merkmalen weitere Determinanten der Kreativität auf Klassenebene zu untersuchen. Denkbar ist auch, dass personenbezogene Variablen wie die Offenheit für Neues, die Fähigkeit zum divergenten Denken, motivationale Faktoren und bereichsspezifisches Wissen zusätzliche Prädiktoren für die Kreativitätsentwicklung darstellen. Aber auch Einflüsse der familiären und sozialen Umwelt sind potenziell relevant.

Zudem ist anzunehmen, dass auch Wechselwirkungen zwischen situativen Aspekten – beziehungsweise deren Wahrnehmung – und individuellen Voraussetzungen einen Einfluss auf die kreative Leistung der Grundschüler haben. Um hier genauere Erkenntnisse zu erlangen, wird in PERLE die Kreativitätsentwicklung unter weiterer Berücksichtigung individueller, familiärer und schulischer Determinanten über die gesamte Spanne der Grundschulzeit hinweg untersucht.

Für den Zusammenhang zwischen Intelligenz und Kreativität zeigt sich, dass die querschnittlichen Zusammenhänge zu beiden Messzeitpunkten unserer Hypothese entsprechend sehr niedrig ausfallen (siehe Kapitel 2.4.3) und vom ersten zum zweiten Messzeitpunkt kleiner werden. Dies steht im Widerspruch zu unserer Hypothese und den Ergebnissen aus Kims (2005) Metaanalyse, wonach mit zunehmendem Alter der Zusammenhang zwischen Kreativität und Intelligenz enger wird (siehe Kapitel 2.1.3). In weiterführenden Analysen wird der Zusammenhang zwischen Kreativität und Intelligenz erneut untersucht.

In Verbindung mit dem Ergebnis, dass keine reziproken Effekte vorliegen (das heißt, weder kann die Intelligenz die Kreativitätsentwicklung im zeitlichen Verlauf erklären noch umgekehrt die Kreativität die Intelligenzentwicklung), deuten die Daten auf eine weitgehende Unabhängigkeit der beiden Konstrukte in den ersten beiden Grundschuljahren hin. Zur adäquaten Förderung der Kreativität sollte das Verhältnis zur Intelligenz geklärt sein, denn aufgrund der sich hier andeutenden Unabhängigkeit der Konstrukte sollte die Kreativitätsförderung losgelöst von einer Förderung der Intelligenz erfolgen.

Die Hypothese, dass sich bei BIP-Schülern ein stärkerer Einfluss der Kreativität zu Beginn des ersten Schuljahres auf die Intelligenz am Ende des zweiten Schuljahres zeigt als bei staatlichen Schülern, konnte ebenfalls nicht bestätigt werden. Auf Substichprobenebene zeigen sich im Gesamten keine signifikanten Unterschiede für die Pfade des Cross-Lagged-Panel-Modells. Das spricht innerhalb der ersten beiden Grundschuljahre weder für eine höhere Stabilität der Kreativität der BIP-Schüler noch dafür, dass sich die Kreativitätsentwicklung positiv auf die Intelligenzentwicklung auswirkt, was eine Intention der Kreativitätspädagogik an den BIP-Schulen ist (siehe Kapitel 1.3).

Da dementsprechende Effekte aber möglicherweise erst im dritten und vierten Schuljahr zum Tragen kommen, sollte die Kreativitätsentwicklung und ihr Zusammenhang mit der Intelligenzentwicklung bis zum Ende der Grundschulzeit untersucht werden.

Literatur

Amelang, M. & Bartussek, D. (Hrsg.) (1990). *Differentielle Psychologie und Persönlichkeitsforschung* (3. Aufl.). Stuttgart: Kohlhammer.
Barron, F. & Harrington, D.M. (1981). Creativity, intelligence, and personality. *Annual Review of Psychology, 32*, 439–476.
Berner, N.E., Lotz, M., Kastens, C., Faust, G. & Lipowsky, F. (2010). Die Entwicklung der Kreativität und ihre Determinanten in den ersten beiden Grundschuljahren. *Zeitschrift für Grundschulforschung, 3*(2), 72–84.
Bröcher, A. (1989). *Kreative Intelligenz und Lernen. Eine Untersuchung zur Förderung schöpferischen Denkens und Handelns unter anderem in einem universitären Sommercamp* (Bd. 53). München: Minerva-Publ.
Campbell, D.T. (1963). From description to experimentation. Interpreting trends as quasi experiments. In C.W. Harris (Ed.), *Problems in measuring change* (pp. 213–242). Madison: University of Wisconsin Press.
Cattell, R.B. (1997). *Grundintelligenztest Skala 1, CFT 1*. Westermann-Test. Braunschweig: Westermann.
Cohen, J., Cohen, P., West, S.G. & Aiken, L.S. (2003). *Applied multiple regression/correlation analysis for the behavioral sciences* (3rd ed.). Mahwah: Lawrence Earlbaum Associates.
Cropley, A.J. (1990). Kreativität im Alltag: Über Grundsätze kreativitätsorientierten Lehrens und Lernens. *International Review of Education, 36*(3), 329–344.
Getzels, J.W. & Jackson, P.W. (1963). *Creativity and intelligence. Explorations with gifted students*. London: John Wiley & Sons.
Guilford, J.P. (1950). Creativity. *American Psychologist, 5*, 444–454.
Guilford, J.P. (1956). The structure of intellect. *Psychological Bulletin, 53*(4), 267–293.
Guilford, J.P. & Christensen, P.R. (1973). The one-way relation between creative potential and IQ. *The Journal of Creative Behavior, 7*(4), 247–252.
Guilford, J.P. & Hoepfner, R. (1966). Creative potential as related to measures of IQ and verbal comprehension. *Indian Journal of Psychology, 41*(1), 7–16.
Guilford, J.P. & Hoepfner, R. (1976). *Analyse der Intelligenz*. Weinheim: Beltz.
Hallitzky, M. (2000). Strukturelle Merkmale der Offenheit und Geschlossenheit in Lehrplänen als Grundlage der Kreativitätserziehung. In H.J. Serve (Hrsg.), *Kreativitätsförderung* (S. 49–74). Baltmannsweiler: Schneider-Verl. Hohengehren.
Heinelt, G. (1978). *Kreative Lehrer, kreative Schüler. Wie die Schule Kreativität fördern kann* (4. Aufl.). Freiburg im Breisgau: Herder.
Kim, K.H. (2005). Can only intelligent people be creative? A meta-analysis. *The Journal of Secondary Gifted Education, 16*(2/3), 57–66. Zugriff am 25. April 2010, http://www.faculty.de.gcsu.edu/~bmumma/Sample%209.pdf.
Krampen, G., Freilinger, J. & Wilmes, L. (1991). *Sequenzanalytische Befunde zur Entwicklung der Kreativität in der Kindheit*. Trierer Psychologische Berichte Bd. 18/ 6. Trier: Universität, Fachbereich I – Psychologie.
Mehlhorn, G. & Mehlhorn, H.-G. (2003). Kreativitätspädagogik. Entwicklung eines Konzepts in Theorie und Praxis. *Bildung und Erziehung, 56*(1), 23–45.

Muthén, L.K. & Muthén, B. (1998–2007). *Mplus user's guide.* (5th ed.). Los Angeles, CA: Muthén & Muthén.

Preiser, S. (2006). Kreativitätsförderung. Lernklima und Erziehungsbedingungen in Kindergarten und Grundschule. In M.K.W. Schweer (Hrsg.), *Das Kindesalter. Ausgewählte pädagogisch-psychologische Aspekte* (S. 27–47). Frankfurt am Main: Peter Lang.

Preiser, S. & Buchholz, N. (2004). *Kreativität. Ein Trainingsprogramm für Alltag und Beruf* (2. Aufl.). Heidelberg: Asanger.

Raudenbusch, S.W., Bryk, A.S. & Congdon, R. (2008). *HLM 6.07 for windows – student version* [Computer software]. Lincolnwood, IL: Scientific Software International, Inc.

Renzulli, J.S. (1986). The three-ring conception of giftedness. A developmental model for creative productivity. In R.J. Sternberg & J.E. Davidson (Eds.), *Conceptions of giftedness* (pp. 53–92). New York: Cambridge University Press.

Schöppe, K. (2010). Begabungen der Kinder frühzeitig und langfristig entwickeln: Kreative Prozesse stehen im Mittelpunkt von ganztägiger Bildung und Erziehung. *Neue Praxis der Schulleitung, 100,* 1–20. Zugriff am 9.10. 2012: http://www.bip-schulen.de/Files/Schoeppe/index.html

Serve, H.J. (2000). Fundamente (grund-)schulpädagogischer Kreativitätsförderung. In H.J. Serve (Hrsg.), *Kreativitätsförderung* (S. 10–26). Baltmannsweiler: Schneider-Verl. Hohengehren.

Sparfeldt, J.R., Wirthwein, L. & Rost, D.H. (2009). Hochbegabt und einfallslos? Zur Kreativität intellektuell hochbegabter Kinder und Jugendlicher. *Zeitschrift für Pädagogische Psychologie, 23*(1), 31–39.

Sternberg, R.J. & Lubart, T.I. (1991). An investment theory of creativity and its development. *Human Development, 34*(1), 1–31.

Sternberg, R.J. & O´Hara, L.A. (1999). Creativity and intelligence. In R.J. Sternberg (Ed.), *Handbook of creativity* (pp. 251–272). Cambridge: Cambridge Univ. Press.

Torrance, E.P. (1963). *Education and the creative potential.* Minneapolis: Univ. of Minnesota Press.

Ulmann, G. (1968). *Kreativität: Neue amerikanische Ansätze zur Erweiterung des Intelligenzkonzepts.* Weinheim: Beltz.

Urban, K.K. (1988). *Zur Entwicklung von Kreativität bei vier- bis achtjährigen Kindern. Untersuchungen mit dem neuen „Text zjm schöpferischen Denken – Zeichnerisch" (TSD-Z).* Hannover: Universität Hannover.

Urban, K.K. (2004). *Kreativität. Herausforderung für Schule, Wissenschaft und Gesellschaft.* Münster: Lit-Verl.

Urban, K.K. & Jellen, H.G. (1995). *Test zum schöpferischen Denken – Zeichnerisch (TSD-Z).* Frankfurt am Main: Swets.

Wallach, M.A. & Kogan, N. (1966). *Modes of thinking in young children. A study of the creativity-intelligence distinction.* New York: Holt, Rinehart and Winston.

Weiß, R. & Osterland, J. (1997*). Grundintelligenztest Skala 1 CFT 1* (5. Aufl.). Göttingen: Hogrefe.

Ysewijn, P. (1997). *GT – Programm für Generalisierbarkeitsstudien 2.0.D* [Computer software]. Neuchâtel, Switzerland: Institute de Recherche et de Documentation Pédagogique. Zugriff am 20. November 2009, http://www.irdp.ch/methodo/generali.htm.

3. Leistungsentwicklung im Fach Mathematik und deren Determinanten

Karina Karst und Frank Lipowsky

Einleitung

Das vorliegende Kapitel verfolgt zwei Fragestellungen. Zum einen wird untersucht, wie sich die Kinder an den BIP-Kreativitätsgrundschulen und an den staatlichen Grundschulen in ihren mathematischen Leistungen entwickeln. Zum anderen werden potenziell relevante Determinanten der mathematischen Leistungsfähigkeit, wie sie sich aus Befunden der Lehrerforschung ableiten lassen, auf ihre Prädiktionskraft untersucht.

3.1 Theoretischer und empirischer Hintergrund

In der heutigen empirischen Unterrichtsforschung ist allgemein anerkannt und bestätigt, dass Schulerfolg multipel determiniert ist. Mit der Forcierung der empirischen Unterrichts- und Lehrerforschung in den letzten Jahren ging zudem eine Weiterentwicklung der (lern-) theoretischen Grundlagen und Paradigmen einher. Ging man bis in die 90er Jahre bei der Erklärung von Lernprozessen noch von einem vergleichsweise einfachen Lehr-Lern-Wirkungsmodell aus, wonach Unterricht beziehungsweise das Lehren des Lehrers unmittelbar zum Lernen der Schüler führe, hat sich dieses Grundverständnis mit der Popularität konstruktivistischer Grundpositionen verändert. Unterricht wird nun nicht mehr aus einer instruktionalen Perspektive betrachtet, sondern als Bereitstellung von Lerngelegenheiten (z. B. Reusser, 2001). Die auf dieser Grundposition aufbauenden systemischen Angebots-Nutzungs-Modelle (Helmke, 2009; Reusser & Pauli, 1999) der Unterrichtsforschung betonen zum einen die Wahrnehmungs- und Nutzungsprozesse auf Seiten der Schüler und heben zum anderen auch die kognitiven Voraussetzungen des Lehrerhandelns hervor. Die individuellen Wahrnehmungs- und Nutzungsprozesse der Schüler werden wiederum von deren kognitiven, motivationalen und selbstregulatorischen Voraussetzungen wesentlich beeinflusst. Ferner berücksichtigen solche Modelle auch außerhalb des Unterrichts liegende Einflussfaktoren wie Kontextbedingungen der Klasse und strukturell-organisatorische Merkmale der Schule, die sich auf das Angebot von Lerngelegenheiten und deren Nutzung auswirken können. Gemeinsam beeinflussen sie Quantität und Qualität der Lerngelegenheiten.

Im Folgenden werden zunächst mathematische Vorläuferfähigkeiten als Beispiel für individuelle Schülermerkmale thematisiert, welche den Schulerfolg bestimmen. Sodann erfolgt eine überblicksartige Darstellung potenziell lehrerbezogener Einflussfaktoren auf die mathematischen Lernerfolge bei Schülern. In einem letzten Schritt wird auf den für dieses Kapitel relevanten Kontext – den Schultyp (BIP/staatlich) – eingegangen.

3.1.1 Zur Bedeutung von mathematischen Vorläuferfähigkeiten

Der Schulanfang entspricht nicht „der Stunde Null" in der Lernbiographie eines Grundschulkindes, denn schon Schulanfänger verfügen in beträchtlichem Maße über zentrale mathematische Vorläuferfähigkeiten (z. B. Grassmann et al., 2002; Schipper, 1998; Selter, 1995). So können Krajewski und Schneider (2006) beispielsweise zeigen, dass die Hälfte der untersuchten Schulanfänger mindestens bis 28 zählen kann. Aufgaben zur Seriation werden immerhin von 68 % der Kinder richtig gelöst. Aufgaben zum Mengenvergleich gelingen 67 % der Kinder (Krajewski & Schneider, 2006). In einer aktuellen Studie untersuchten Niklas, Schmiedeler und Schneider (2010) unter anderem die klassischen mathematischen Vorläuferfähigkeiten von 761 Kindern kurz vor der Einschulung. Bei diesem Test, welcher ähnliche Bereiche erfasst wie jener von Krajewski und Schneider (2006), konnten die Kinder maximal 30 Punkte erreichen. Die Kinder erzielten im Durchschnitt immerhin 25.52 Punkte, was auf ausgeprägte mathematische Vorläuferfähigkeiten der teilnehmenden Kinder hinweist ($SD = 4.32$). Gleichzeitig wird in diversen Untersuchungen jedoch auch immer wieder auf die große Heterogenität in den Vorläuferfähigkeiten hingewiesen (Martschinke, Kammermeyer, Frank & Mahrhofer, 2002).

Im Allgemeinen kann davon ausgegangen werden, dass die mathematische Lernentwicklung von Schülern auf bereichsspezifischen Wissenssystemen aufbaut. Dabei spielen kumulative Lernvorgänge eine bedeutsame Rolle, durch die sich Strukturen und Netzwerke ausbilden sowie Abläufe und Strategien konstruiert und automatisiert werden (Stern, 1998).

Der Frage nach der Entwicklung von Mathematikleistungen im Grundschulalter wird empirisch jedoch eher selten nachgegangen (Heinze, Herwartz-Emden & Reiss, 2007), da hierfür längsschnittliche Untersuchungen notwendig sind.

Allgemein anerkannt und vielfach empirisch bestätigt ist, dass das bereichsspezifische Vorwissen der Lernenden in Form des numerischen Verständnisses für die Lernentwicklung im Fach Mathematik eine größere Rolle spielt als der Einfluss allgemeiner intellektueller Fähigkeiten (Stern, 1997, 1998). Zu einem ähnlichen Ergebnis kommen auch Krajewski und Schneider (2006).

Betrachtet man darüber hinaus die fachspezifische Lernentwicklung der Schüler getrennt nach Leistungsgruppen, so zeigt eine Studie von Ditton und Krüsken (2009) folgendes Ergebnis: Die untersuchten Grundschüler mit schwächeren Leistungen im Fach Mathematik am Ende des zweiten Schuljahres erzielten größere Zugewinne bis zum Ende des vierten Schuljahres als Schüler mit höheren Eingangsleistungen. Dadurch wird ein Ausgleich in der Leistungsstreuung erreicht. Dieses Ergebnis basiert auf einer stratifizierten Zufallsstichprobe von 1.247 Schülern aus Bayern und Sachsen.

Dennoch zeigen vorliegende Befunde beispielsweise aus der LOGIK- und aus der SCHOLASTIK-Studie (Weinert, 1998; Weinert & Helmke, 1997), aus der Studie von Reiss, Heinze und Pekrun (2007) und aus der genannten Studie von Ditton und Krüsken (2009), dass die normative Stabilität interindividueller Unterschiede, gemessen in Korrelationen zwischen zwei benachbarten Messzeitpunkten, vergleichsweise hoch ist ($.50 < r < .65$). Die Höhe dieser Korrelationen zeigt aber auch, dass ein bedeutsamer Anteil der Leistungsunterschiede nicht durch das bestehende Vorwissen erklärt werden kann, sodass ein erheblicher Spielraum für Einflussmöglichkeiten durch die Schule, den Unterricht und die Lehrperson bleibt.

3.1.2 Aspekte professioneller Handlungskompetenz und ihre Bedeutung für die Leistungsentwicklung

In den Angebots-Nutzungs-Modellen spielt die Handlungskompetenz der Lehrer eine zentrale Rolle. Zur Beschreibung und Kategorisierung der professionellen Handlungskompetenz von Lehrern hat sich das spezifischere Modell von Baumert und Kunter (2006) durchgesetzt (siehe Kapitel 7), welches bedeutsame Vorarbeiten von Bromme (1997) und Shulman (1986, 1987) integriert. In diesem Modell werden Wissen und Können, Werthaltungen und Überzeugungen, motivationale Orientierungen sowie selbstregulative Fähigkeiten als differenzierbare Kompetenzfacetten beschrieben und konzeptualisiert. In dem vorliegenden Kapitel werden nur die drei zuletzt genannten Kompetenzfacetten auf ihre Prädiktionskraft untersucht.

3.1.3 Werthaltungen und Überzeugungen

Zieht man empirische Untersuchungen hierzu heran, so finden sich zahlreiche Hinweise darauf, dass die Lern- und Leistungsentwicklung der Schüler vom Lehrer und seinen Einstellungen und Überzeugungen beeinflusst wird (zusammenfassend Baumert et al., 2010; Baumert & Kunter, 2006; Hattie, 2009; Lipowsky, 2006) . Die Forschungslage zum Einfluss von motivationalen Orientierungen und selbstregulativen Fähigkeiten des Lehrers für den Lernprozess der Schüler ist jedoch dünner.

Unterrichtsrelevante Überzeugungen der Lehrpersonen werden unter anderem in Form subjektiver Theorien über das Lehren und Lernen sowie als epistemologische Überzeugungen (beliefs) untersucht. Zwar ist es durchaus plausibel anzunehmen, dass Lehrerüberzeugungen das eigene Unterrichtshandeln beeinflussen und sich hierüber bis auf die Ebene der Schüler auswirken können (Calderhead, 1996; Richardson, 1996; Thompson, 1992), Belege aus quantitativen Studien sind jedoch eher selten (zusammenfassend Baumert & Kunter, 2006).

In einer der wenigen quantitativen Studien konnten Stipek, Givvin, Salmon und MacGyvers (2001) an einer kleinen Stichprobe von 21 amerikanischen Mathematiklehrern und deren beobachteter Unterrichtspraxis einen Zusammenhang zwischen den „beliefs" der Lehrpersonen und ihrer Unterrichtspraxis nachweisen. So ergab sich beispielsweise eine enge negative Beziehung zwischen der Schemaorientierung der Lehrer (Lehrerüberzeugung, Schüler sollten sich im Mathematikunterricht an die Aufgabenanweisungen des Lehrers halten) und dem Grad der beobachteten Verständnisförderung im Unterricht sowie den beobachteten Spielräumen für selbstständiges Arbeiten. Über ähnliche Zusammenhänge berichten auch Hartinger, Kleickmann und Hawelka (2006). In ihrer Studie befragten sie 45 Grundschullehrpersonen unter anderem nach deren Überzeugungen und beobachteten ihr unterrichtliches Handeln. Auf der Basis der schriftlich erfassten Lehrerkognitionen wurden vier Gruppen von Lehrpersonen gebildet. Das

Hauptaugenmerk richteten die Autoren auf zwei Typen, den konstruktivistischen und den instruktionalen Typ. Erwartungskonform ließen sich im Unterricht des konstruktivistischen Typs mehr Freiheitsspielräume für die Schüler feststellen, während die Freiheitsspielräume beim instruktionalen Typ bedeutend geringer waren. Hinsichtlich organisatorischer und inhaltlicher Strukturiertheit unterscheiden sich die vier Typen jedoch nicht.

Empirische Evidenzen für direkte Beziehungen zwischen den lehr- und lerntheoretischen Überzeugungen von Lehrpersonen und dem Leistungszuwachs von Schülern liefern die älteren Studien von Peterson, Fennema, Carpenter und Loef (1989) und von Staub und Stern (2002) für das Fach Mathematik. Staub und Stern (2002) ermittelten an Daten der SCHOLASTIK-Studie zum einen, dass Lehrpersonen mit einer konstruktivistischen Überzeugung häufiger Aufgaben stellten, die strukturorientiert waren und mathematische Verständnisleistungen erforderten. Zum anderen erzielten die Schüler dieser Lehrpersonen auch höhere Leistungen beim Lösen von Textaufgaben, nicht aber bei eher fertigkeitsorientierten oder technischen Aufgaben. Auch Peterson et al. (1989) konnten Zusammenhänge zwischen der konstruktivistischen Orientierung von Mathematiklehrpersonen und anspruchsvolleren mathematischen Leistungen beim Lösen von „word problems" nachweisen. Pauli, Reusser, Grob und Waldis (2005) konnten mittels Mehrebenenanalysen und nach Kontrolle diverser Lernvoraussetzungen ebenfalls einen positiven Zusammenhang zwischen der konstruktivistischen Orientierung (Itembeispiel: *„Schüler/innen lernen Mathematik am besten, indem sie selbst Wege zur Lösung von Problemen entdecken"*) von Schweizer Mathematiklehrpersonen und dem Leistungsstand von Schülern des neunten Schuljahres belegen. In eine ähnliche Richtung weisen die Befunde von Dubberke, Kunter, McElvany, Brunner und Baumert (2008), wenngleich die Autoren mit dem transmissiven Verständnis sozusagen den „Gegenspieler" konstruktivistischer Überzeugungen auf seine Prädiktionskraft untersuchten. Mit dem transmissiven Verständnis ist die Überzeugung einer Lehrperson gemeint, dass der Lernprozess vor allem in der Übertragung von Wissen vom Lehrer auf den Schüler und im Nachvollzug der Bearbeitungsschritte durch den Schüler besteht. Die Autoren konnten zeigen, dass Mathematiklehrpersonen mit ausgeprägten transmissiven Überzeugungen (Itembeispiel: *„Am vorgerechneten Beispiel lernen die Schüler/innen am besten"*) einen eher wenig kognitiv aktivierenden und herausfordernden Unterricht hielten. Auf die mathematischen Schülerleistungen wirkten sich diese transmissiven Überzeugungen negativ aus.

Nicht in allen Studien ließen sich jedoch negative Effekte transmissiver und positive Effekte konstruktivistischer Überzeugungen auf das unterrichtliche Handeln der Lehrpersonen und die Leistungen der Lernenden nachweisen. So können Seidel, Schwindt, Rimmele und Prenzel (2008) weder Korrespondenzen zwischen den über einen Fragebogen ermittelten konstruktivistischen Orientierungen von Physiklehrpersonen und der Umsetzung konstruktivistischer Elemente in ihrem Unterricht feststellen noch wirkten sich die konstruktivistischen und rezeptiven Überzeugungen der Lehrpersonen signifikant positiv oder negativ auf den Lernerfolg der Schüler aus. Tendenziell zeigte sich, dass Schüler von Lehrpersonen mit einer ausgeprägteren rezeptiven Überzeugung einen etwas höheren Wissenszuwachs im inhaltlichen Wissen, aber einen etwas geringeren Wissenszuwachs im anspruchsvolleren begrifflichen Wissen hatten. Konstruktivistische Überzeugungen von Lehrpersonen hatten – auch tendenziell – keine Bedeutung für den Lernfortschritt der Schüler. Sowohl im inhaltlichen als auch im begrifflichen Verständnis fielen die Zuwächse in etwa gleich groß aus, auch wenn die Lernenden von einer Lehrperson mit stark oder schwach ausgeprägter konstruktivistischer Überzeugung unterrichtet wurden.

Seidel und Kollegen (2008) führen die geringe Prädiktionskraft der erhobenen Lehrerüberzeugungen unter anderem auf die mögliche soziale Erwünschtheit und die geringe Validität der mittels Fragebogen erhobenen Überzeugungen zurück.

Aus all diesen Befunden lassen sich nicht zwingend gerichtete Hypothesen für das vorliegende Kapitel ableiten. Einerseits kann angenommen werden, dass sich konstruktivistische Überzeugungen positiv auf anspruchsvollere Leistungen auswirken, andererseits sprechen die Befunde von Seidel et al. (2008) eher gegen positive Effekte auf Schülerleistungen, zumal es in der vorliegenden Studie um die Vorhersage von Leistungen beim Lösen technischer Aufgaben ging. Unter Heranziehung der Befunde von Seidel et al. (2008) kann sogar angenommen werden, dass sich – im Hinblick auf den Zuwachs an technischen Fertigkeiten – formalistische und transmissive Überzeugungen auch positiv auf die Schülerleistungen auswirken können. Eine gewisse Plausibilität erfährt diese Annahme, wenn man sich auf das „*Paradox of the chinese learner*" beruft (Watkins & Biggs, 2001). Obgleich sich der Mathematikunterricht in vielen ostasiatischen Ländern durch exzessives schematisches Auswendiglernen und massives Üben und dementsprechend durch rezeptive Formen des Lernens auszeichnet, erzielen Schüler dieser Länder regelmäßig Bestleistungen in den internationalen Schulleistungsstudien. Watkins und Biggs (2001) gehen davon aus, dass sich – zumindest für Schüler asiatischer Länder – schematisches Üben und Wiederholen auf der einen Seite und verständnisorientiertes Lernen auf der anderen Seite nicht ausschließen (z. B. Helmke & Hesse, 2002).

Dementsprechend ist – insbesondere[1] auch für Grundschulkinder, bei denen die Beherrschung von Grundrechenfertigkeiten als Voraussetzung für die Anwendung komplexerer mathematischer Operationen betrachtet werden kann – nicht auszuschließen, dass mit ausgeprägten transmissiven, formalistischen und rezeptiven Lehrerüberzeugungen auch höhere Lernfortschritte der Schüler in basalen Rechenfertigkeiten einhergehen können.

3.1.4 Selbstregulative Fähigkeiten und motivationale Orientierungen

Neben den dargestellten, insgesamt uneinheitlichen Befunden zu den subjektiven Überzeugungen konnten auch vereinzelt positive Effekte selbstregulativer Fähigkeiten wie beispielsweise der Selbstwirksamkeitserwartung auf das Unterrichtsverhalten und die Leistungen von Schülern festgestellt werden (Ashton & Webb, 1986; Ross, 1995;

---

[1] Es lässt sich annehmen, dass transmissive und formalistische Überzeugungen Komponenten einer eher statischen Sicht auf Mathematik sind und auch empirisch zusammenhängen. In der vorliegenden Studie korrelieren beide Überzeugungen mit $r = .59$ deutlich positiv.

Tschannen-Moran, Woolfolk Hoy & Hoy, 1998). Allerdings gilt hier Ähnliches wie für die lehr- und lerntheoretischen Überzeugungen: Aktuelle Studien, die konsistent Zusammenhänge zwischen Selbstwirksamkeitsüberzeugungen der Lehrpersonen einerseits und deren unterrichtlichen Handeln oder den Schülerleistungen andererseits zeigen können, existieren kaum.

Noch schmaler stellt sich die empirische Forschungsbasis zum Einfluss motivationaler Orientierungen des Lehrers auf die Lernentwicklung der Schüler dar. Unter motivationalen Orientierungen lassen sich unter anderem die Zielorientierungen von Lehrern verstehen. Diese beschreiben, welche Ziele Lehrer im unterrichtlichen Handeln verfolgen und wie sie für sich Erfolg definieren. Nach Butler (2007) lassen sich motivationale Orientierungen grob in die Kategorien Lernzielorientierung und Leistungszielorientierung unterteilen (siehe Kapitel 7). Eine hohe Lernzielorientierung ist dadurch gekennzeichnet, dass der Lehrer seine professionellen Kompetenzen weiterentwickeln möchte, während sich eine hohe Leistungszielorientierung als Wunsch des Lehrers darstellt, seine hoch ausgeprägte Lehrfähigkeit zu demonstrieren und Defizite zu verbergen. Dabei konnten Butler und Shibaz (2008) Folgendes feststellen: Schüler, deren Lehrer über eine hohe Lernzielorientierung verfügen, berichten, dass ihre Lehrer aktiv auf Schülerfragen eingehen und Erklärungshilfen geben, woraus sich positive Effekte auf die Lernentwicklung der Schüler ableiten lassen. Dieser Befund zeigt sich nicht für eine hoch ausgeprägte Leistungszielorientierung der Lehrer.

3.1.5 Zur Bedeutung des schulischen Kontextes

Zusätzlich zu Einflüssen der Lehrkraft auf den Lernerfolg der Schüler kann aus dem Angebot-Nutzungs-Modell ein – wenngleich geringer – Einfluss strukturell-organisatorischer Merkmale der Schule auf die Lernentwicklung abgeleitet werden. Möglich ist, dass an den BIP-Schulen motiviertere Lehrpersonen mit einer höheren Expertise unterrichten, sodass sich diese Positivauswahl der Lehrpersonen günstig auf die Lernentwicklung der Schüler auswirkt.

Tatsächlich zeigt sich, dass die Lehrpersonen an den BIP-Schulen über eine höhere Lernzielorientierung und über eine höhere Selbstwirksamkeit berichten als die Lehrer an den staatlichen Schulen (siehe Kapitel 7).[2] Dagegen fallen die bestehenden Unterschiede zwischen beiden Lehrergruppen in den fachspezifischen unterrichtsbezogenen Überzeugungen nicht signifikant aus: Die BIP-Lehrpersonen berichten sogar über eine etwas geringere konstruktivistische Orientierung und über ein höheres rezeptives Verständnis und haben höhere Werte im Formalismus (siehe Kapitel 7).

Insgesamt kann, wenn auch mit einiger Vorsicht, erwartet werden, dass BIP-Schüler aufgrund der besonderen Bedingungen an den BIP-Schulen eine günstigere Lernentwicklung im Fach Mathematik aufweisen als die Schüler der staatlichen Grundschulen.

---

2 Berücksichtigt man hingegen ausschließlich die Mathematiklehrer, zeigen sich leichte Abweichungen von diesem Befund. Nur in der Selbstwirksamkeit lässt sich der signifikante Unterschied zwischen den BIP-Lehrern ($N = 14$) und den staatlichen Lehrern ($N = 18$) absichern ($t_{(30)} = 2.39$, $p < .05$). Für die Lernzielorientierung ist der Unterschied nicht signifikant, geht jedoch in dieselbe Richtung.

3. Leistungsentwicklung im Fach Mathematik und deren Determinanten

3.2 Fragestellungen

Im Folgenden sind die Fragestellungen dieser Teilstudie überblicksartig dargestellt. Während sich die ersten beiden Fragestellungen auf die Gesamtstichprobe der Schüler beziehen, fokussieren die Fragestellungen 3 und 4 den Vergleich zwischen Schülern von BIP-Kreativitätsgrundschulen und staatlichen Grundschulen.

Fragestellung 1: Welche Vorläuferfähigkeiten bringen die Schüler in die Schule mit?

Fragestellung 2: Wie lässt sich die Lernentwicklung in den ersten beiden Grundschuljahren beschreiben?

Fragestellung 3: Stellt sich die Lernentwicklung für alle Schülergruppen (Schultyp/ Vorwissen) gleichermaßen dar?

Fragestellung 4: Welchen Einfluss haben, neben individuellen Schülermerkmalen, lehrerbezogene Kompetenzfacetten und Orientierungen sowie das Schulsystem auf die Lernentwicklung im Fach Mathematik?

3.3 Methode

3.3.1 Datengrundlage

Die Datenbasis der vorliegenden Teilstudie umfasst die Testdaten der ersten drei Messzeitpunkte (Anfang des ersten Schuljahres, Ende des ersten Schuljahres und Ende des zweiten Schuljahres). Die Leistungen der Schüler wurden mittels eines standardisierten Testverfahrens erhoben (s. u.). Die im Verlauf der Analysen heranzuziehenden Lehrervariablen entstammen der ersten Lehrerbefragung (siehe Kapitel 7).

3.3.2 Stichprobe

In die Analysen wurden nur diejenigen Schüler einbezogen, die zu allen drei Messzeitpunkten der PERLE-Studie 1 an der Mathematiktestung teilnahmen. Dies traf auf 624 Schüler aus 38 Klassen (von denen 21 Schulklassen aus 13 staatlichen Grundschulen und 17 Klassen aus sieben BIP-Kreativitätsschulen stammten) zu. 51 % der Kinder waren weiblich. Von den untersuchten 624 Kindern besuchten 372 Kinder (59.6 %) staatliche Grundschulen und 252 Kinder (40.4 %) BIP-Kreativitätsgrundschulen. Die untersuchten Klassen umfassten im Mittel 17.4 Schüler ($SD = 4.1$).

Die Lehrerstichprobe für die vorliegenden Analysen besteht aus insgesamt 32 Lehrern. Davon waren 14 Lehrer (44 %) an BIP-Kreativitätsgrundschulen und 18 Lehrer (56 %) an staatlichen Grundschulen tätig.[3]

---

3 Die Differenz in der Anzahl der Lehrpersonen im Vergleich zum Kapitel 7 resultiert daraus, dass hier von den BIP-Lehrern nur die sogenannten Hauptlehrer einbezogen wurden, jene Lehrer, die im Rahmen einer Faxabfrage angaben, für den Unterricht in Mathematik federführend verant-

3.3.3 Instrumente

Mathematikleistungstest der Schüler

Der Schwerpunkt der Leistungstests zu den jeweiligen Messzeitpunkten lag insbesondere auf dem Lösen von technischen Aufgaben aus dem Inhaltsbereich der Arithmetik (Zahlen und Operationen). Dabei wurden die Aufgaben so ausgewählt, dass eine Verankerung über die Messzeitpunkte hinweg möglich ist. Mit dem Anspruch der Verankerung geht einher, dass die Aufgaben zum einen für den jeweiligen Messzeitpunkt curricular valide sind. Zum anderen sollten sie eher über dem Leistungsniveau der Schüler liegen, damit sie für den darauffolgenden Messzeitpunkt nicht zu leicht sind.

Das Verfahren zum Einsatz der Tests wurde zu allen drei Messzeitpunkten vereinheitlicht und standardisiert. Die Tests wurden von geschulten Testleitern durchgeführt: die Eingangsuntersuchung (t1) in Form eines 30-minütigen Einzelinterviews unmittelbar nach Schulbeginn, die Testungen am Ende des ersten Schuljahres (t2) und am Ende des zweiten Schuljahres (t3) in Form von 40-minütigen Gruppentests im Klassenverband. Die Aufgaben zu Beginn des ersten Schuljahres orientierten sich am TEDI-MATH (Kaufmann et al., 2009) und am LEst4-7-Test[4] (Moser, Berweger & Lüchinger-Hutter, 2004), während sich die Testversionen zum Ende des ersten und zum Ende des zweiten Schuljahres an den DEMAT 1 und 2 anlehnten (Krajewski, Küspert & Schneider, 2002; Krajewski, Liehm & Schneider, 2004).

Skalierung der Leistungsdaten

Um Aussagen über den absoluten Lernzuwachs der Schüler treffen zu können, müssen im Rahmen der Item-Response-Theorie (IRT) Veränderungsschätzungen vorgenommen werden. Die Grundlage für ein solches Vorgehen bilden die dichotom kodierten Antworten der Schüler (0 = falsche oder keine Lösung/1 = richtige Lösung) aus den drei Mathematiktestungen. Die Verknüpfung zwischen den Messzeitpunkten erfolgt über so genannte Ankeritems. Hierbei handelt es sich um Testaufgaben, welche mindestens zu zwei benachbarten Messzeitpunkten eingesetzt wurden (siehe vorherigen Abschnitt).

Die personenspezifische Veränderung wird mittels virtueller Personen in einem eindimensionalen dichotomen Rasch-Modell geschätzt (Hartig & Kühnbach, 2006). Dahinter verbirgt sich ein Verfahren, bei dem die Testdaten der Schüler zu jedem Messzeitpunkt behandelt werden, als ob es sich um unterschiedliche Schüler handeln würde. Für

---

wortlich zu sein (Originalwortlaut: „Uns interessiert, welche Lehrperson im 1. bzw. 2. Schuljahr als Hauptlehrer(in) für Mathematik und Deutsch verantwortlich war."). Überdies ist die geringe Anzahl der Lehrpersonen im Vergleich zur Anzahl an Klassen ($N = 38$) den fehlenden Angaben der Lehrer im Lehrerfragebogen geschuldet. Diese Reduktion an Lehrern respektive an Klassen hat Auswirkungen auf die Stichprobengröße der Schüler für die Analysen, bei denen lehrerspezifische Kognitionen berücksichtigt werden. Hier konnten lediglich 519 Schüler in die Analysen einbezogen werden.

4   Inzwischen ist das Instrument weiterentwickelt und unter dem Titel „wortgewandt & zahlenstark" (Moser & Berweger, 2007) veröffentlicht (siehe auch www.ibe.uzh.ch/entwicklung/LesT-Flyer.pdf).

jeden Schüler resultieren dementsprechend drei unabhängige Schätzwerte (einer je Messzeitpunkt) für die jeweilige arithmetische Kompetenz. Als Personenschätzer werden hier die WLE-Personenparameter gewählt (Warm, 1989). Der Skalenmittelpunkt (Null) ist auf die durchschnittliche Itemschwierigkeit fixiert.

In die Analysen werden zunächst 111 Items[5] (t1 = 22 Items, t2 = 44 Items, t3 = 45 Items) aus drei Messzeitpunkten einbezogen. Nach Bewertung der Itemfitwerte mittels des WMNSQ (Weighted Mean Square Residual) und der punktbiserialen Korrelation (r_{pb}) wurden insgesamt 13 Items wegen schlechter Fit-Werte (*WMSNQ* > 1.20 oder < 0.80) oder zu niedriger Trennschärfe (r_{pb} < .25) ausgeschlossen. Daraus resultierte ein Modell mit insgesamt 98 Items (t1 = 18 Items, t2 = 38 Items, t3 = 42 Items), welche sich ausschließlich auf den Inhaltsbereich Arithmetik beziehen. Von diesen lassen sich 27 Items als Ankeritems heranziehen (zwischen t1 und t2: 5 Ankeritems, zwischen t2 und t3: 20 Ankeritems, zwischen t1 und t3: 2 Ankeritems). Auf der Basis dieser 98 Items wurden die resultierenden messzeitpunktspezifischen arithmetischen Kompetenzen geschätzt. Durch die Anwendung dieses Verfahrens können Differenzwerte zwischen den messzeitpunktspezifischen Variablen gebildet werden, die Auskunft über den individuellen Lernzuwachs eines Schülers geben.

Lehrerfragebogen

Für eine detaillierte Darstellung zur Durchführung der ersten Lehrerbefragung wird auf Kapitel 7 verwiesen. An dieser Stelle wird ausschließlich auf diejenigen Konstrukte eingegangen, welche in die weiteren Analysen einbezogen werden.

Die drei hier untersuchten Kompetenzfacetten – Überzeugungen, selbstregulative Fähigkeiten und motivationale Orientierungen – werden jeweils über eine Skala operationalisiert (vgl. Tabelle 1). Das Antwortformat reicht von 1 = „stimmt gar nicht" bis 4 = „stimmt genau".

Die unterrichts- und fachbezogenen Überzeugungen werden durch die epistemologische Lehrerüberzeugung, Mathematik sei durch Strenge, Regelklarheit und Eindeutigkeit gekennzeichnet, erfasst. Grigutsch, Raatz und Törner (1998) fassen diese Überzeugung unter dem Begriff *Formalismusaspekt* zusammen. Die Operationalisierung der Fähigkeit des Lehrers zur Selbstregulation erfolgt durch die *Lehrerselbstwirksamkeit* nach Schwarzer und Schmitz (1999). Die motivationale Orientierung des Lehrers wird durch eine vom Projektteam selbst entwickelte Skala zur *Lernzielorientierung* erfasst (Greb, Poloczek, Lipowsky & Faust, 2009).

---

5   Bei der Anzahl der Items werden diejenigen Items, welche zu mehreren Messzeitpunkten erhoben wurden, nur einmal gezählt.

Tabelle 1: Deskriptive Skalenkennwerte zu den nicht-kognitiven Lehrerkompetenzen ($N = 32$)

	M	SD	Cronbachs α	N Items	Itembeispiel
Formalismusaspekt	2.94	0.54	.77	4	„Kennzeichen von Mathematik sind Klarheit, Exaktheit und Eindeutigkeit."
Selbstwirksamkeit	3.16	0.38	.77	8	„Ich bin mir sicher, dass ich auch mit den problematischen Schülern in guten Kontakt kommen kann, wenn ich mich darum bemühe."
Lernzielorientierung	3.29	0.37	.82	11	„Es macht mir Spaß, an unterrichtlichen Problemen zu arbeiten, die für mich nicht einfach zu bewältigen sind."

Anmerkungen: Die entsprechenden Werte für Cronbachs α beziehen sich auf die Gesamtstichprobe (siehe Kapitel 7)

Analysemethoden

Die Analysemethoden werden im Folgenden getrennt nach Fragestellung dargestellt.

Fragestellung 1: *Welche Vorläuferfähigkeiten bringen die Schüler in die Schule mit?*

Zur Beantwortung dieser Fragestellung erfolgt eine deskriptive Auswertung der Mathematiktestergebnisse für die arithmetische Kompetenz des ersten Messzeitpunkts. Dabei werden zum einen deskriptive Kennzahlen zur Lösungshäufigkeit der Schüler über alle 18 Items berechnet. Zum anderen wird die relative Lösungshäufigkeit für drei Items dargestellt, welche auf Basis der Rasch-Skalierung als leicht, mittel und schwer betrachtet werden können.

Fragestellung 2: *Wie lässt sich die Lernentwicklung in den ersten beiden Grundschuljahren beschreiben?*

Zur Beschreibung der Lernentwicklung werden zunächst die relativen Lösungshäufigkeiten (*M* und *SD*) je Messzeitpunkt sowie deren Interkorrelationen angegeben. Die Verwendung der relativen Lösungshäufigkeiten anstelle der auf Basis der IRT-Analysen geschätzten WLE-Personenparameter erfolgt hier aus Gründen der besseren Anschaulichkeit.[6]

Ob der Faktor „Zeit" einen Effekt auf die Lösungshäufigkeiten hat, wird mittels einer einfaktoriellen ANOVA mit Messwiederholung geprüft. Datengrundlage hierfür bilden die WLE-Personenparameter aus der Rasch-Skalierung.

---

6 Die Korrelationen zwischen beiden Maßen bewegen sich zwischen $r = .98$ und $r = .99$.

3. Leistungsentwicklung im Fach Mathematik und deren Determinanten

Tabelle 2: Anzahl der Schüler pro Leistungsquintil zu t1 ($N = 624$)

Quintil	N
Quintil 1 (niedrigstes Leistungsniveau)	127
Quintil 2	130
Quintil 3	135
Quintil 4	108
Quintil 5 (höchstes Leistungsniveau)	124

Fragestellung 3: Stellt sich die Lernentwicklung für alle Schülergruppen gleichermaßen dar?

Im Rahmen dieser Analysen wird die Entwicklung unterschiedlicher Schülergruppen miteinander verglichen. Zum einen wird die Entwicklung der Schüler an den BIP-Kreativitätsgrundschulen mit der Entwicklung der Schüler an den staatlichen Schulen verglichen. Zum anderen werden Schülergruppen in ihrer Entwicklung beleuchtet, welche sich durch unterschiedliche mathematische Eingangsvoraussetzungen auszeichneten. Grundlage für diese Einteilung sind die Leistungen der Schüler in der Eingangsuntersuchung zu Beginn des ersten Schuljahres. Dabei werden die 624 Schüler nahezu gleichmäßig in fünf Leistungsgruppen (Quintile) eingeteilt (vgl. Tabelle 2).

Um einen ersten Eindruck von der Unterschiedlichkeit in der Lernentwicklung zu erhalten, werden die Lösungshäufigkeiten (in Form der WLE-Personenparameter) je Messzeitpunkt getrennt nach Gruppenzugehörigkeit (Schultyp/Leistungsquintil) graphisch angegeben.

Ob der Unterschied zwischen den BIP-Schülern und den staatlichen Schülern in ihren messzeitpunktspezifischen Leistungen signifikant ist, wird mittels mehrebenenanalytischer Regressionen geprüft, welche die hierarchische Datenstruktur (Schüler genestet in Klassen) berücksichtigen. Hierfür wird auf das Softwarepaket HLM 6.06 zurückgegriffen (Raudenbush, Bryk & Congdon, 2004).

Die Signifikanzprüfung hinsichtlich der Unterschiedlichkeit des Lernzuwachses zwischen den Gruppen in den Zeiträumen t1-t3, t1-t2 und t2-t3 geschieht ebenfalls auf der Basis mehrebenenanalytischer Regressionen in HLM 6.06 (Raudenbush et al., 2004). Datengrundlage der inferenzstatistischen Testung bilden jeweils die geschätzten WLE-Personenparameter aus der Rasch-Skalierung.

Tabelle 3: Hierarchisch lineare Regressionsmodelle (Modelle 1–4) zur Prüfung von Fragestellung 4

	Schülerebene	Klassenebene			
	UV 1	UV 2	UV 3	UV 4	UV 5
Modell 1	Leistungsstand t1				
Modell 2	Leistungsstand t1	Selbstwirksamkeit der Lehrer	Lernzielorientierung der Lehrer	Formalismusaspekt (Beliefs der Lehrer)	
Modell 3	Leistungsstand t1				Schultyp
Modell 4	Leistungsstand t1	Selbstwirksamkeit der Lehrer	Lernzielorientierung der Lehrer	Formalismusaspekt (Beliefs der Lehrer)	Schultyp

Fragestellung 4: Welchen Einfluss haben neben individuellen Schülermerkmalen lehrerspezifische Kompetenzfacetten (Überzeugungen, Fähigkeiten und Orientierungen) sowie der Schultyp (BIP vs. staatliche Schule) auf die Lernentwicklung im Fach Mathematik?

Zur Überprüfung dieser Fragestellung wird ebenfalls auf hierarchisch lineare Regressionsmodelle zurückgegriffen. Insgesamt werden vier Modelle berechnet. Die abhängige Variable ist jeweils der Lernzuwachs von Anfang Klasse 1 bis Ende Klasse 2 (Differenz zwischen den messzeitpunktspezifischen WLE-Personenparametern; t3-t1). Die unabhängigen Variablen variieren je nach Modell. Einen Überblick über die zu berechnenden Modelle gibt Tabelle 3.

Alle in die Modelle einbezogenen Variablen, mit Ausnahme der dichotomen Variablen, sind z-standardisiert, sodass die Regressionskoeffizienten (Beta) miteinander vergleichbar sind.

3.4 Ergebnisse

3.4.1 Welche Vorläuferfähigkeiten bringen die Schüler in die Schule mit?

Insgesamt werden die 18 Aufgaben aus der Eingangsuntersuchung, welche für die Erfassung der arithmetischen Kompetenz herangezogen werden, von 49.6 % der Schüler richtig gelöst ($SD = 26.2$ %). Als am leichtesten stellt sich dabei eine Aufgabe zur Addition dar, die unter Nutzung eines Bildes gelöst werden konnte (vgl. Tabelle 4). Auch die Aufgabe mit einer mittleren Schwierigkeit ist dem Aufgabentyp „Rechnen mit Bildern" zuzuordnen. Die schwierigste Aufgabe ist eine Additionsaufgabe im Zahlenraum bis 100 in formaler Darstellung.

3. Leistungsentwicklung im Fach Mathematik und deren Determinanten

Tabelle 4: Drei Beispielitems für eine leichte, mittlere und schwere Aufgabe aus dem Mathematiktest zur arithmetischen Kompetenz in der Eingangsuntersuchung ($N = 624$)

Schwierigkeitsgrad	M	SD	Item
leicht	89 %	31.8 %	In diesem Bus sind 6 Personen. In dem Bus sind 5 Personen. Wie viele weitere Personen müssen noch in diesen Bus steigen, dass in beiden Bussen gleich viele Personen sind?[a] (mit Unterstützung durch ein Bild)
mittel	53 %	49.9 %	In diesem Kästchen sind 7 Murmeln. Hier sind nur 3 Murmeln zu sehen. Wie viele Murmeln sind versteckt?[a] (mit Unterstützung durch ein Bild)
schwer	5 %	22.1 %	24 + 18 = _

Anmerkungen: M = Mittelwert (Lösungshäufigkeit), SD = Standardabweichung.
[a] Während des Einzelinterviews wurden den Schülern entsprechende Bilder vorgelegt und per Fingerzeig auf die jeweiligen Objekte verwiesen. Die Aufgaben entstammen der zu diesem Zeitpunkt noch unveröffentlichten Version des LEst 4-7 (Moser et al., 2004).

3.4.2 Wie lässt sich die Lernentwicklung in den ersten beiden Grundschuljahren beschreiben?

Abbildung 1 stellt die mittleren relativen Lösungshäufigkeiten pro Messzeitpunkt sowie die korrespondierenden Standardabweichungen dar. Dabei erscheint der Anstieg in den richtig gelösten Aufgaben nach Messzeitpunkt zunächst nicht bedeutsam. Allerdings muss man beachten, dass mit jedem Messzeitpunkt auch das Anspruchsniveau der Testaufgaben an den Leistungsstand der Schüler angepasst wurde.

Eine einfaktorielle ANOVA mit Messwiederholung und den drei Messzeitpunkten als Stufen zeigt für die arithmetischen Kompetenzen (WLE-Schätzer) daher auch einen signifikanten Effekt des Messzeitpunkts; $F_{(2, 622)} = 2776.74$, $p < .01$, $\eta^2 = .90$ (siehe auch Künsting, Post, Greb, Faust & Lipowsky, 2010). Weiterhin wird eine große Streubreite in den relativen Lösungshäufigkeiten über alle Schüler hinweg deutlich, die zum ersten Messzeitpunkt am größten ist ($SD_{t1} = 26.2$ %; $SD_{t2} = 22.0$ %; $SD_{t3} = 21.9$ %).

Die Korrelationen von $r > .60$ zwischen den Leistungen zu den verschiedenen Messzeitpunkten (vgl. Tabelle 5) indizieren einerseits, dass die relative Position der Schüler über die beiden Schuljahre hinweg vergleichsweise stabil ist, dass aber andererseits auch ein erheblicher Anteil des Leistungsstandes am Ende des zweiten Schuljahres nicht durch das Vorwissen erklärt werden kann, sodass Spielraum für Beeinflussungen seitens schul-, unterrichts- und lehrerbezogener Determinanten bleibt.

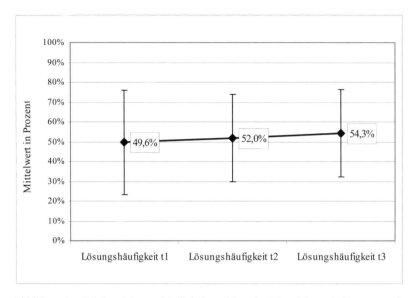

Abbildung 1: Mittlere Lösungshäufigkeit und Standardabweichung in Prozent nach Messzeitpunkt

Tabelle 5: Korrelationen zwischen den messzeitpunktspezifischen arithmetischen Kompetenzen

		Arithmetische Kompetenz	
		t1	t2
Arithmetische Kompetenz	t2	.61**	
	t3	.60**	.70**

Anmerkungen: ** $p < .01$

3.4.3 Stellt sich die Lernentwicklung für alle Schülergruppen gleichermaßen dar?

Abbildung 2 stellt die mittleren Personenfähigkeiten nach Messzeitpunkt und Schultyp dar. Während sich zu Beginn des ersten Schuljahres noch keine Unterschiede zwischen Schülern aus den unterschiedlichen Schultypen zeigen, kann für die Schüler aus BIP-Kreativitätsgrundschulen ein Vorteil Ende des ersten (t2) und Ende des zweiten Schuljahres (t3) festgestellt werden.

Prüft man diese Unterschiede mittels Mehrebenenanalysen, die die hierarchische Struktur der Daten berücksichtigen, ist der Vorsprung der BIP-Schüler ausschließlich zum zweiten Messzeitpunkt (Ende des ersten Schuljahres) signifikant. Dies bedeutet, dass die BIP-Schüler Ende der ersten Klasse höhere arithmetische Kompetenzen aufweisen als Schüler staatlicher Grundschulen.

3. Leistungsentwicklung im Fach Mathematik und deren Determinanten

Am Ende des zweiten Schuljahres haben die Schülerinnen und Schüler der staatlichen Klassen diesen signifikanten Unterschied wettgemacht, wenngleich der Unterschied tendenziell weiterhin fortbesteht (vgl. Tabelle 6).

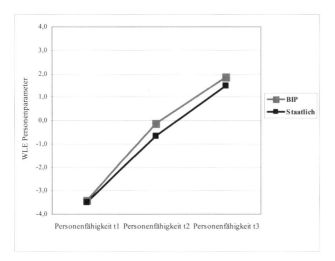

Abbildung 2:   Mittlere Personenfähigkeit nach Schultyp und Messzeitpunkt

Tabelle 6:   Vorhersage der arithmetischen Kompetenz durch Schulzugehörigkeit

Prädiktor auf Klassenebene	AV Arithmetische Kompetenz (t1)		AV Arithmetische Kompetenz (t2)		AV Arithmetische Kompetenz (t3)	
	Beta	SE	Beta	SE	Beta	SE
BIP	.03ns	.12	.29*	.13	.19†	.12

Anmerkungen: Beta = z-standardisierter Regressionskoeffizient, SE = Standardfehler, BIP ist dummy-kodiert: 1 = BIP-Schüler, 0 = staatlicher Schüler, * $p < .05$, † $p < .10$, ns: nicht signifikant

Tabelle 7:   Vorhersage des Lernzuwachses durch Schultypzugehörigkeit

Prädiktor auf Klassenebene	AV Lernzuwachs in der arithmetischen Kompetenz (t1-t3)		AV Lernzuwachs in der arithmetischen Kompetenz (t1-t2)		AV Lernzuwachs in der arithmetischen Kompetenz (t2-t3)	
	Beta	SE	Beta	SE	Beta	SE
BIP	.18ns	.14	.28*	.12	-.11ns	.15

Anmerkungen: Beta = z-standardisierter Regressionskoeffizient, SE = Standardfehler, BIP ist dummy-kodiert: 1 = BIP-Schüler, 0 = staatlicher Schüler, * $p < .05$; ns: nicht signifikant

Die Frage, inwiefern sich signifikante Unterschiede zwischen den Schülern aus BIP-Schulen und denen aus staatlichen Schulen im Lernzuwachs zeigen, kann folgerichtig auch nur für die Zeitspanne t1-t2 (Anfang Klasse 1 bis Ende Klasse 1) bestätigt werden (vgl. Tabelle 7). Der Vorteil der BIP-Schüler im Lernzuwachs über den gesamten Erhebungszeitraum (t1-t3) sowie für die Zeitspanne von Ende Klasse 1 bis Ende Klasse 2 (t2-t3) ist in einem HLM-Modell, in dem ausschließlich die Zugehörigkeit zum Schultyp berücksichtigt wird, nicht signifikant.

Die oben berichteten Korrelationen zwischen den messzeitpunktspezifischen Lösungshäufigkeiten (vgl. Tabelle 5) lassen auch auf eine vergleichsweise ausgeprägte Stabilität relationaler interindividueller Differenzen schließen. Dabei stellt sich jedoch die Frage, ob die absoluten Lernzuwächse je nach Zugehörigkeit zu den fünf Leistungsgruppen (vgl. Tabelle 2) ähnlich hoch ausfallen.

Abbildung 3 verdeutlicht, dass sich die Schüler der fünf Leistungsquintile in ihren Entwicklungen unterscheiden. Während die Leistungen der Schüler zum ersten Messzeitpunkt noch sehr stark variieren, zeigt sich ab Ende Klasse 1 eine Verringerung der Leistungsheterogenität in der arithmetischen Kompetenz. Diese Verringerung der Leistungsheterogenität ist im Wesentlichen auf die überdurchschnittlichen Zugewinne der leistungsschwächsten Schüler (Quintil 1) zurückzuführen, die im Vergleich zu den übrigen Schülern einen steileren Anstieg in ihren arithmetischen Leistungen verzeichnen können.

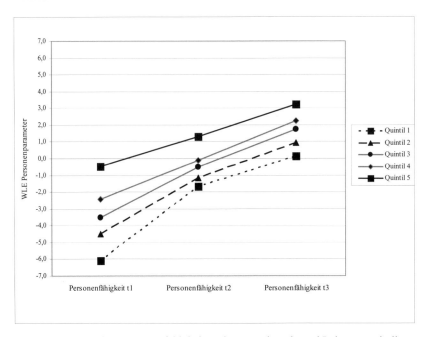

Abbildung 3: Mittlere Personenfähigkeit nach Messzeitpunkt und Leistungsquintil

3. Leistungsentwicklung im Fach Mathematik und deren Determinanten

Die inferenzstatistische Prüfung der gruppenspezifischen Unterschiede im Lernzuwachs getrennt für die drei Zeitspannen mittels einer hierarchisch linearen Regression verdeutlicht Tabelle 8. Es zeigt sich, dass über die ersten beiden Grundschuljahre die leistungsschwächeren Schüler verglichen mit der Gruppe der durchschnittlichen Schüler signifikant größere Lernzuwächse verzeichnen. Im Gegensatz dazu können für die leistungsstärksten Schüler die geringsten Lernzuwächse nachgewiesen werden. Dies spricht für eine Egalisierungstendenz in den ersten beiden Grundschuljahren (vgl. auch Künsting et al., 2010). Auffällig ist weiterhin, dass diese Angleichung des Leistungsniveaus insbesondere innerhalb des ersten Schuljahres erfolgt. Im Zeitraum von Ende Klasse 1 bis Ende Klasse 2 (t2-t3) zeigt sich indes, dass die zum Schuleintritt leistungsschwächsten Schüler einen signifikant geringeren Lernzuwachs haben als die durchschnittlichen Schüler. Alle übrigen Quintile unterscheiden sich bezogen auf diese letzte Zeitspanne nicht von der Referenzgruppe der durchschnittlichen Schüler.

Vergleicht man ergänzend den mittleren Leistungszuwachs der leistungsschwächsten BIP-Schüler (Quintil 1: $M = .87$ Standardabweichungen) mit dem der leistungsschwächsten Schüler an den staatlichen Schulen (Quintil 1: $M = .56$ Standardabweichungen), ohne die hierarchische Datenstruktur zu beachten, so zeigt ein T-Test einen signifikanten Vorsprung der BIP-Schüler gegenüber den Schülern an den staatlichen Schulen ($t_{(125)} = 2.06$; $p < .05$; $d = 0.39$).

Tabelle 8: Vorhersage des Lernzuwachses durch Leistungsgruppenzugehörigkeit am Schulanfang

Prädiktoren auf Schülerebene	AV Lernzuwachs in der arithmetischen Kompetenz (t1-t3)		AV Lernzuwachs in der arithmetischen Kompetenz (t1-t2)		AV Lernzuwachs in der arithmetischen Kompetenz (t2-t3)	
	Beta	SE	Beta	SE	Beta	SE
Quintil 1	.57**	.09	.87**	.09	-.36**	.13
Quintil 2	.15ns	.10	.19*	.10	-.05ns	.09
Quintil 4	-.29**	.09	-.40**	.09	.13ns	.11
Quintil 5	-.81**	.13	-.72**	.11	-.16ns	.12

Anmerkungen: Beta = z-standardisierter Regressionskoeffizient, SE = Standardfehler. Variablen sind dummy-kodiert: 1 = Schüler gehört zum Quintil, 0 = Schüler gehört nicht zum Quintil. Referenzgruppe = Quintil 3 (Schüler mit durchschnittlichem Leistungsniveau zu t1); ** $p < .01$, * $p < .05$, ns: nicht signifikant
Lesebeispiel: Der Wert von 0.57 des Quintils 1 bedeutet, dass die leistungsschwächsten Schüler einen um 0.57 Standardabweichungen höheren Lernzuwachs in den ersten beiden Schuljahren haben als der Mittelwert.

3.4.4 Welchen Einfluss haben lehrerspezifische Kompetenzfacetten sowie der Schultyp auf die Lernentwicklung?

Im Folgenden geht es darum, die Lernentwicklung der Schüler über die ersten beiden Schuljahre im Fach Mathematik durch den Einbezug kontextueller Variablen (Lehrerkognitionen und Schultyp) zu erklären. Dieser Einbezug kontextueller Variablen ist angemessen, da 13.4 % (*ICC*) der Varianz im Lernzuwachs der Schüler über die ersten beiden Schuljahre durch die Klassenzugehörigkeit erklärt werden können.

Modell 1 (vgl. Tabelle 9) stellt noch einmal den Einfluss der mathematischen Eingangsvoraussetzungen auf den Kompetenzzuwachs in der Arithmetik (ohne Einbezug von Variablen auf Klassenebene) in den ersten beiden Grundschuljahren dar. Dabei kann festgestellt werden: Je niedriger das Leistungsniveau zu Schuleintritt war, umso größer ist der Lernzuwachs in den ersten beiden Schuljahren. Insofern ist das Ergebnis kongruent mit dem Befund der oben durchgeführten Analysen (vgl. Tabelle 8).

In den nachfolgenden Modellen 2 bis 4 (vgl. Tabelle 9) erfolgt die Parameterschätzung durchgängig unter Berücksichtigung der Lernvoraussetzungen, sodass die Effekte kontextueller Variablen unter Konstanthaltung dieser Lernvoraussetzungen zu interpretieren sind. Der Effekt der individuellen mathematischen Lernvoraussetzungen ist für alle drei weiteren Modelle statistisch signifikant.

Tabelle 9: Vorhersage des Lernzuwachses in der arithmetischen Kompetenz durch individuelle, lehrerbezogene und kontextuelle Variablen

	Prädiktoren	\multicolumn{8}{c}{AV Lernzuwachs in der arithmetischen Kompetenz (t1-t3)}

		Modell 1		Modell 2		Modell 3		Modell 4	
	Prädiktoren	*Beta*	*SE*	*Beta*	*SE*	*Beta*	*SE*	*Beta*	*SE*
L-2	Selbstwirksamkeit			-.06ns	.07			-.10ns	.07
	Lernzielorientierung			.01ns	.06			-.01ns	.06
	Formalismusaspekt			.18**	.06			.16*	.06
	BIP					.24†	.13	.24*	.09
L-1	Arithmetische Kompetenz (t1)	-.47**	.04	-.47**	.04	-.48**	.04	-.47**	.04

Anmerkungen: Beta = z-standardisierter Regressionskoeffizient, SE = Standardfehler, BIP ist dummy-kodiert: 1 = BIP-Schüler, 0 = staatliche Schüler, ** $p < .01$, * $p < .05$, † $p < .10$, ns: nicht signifikant; L-1 = Individualebene, L-2 = Klassenebene

Modell 2 zeigt, dass unter Berücksichtigung der individuellen Eingangsvoraussetzungen die epistemologische Lehrerüberzeugung in Form des „Formalismusaspekts" einen positiven Effekt auf den mittleren Lernzuwachs hat. Je eher die Lehrer der Ansicht sind, dass Mathematik gekennzeichnet ist durch Eindeutigkeit, Klarheit und Präzision, desto größer sind die Lernfortschritte der Schüler im Bereich arithmetischer Leistungen, und zwar nach Kontrolle des Vorwissens der Schüler. Selbstregulative Fähigkeiten des Lehrers sowie dessen motivationale Orientierung zeigen jedoch keinen statistisch bedeutsamen Effekt. In einem Modell (Modell 3), in dem ausschließlich die schulischen Kontextbedingungen (BIP vs. staatlich) kontrolliert werden, wird ein in der Tendenz signifikanter Effekt zugunsten der BIP-Klassen deutlich.

Dieser Effekt wird erst in Modell 4 signifikant, bei dem sowohl die untersuchten Kompetenzen der Lehrer als auch der schulische Kontext einbezogen werden. Dies lässt sich im hierarchisch linearen Modell wie folgt interpretieren: Wenn ein Schüler mit durchschnittlichem mathematischen Vorwissen von einem Lehrer mit durchschnittlichen Ausprägungen in den drei untersuchten Kompetenzfacetten unterrichtet wird, dann ist der Lernzuwachs um eine Viertel Standardabweichung ($\beta = .24^*$) höher, wenn dieser Schüler eine BIP-Kreativitätsgrundschule und nicht eine staatliche Grundschule besucht. Auch der Effekt des Formalismusaspekts ist in diesem Modell weiterhin positiv signifikant. Dass der Schultyp erst mit Einbezug der drei untersuchten Kompetenzfacetten signifikant wird (der Standardfehler liegt in diesem Modell bei .09), deutet darauf hin, dass sich die Lehrpersonen an den staatlichen Schulen von denen an den BIP-Schulen in diesen drei Kompetenzfacetten unterscheiden. Tatsächlich zeigt sich, dass die Lehrpersonen an den BIP-Schulen etwas höhere Werte in allen drei Facetten aufweisen als die Lehrer an den staatlichen Schulen (siehe Kapitel 7).

3.5 Zusammenfassung und Diskussion

Die Ergebnisse zur Entwicklung der mathematischen Kompetenzen untermauern den hinlänglich bekannten Befund, dass der Schulanfang für die meisten Kinder der untersuchten Stichprobe nicht „die Stunde Null" ist (z. B. Selter, 1995). Die Schüler kommen bereits mit einem beachtlichen Niveau an Vorkenntnissen in die Schule.

Gleichzeitig zeigen sich jedoch sowohl zu Schulbeginn als auch zu den beiden weiteren Messzeitpunkten erhebliche interindividuelle Unterschiede zwischen den Schülern. Die ermittelten Korrelationen zwischen den Messzeitpunkten indizieren einerseits eine vergleichsweise hohe Stabilität in den relativen Abständen der Schüler: Wer zu Schulbeginn zu den leistungsstärkeren Schülern zählt, gehört auch am Ende des zweiten Schuljahres mit einer hohen Wahrscheinlichkeit zu dieser Gruppe. Umgekehrt: Wer zu Schulbeginn über ein vergleichsweise geringes Vorwissen verfügt, zählt auch am Ende des zweiten Schuljahres mit einer gewissen Wahrscheinlichkeit zu den leistungsschwächeren Schülern. Die ermittelte Stabilität in der Lernentwicklung ist in etwa vergleichbar mit der Stabilität aus der SCHOLASTIK-Studie und mit jener aus der Studie von Ditton und Krüsken (2009).

Dennoch ergeben sich interessante Abweichungen von diesem Gesamtbefund: Die leistungsschwächsten Schüler der Stichprobe, also jene Schüler mit den ungünstigsten Lernvoraussetzungen, erzielen im ersten Schuljahr die größten Lerngewinne. Das bedeutet: Offenbar gelingt es den Grundschullehrern insbesondere im ersten Schuljahr, leistungsschwache Schüler an das durchschnittliche Niveau der Klassen heranzuführen und die Vorwissenslücken zumindest partiell zu schließen, gleichwohl erfolgt dies etwas zu Lasten der stärkeren Schüler. Dies spricht für eine egalisierende Tendenz des Grundschulunterrichts und dafür, dass die Lehrpersonen – zumindest auf den ersten Blick – mit der vorhandenen Heterogenität in den Klassen so umgehen, dass sie ihr primäres Ziel auf den Leistungsausgleich richten (z. B. Künsting et al., 2010). Dieses Ergebnis untermauert auch die Ergebnisse von Ditton und Krüsken (2009), die Ähnliches für die längsschnittliche Kompetenzentwicklung vom zweiten bis zum vierten Schuljahr feststellen konnten. Auch in dieser Untersuchung zeigte sich, dass die schwächeren Schüler mehr dazulernten als die stärkeren Schüler. Vergleicht man die leistungsschwächsten BIP-Schüler mit den leistungsschwächsten Schülern an staatlichen Schulen, so zeigt sich – allerdings ohne Beachtung der Mehrebenenstruktur – dass die BIP-Schüler etwas höhere Lernzuwächse erzielen.

Lässt sich hinter den starken Zugewinnen der schwächeren Schüler und den eher geringen Zugewinnen der starken Schüler auch ein Artefakt, das auf eine geringe Sensibilität des eingesetzten Instruments im oberen Leistungssegment zurückzuführen ist, vermuten? Dagegen spricht, dass die eingesetzten Aufgaben über das gesamte Leistungsspektrum streuen. So beträgt die Standardabweichung im oberen Leistungsquintil zum Messzeitpunkt t1 $SD = .61$, im unteren Leistungsquintil zu t1 $SD = .41$. Zum Vergleich: Im oberen Leistungsquartil streuen die Leistungen zu t3 mit einer Standardabweichung von $SD = .55$, im untersten Leistungsquartil mit einer Standardabweichung von $SD = .43$.

Interessant ist bei den hier ermittelten Daten, dass sich der Trend – schwächere Schüler lernen mehr dazu als stärkere Schüler – nicht im zweiten Schuljahr fortsetzt: Im zweiten Schuljahr profitieren die Schüler mit durchschnittlichen Eingangsvoraussetzungen am stärksten, die schwächsten Schüler zeigen einen signifikant geringeren Lerngewinn. Dennoch: Über beide Schuljahre hinweg ergibt sich in der Summe immer noch eine überdurchschnittliche Steigerung für die schwächsten Schüler. Zu beachten ist hierbei allerdings, dass es sich bei der abhängigen Variable um Leistungen bei eher technischen Aufgaben handelt.

Dass sich die Leistungen der Schüler nicht gleichmäßig entwickeln, lässt sich zum einen mit theoretischen Annahmen verknüpfen, wonach der Kompetenzerwerb eher ein kumulativer als ein linearer Prozess ist. Zum anderen hat dieses Ergebnis Implikationen für künftige Forschung und wirft weiterführende Fragen auf: Gibt es Klassen, die im ersten Schuljahr hohe Lernzuwächse aufweisen, aber im zweiten nicht – und umgekehrt? Weisen diese unterschiedlichen Typen von Klassen dennoch in etwa gleiche Leistungsstände am Ende des zweiten Schuljahres auf? Lassen sich auch in den Folgejahren Lücken durch den Unterricht im darauf folgenden Jahr kompensieren (gegenteilige Ergebnisse: Babu & Mendro, 2003)? Welche Zeiträume müssen herangezogen werden, um "gute und erfolgreiche" Lehrer zu identifizieren? Oder mit anderen Worten: Reicht es aus, die Effektivität von Lehrern und die Qualität von Unterricht anhand der Leistungszuwächse der Schüler innerhalb eines Schuljahres festzumachen? Oder muss man die Lernentwicklung über mindestens zwei Schuljahre heranziehen? Nach den hier ermittelten Ergebnissen ist es vorstellbar, dass auf der Basis der Lernzuwächse des ersten Schuljahres andere Klassen und Lehrer als erfolgreich deklariert werden müssen, als wenn man das zweite Schuljahr oder beide Schuljahre zusammen betrachtet. Hinzu kommt, dass hier mit eher technischen Fertigkeiten nur eine Facette mathematischer Kompetenzen erfasst wurde. Ergeben sich ähnliche Resultate für stärker problemlösende Kompetenzen? Die aufgeworfenen Fragen haben weitreichende Implikationen für die Unterrichts- und Lehrerforschung (z. B. Papay, 2011).

Eine weitere Fragestellung, der in dieser Teilstudie nachgegangen wurde, lautete: Entwickeln sich die mathematischen Leistungen von BIP-Schülern günstiger als die Leistungen der Schüler staatlicher Klassen? Diese Frage lässt sich nicht eindeutig beantworten. Im ersten Schuljahr zeigt sich tatsächlich, dass die Schüler der BIP-Schulen etwas höhere Lernzuwächse verbuchen können als die Schüler der staatlichen Schulen. Im zweiten Schuljahr setzt sich diese Entwicklung jedoch nicht fort. Über beide Schuljahre hinweg zeigen sich immer noch tendenzielle Effekte zugunsten der BIP-Schüler. Welche Faktoren hierfür ursächlich verantwortlich sind, muss hier jedoch offen bleiben. Denkbar ist, dass es den Lehrpersonen an den BIP-Schulen eher gelingt, die Schüler individuell zu fördern und einen anspruchsvolleren Unterricht zu halten. Einige Hinweise hierfür lassen sich möglicherweise aus der Auswertung der Unterrichtsvideos generieren.

Was die Kompetenzfacetten der Lehrpersonen anbelangt, so zeigt sich – auf den ersten Blick erwartungswidrig – dass der Formalismus der Lehrpersonen die Leistungsentwicklung der Schüler positiv vorhersagen kann. Einige der oben berichteten Studien (z. B. Dubberke et al., 2008) legen die Annahme nahe, dass mit dem Formalismusaspekt eher eine statische Sichtweise auf das Fach Mathematik verbunden wird und dass damit eher eine geringere Leistungsentwicklung einhergeht. Das Gegenteil ist hier jedoch der Fall: Je stärker die Lehrpersonen der Auffassung sind, Mathematik bestehe in der Anwendung von fest definierten Formeln und Regeln, desto günstiger verläuft die Leistungsentwicklung der Schüler. Wie ist dieser Befund erklärbar? Am Anfang der Grundschule geht es – nicht nur, aber doch zu einem erheblichen Teil – um das Einüben von Fertigkeiten, um das sichere und flexible Rechnen und um die Beherrschung der Grundrechenarten. Die eingesetzten Testaufgaben legen entsprechend einen Schwerpunkt auf diese Fertigkeiten. Es lässt sich annehmen, dass Lehrpersonen mit hohen Formalismuswerten eher einen Unterricht halten, in dem Wert auf einen grundlegenden Aufbau des Stellenwertsystems und auf ein intensives Üben der erworbenen Kenntnisse und Fertigkeiten gelegt wird und in dem die Schüler zu einem präzisen und exakten Arbeiten angehalten werden. Dass sich ein solcher Unterricht positiv auf die arithmetische Leistungsentwicklung auswirkt, erscheint aus dieser Perspektive wenig überraschend. Weitergehende Informationen erwarten wir von einem Mediationsmodell, das auch den tatsächlichen Unterricht (das unterrichtliche Handeln) der Lehrpersonen berücksichtigt.

Weder die Selbstwirksamkeit noch die Lernzielorientierung haben einen zusätzlichen Effekt auf die arithmetische Leistungsentwicklung. Hierfür kommen unterschiedliche Erklärungen in Betracht. Denkbar ist, dass diese lehrerbezogenen Orientierungen und Fähigkeiten erst dann prädiktiv werden, wenn es um komplexere und anspruchsvollere mathematische Kompetenzen wie das Problemlösen geht. Vorstellbar ist aber auch, dass die Erfassung von Selbstwirksamkeit und Lernzielorientierung über Fragebogen verstärkt Verzerrungen aufgrund sozialer Erwünschtheit unterliegt und dass diese Daten demzufolge nur eine geringe Validität aufweisen. Auch hier erwarten wir vom Einbezug der Videodaten weiterführende Informationen und Hinweise.

Literatur

Ashton, P.T. & Webb, R.B. (1986). *Making a difference: Teacher's sense of efficacy and student achievement*. New York: Longman.

Baumert, J. & Kunter, M. (2006). Stichwort: Professionelle Kompetenz von Lehrkräften. *Zeitschrift für Erziehungswissenschaft, 9*(4), 469–520.

Baumert, J., Kunter, M., Blum, W., Brunner, M., Voss, T., Jordan, A., Klusmann, U., Krauss, S., Neubrand, M. & Yi-Miau, T. (2010). Teachers' mathematical knowledge, cognitive activation in the classroom, and student progress. *American Educational Research Journal, 47*(1), 133–180.

Babu, S. & Mendro, R. (2003, April). *Teacher accountability. HLM-based teacher effectiveness indices in a state assessment program*. Paper presented at the Annual Meeting of the American Educational Research Association, Chicago, Illinois, USA.

Bromme, R. (1997). Kompetenzen, Funktionen und unterrichtliches Handeln des Lehrers. In F. E. Weinert (Hrsg.), *Enzyklopädie der Psychologie. Bd.3: Psychologie des Unterrichts und der Schule* (S. 177–212). Göttingen: Hogrefe.

Butler, R. (2007). Teachers' achievement goal orientations and associations with teachers' help seeking. Examination of a novel approach to teacher motivation. *Journal of Educational Psychology, 99*(2), 241–252.

Butler, R. & Shibaz, L. (2008). Achievement goals for teaching as predictors of students' perceptions of instructional practices and students' help seeking and cheating. *Learning and Instruction, 18*(5), 453–467.

Calderhead, J. (1996). Teachers. Beliefs and knowledge. In D.C. Berliner & R.C. Calfee (Eds.), *Handbook of Educational Psychology* (pp. 709–725). New York: Prentice Hall International.

Ditton, H. & Krüsken, J. (2009). Denn wer hat, dem wird gegeben werden? Eine Längsschnittstudie zur Entwicklung schulischer Leistungen und den Effekten der sozialen Herkunft in der Grundschulzeit. *Journal für Bildungswissenschaft, 1*(1), 33–61.

Dubberke, T., Kunter, M., McElvany, N., Brunner, M. & Baumert, J. (2008). Lerntheoretische Überzeugungen von Mathematiklehrkräften. Einflüsse auf die Unterrichtsgestaltung und den Lernerfolg von Schülerinnen und Schülern. *Zeitschrift für Pädagogische Psychologie, 22* (3–4), 193–206.

Grassmann, M., Klunter, M., Köhler, E., Mirwald, E., Raudies, M. & Thiel, O. (2002). *Mathematische Kompetenzen von Schulanfängern, Teil 1 Kinderleistungen – Lehrererwartungen*. Potsdam: Universität Potsdam.

Greb, K., Poloczek, S., Lipowsky, F. & Faust, G. (2009). PERLE-Instrumente: Schüler, Lehrer & Eltern (MZP 1). In F. Lipowsky, G. Faust & K. Greb (Hrsg.), *Dokumentation der Erhebungs-*

instrumente des Projekts „Persönlichkeits- und Lernentwicklung von Grundschulkindern" (PERLE) – Teil 1. (Materialien zur Bildungsforschung Band 23/1). Frankfurt am Main: Gesellschaft zur Förderung Pädagogischer Forschung (GFPF).

Grigutsch, S., Raatz, U. & Törner, G. (1998). Einstellungen gegenüber Mathematik bei Mathematiklehrern. *Journal für Mathematik-Didaktik, 19*(1), 3–45.

Hartig, J. & Kühnbach, O. (2006). Schätzung von Veränderung mit Plausible Values in mehrdimensionalen Rasch-Modellen. In A. Ittel & H. Merkens (Hrsg.), *Veränderungsmessung und Längsschnittstudien in der Erziehungswissenschaft* (S. 27–44). Wiesbaden: Verlag für Sozialwissenschaften.

Hartinger, A., Kleickmann, T. & Hawelka, B. (2006). Der Einfluss von Lehrervorstellungen zum Lernen und Lehren auf die Gestaltung des Unterrichts und auf motivationale Schülervariablen. *Zeitschrift für Erziehungswissenschaft, 9*(1), 109–126.

Hattie, J. (2009). *Visible learning. A synthesis of over 800 meta-analyses relating to achievement.* London & New York: Routledge, Taylor & Francis.

Heinze, A., Herwartz-Emden, L. & Reiss, K. (2007). Mathematikkenntnisse und sprachliche Kompetenz bei Kindern mit Migrationshintergrund zu Beginn der Grundschulzeit. *Zeitschrift für Pädagogik, 53*(4), 562–581.

Helmke, A. (2009). *Unterrichtsqualität und Lehrerprofessionalität. Diagnose, Evaluation und Verbesserung des Unterrichts.* Seelze-Velber: Klett-Kallmeyer.

Helmke, A. & Hesse, H.-G. (2002). Kindheit und Jugend in Asien. In H.-H. Krüger & C. Grunert (Hrsg.), *Handbuch der Kindheits- und Jugendforschung* (S. 439–471). Opladen: Leske + Budrich.

Kaufmann, L., Nuerk, H.-C., Graf, M., Krinzinger, H., Delazer, M. & Willmes, K. (2009). *TEDI-MATH. Test zur Erfassung numerisch-rechnerischer Fertigkeiten vom Kindergarten bis zur 3. Klasse.* Zürich: Hans-Huber-Verlag.

Krajewski, K. & Schneider, W. (2006). Mathematische Vorläuferfertigkeiten im Vorschulalter und ihre Vorhersagekraft für die Mathematikleistungen bis zum Ende der Grundschulzeit. *Psychologie in Erziehung und Unterricht, 53*, 246–262.

Krajewski, K., Küspert, P. & Schneider, W. (2002). *Deutscher Mathematiktest für erste Klassen (DEMAT 1+).* Göttingen: Hogrefe.

Krajewski, K., Liehm, S. & Schneider, W. (2004). *Deutscher Mathematiktest für zweite Klassen (DEMAT 2+).* Göttingen: Hogrefe.

Künsting, J., Post, S., Greb, K., Faust, G. & Lipowsky, F. (2010). Leistungsheterogenität im mathematischen Anfangsunterricht. Ein Risiko für die Leistungsentwicklung? *Zeitschrift für Grundschulforschung, 3*(1), 46–64.

Lipowsky, F. (2006). Auf den Lehrer kommt es an. Empirische Evidenzen für Zusammenhänge zwischen Lehrerkompetenzen, Lehrerhandeln und dem Lernen der Schüler. *Zeitschrift für Pädagogik, 52*(51. Beiheft), 47–70.

Martschinke, S., Kammermeyer, G., Frank, A. & Mahrhofer, C. (2002). *Heterogenität im Anfangsunterricht – Welche Voraussetzungen bringen Schulanfänger mit und wie gehen Lehrerinnen damit um?* Unveröffentlichtes Manuskript, Universität Erlangen-Nürnberg.

Moser, U. & Berweger, S. (2007*). Wortgewandt & zahlenstark. Lern- und Entwicklungsstand bei 4- bis 6-Jährigen. Testinstrumente und Testhandbuch.* St. Gallen und Zürich: Interkantonale Lehrmittelzentrale.

Moser, U., Berweger, S. & Lüchinger-Hutter, L. (2004). *LEst 4-7. Lern- und Entwicklungsstand bei 4- bis 7-jährigen.* Unveröffentlichter Test. Kompetenzzentrum für Bildungsevaluation und Leistungsmessung an der Universität Zürich.

Niklas, F., Schmiedeler, S. & Schneider, W. (2010). Heterogenität in den Lernvoraussetzungen von Vorschulkindern. *Zeitschrift für Grundschulforschung, 3*(1), 18–31.

Papay, J.P. (2011). Different tests, different answers. The stability of teacher value-added estimates across outcome measures. *American Educational Research Journal,48*(1), 163–193.

Pauli, C., Reusser, K., Grob, U. & Waldis, M. (2005, April). *Teaching for understanding and/or self-directed learning? A video-based analysis of reform-oriented approaches of mathematics instruction at lower secondary level in Switzerland.* Paper presented at the Annual Meeting of the American Educational Research Association (AERA), Montreal.

Peterson, P.L., Fennema, E., Carpenter, T.P. & Loef, M. (1989). Teacher's Pedagogical Content Beliefs in Mathematics. *Cognition & Instruction, 6*(1), 1–40.

Raudenbush, S.W., Bryk, A.S. & Congdon, R. (2004). *HLM 6 for Windows* [Computer software]. Lincolnwood, IL: Scientific Software International, Inc.

Reusser, K. (2001, August). *The challenge of video-based research to cognitive instructional theory.* Paper presented at the bi-annual conference of the European Association for Research on Learning and Instruction (EARLI), Fribourg, Schweiz.

Reusser, K. & Pauli, C. (1999). *Unterrichtsqualität: Multideterminiert und multikriterial.* Unveröffentlichtes Manuskript, Universität Zürich.

Reiss, K., Heinze, A. & Pekrun, R. (2007). Mathematische Kompetenz und ihre Entwicklung in der Grundschule. *Zeitschrift für Erziehungswissenschaft, Sonderheft 8*, 107–127.

Richardson, V. (1996). The role of attitudes and beliefs in learning to teach. In J.P. Sikula, T.J. Buttery & E. Guyton (Eds.), *Handbook of research on teacher education* (pp.102–119). New York: Macmillan.

Ross, J.A. (1995). Strategies for enhancing teachers' beliefs in their effectiveness: Research on a school improvement hypothesis. *Teachers College Record, 97*, 227–251.

Seidel, T., Schwindt, K., Rimmele, R. & Prenzel, M. (2008). Konstruktivistische Überzeugungen von Lehrpersonen. Was bedeuten sie für den Unterricht? *Zeitschrift für Erziehungswissenschaft, Sonderheft 9*, 259–276.

Selter, C. (1995). Zur Fiktivität der „Stunde Null" im arithmetischen Anfangsunterricht. *Mathematische Unterrichtspraxis, 16*(2), 11–19.

Schipper, W. (1998). „Schulanfänger verfügen über hohe mathematische Kompetenzen." Eine Auseinandersetzung mit einem Mythos. In A. Peter-Koop (Hrsg.), *Das besondere Kind im Mathematikunterricht der Grundschule* (S. 119–140). Offenburg: Mildenberger.

Schwarzer, R. & Schmitz, G.S. (1999). Skala zur Lehrer-Selbstwirksamkeitserwartung. In R. Schwarzer & M. Jerusalem (Hrsg.), *Skalen zur Erfassung von Schüler- und Lehrermerkmalen* (S. 60–61). Berlin: Freie Universität Berlin & Humboldt-Universität Berlin.

Shulman, L.S. (1986). Those who understand. Knowledge growth in teaching. *Educational Researcher, 15*(2), 4–14.

Shulman, L.S. (1987). Knowledge and teaching. Foundations of the new reform. *Harvard Educational Review, 57*(1), 1–22.

Staub, F.C. & Stern, E. (2002). The nature of teachers' pedagogical content beliefs matters for students' achievement gains. Quasi-experimental evidence from elementary mathematics. *Journal of Educational Psychology, 94*(2), 344–355.

Stern, E. (1997). Erwerb mathematischer Kompetenzen: Ergebnisse aus dem SCHOLASTIK-Projekt. In F.E. Weinert & A. Helmke (Hrsg.), *Entwicklung im Grundschulalter* (S. 157–170). Weinheim: PVU.

Stern, E. (1998). *Die Entwicklung des mathematischen Verständnisses im Kindesalter.* Lengerich: Pabst.

Stipek, D.J., Givvin, K.B., Salmon, J.M. & MacGyvers, V.L. (2001). Teachers' beliefs and practices related to mathematics instruction. *Teaching and Teacher Education, 17*, 213–226.

Thompson, A.G. (1992). Teachers' beliefs and conceptions. A synthesis of the research. In D.A. Grouws (Eds.), *Handbook of research on mathematics teaching and learning* (pp. 127–146). New York: Macmillan.

Tschannen-Moran, M., Woolfolk Hoy, A.W. & Hoy, W.K. (1998). Teacher efficacy. Its meaning and measure. *Review of Educational Research, 68*, 202–248.

Watkins, D.A. & Biggs, J.B. (2001). The paradox of the Chinese learner and beyond. In D.A. Watkins & J.B. Biggs (Eds.), *Teaching the Chinese learner. Psychological and pedagogical perspectives* (pp. 3–23). Hong Kong, Melbourne: Comparative Education Centre and The Australian Council for Educational Research Ltd.

Weinert, F.E. (Hrsg.) (1998). *Entwicklung im Kindesalter*. Weinheim: Beltz.

Weinert, F.E. & Helmke, A. (Hrsg.) (1997). *Entwicklung im Grundschulalter*. Weinheim: PVU.

Warm, T.A. (1989). Weighted likelihood estimation of ability in item response models. *Psychometrika, 54*(3), 427–450.

4. Die Entwicklung des Leseverständnisses und der Rechtschreibfähigkeit

Miriam Lotz, Edgar Schoreit und Iris Kempter

Einleitung

Der Erwerb der Schriftsprachkompetenz ist ein wichtiges Thema der nationalen und internationalen Forschung. So wurde die Entwicklung der Lese- und Rechtschreibfähigkeit in mehreren Längsschnittstudien vom Vorschulalter bis in die Sekundarstufe oder darüber hinaus untersucht, unter anderem von der LOGIK- und SCHOLASTIK-Studie (Weinert, 1998; Weinert & Helmke, 1997) sowie den Bielefelder (Marx, Jansen, Mannhaupt & Skowronek, 1993), den Wiener (Klicpera & Gasteiger-Klicpera, 1993) und den Salzburger Längsschnittstudien (Mayringer, Wimmer & Landerl, 1998; Wimmer, Zwicker & Gugg, 1991). Hinzu kommen mehrere internationale Querschnitt-, Längsschnitt- und Trainingsstudien zur phonologischen Bewusstheit (z. B. Bradley & Bryant, 1985; Lundberg, Frost & Petersen, 1988). Untersuchungen zu möglichen Unterschieden der Lese- und Rechtschreibentwicklung an staatlichen und privaten Grundschulen liegen bisher nicht vor.

Ziel des vorliegenden Kapitels ist es, die Entwicklung des Leseverständnisses und der Rechtschreibfähigkeit als zentrale Komponenten der Schriftsprachkompetenz an privaten BIP-Schulen und staatlichen Schulen zu vergleichen. Dazu wird zunächst der Forschungsstand skizziert, wobei Befunde zur Bedeutung schriftspracherwerbsspezifischer Vorläuferfertigkeiten zusammengefasst werden. Zudem werden relevante Merkmale der Konzeption der BIP-Schulen aufgeführt, die sich förderlich auf den Erwerb des Leseverständnisses und der Rechtschreibung auswirken könnten.

4.1 Theoretischer Hintergrund

4.1.1 Die Bedeutung schriftspracherwerbsspezifischer Vorläuferfertigkeiten: Phonologische Bewusstheit und Buchstabenkenntnis

Es wird in der Forschung immer wieder betont, dass der Schulbeginn nicht die „Stunde Null" darstellt, womit darauf aufmerksam gemacht werden soll, dass Schulanfänger bereits bei Schuleintritt über bestimmte Fähigkeiten verfügen, die für das schulische Lernen relevant sind (z. B. Martschinke & Kammermeyer, 2003; siehe auch Kapitel 3). So wurde im Bereich des Schriftspracherwerbs mehrfach herausgestellt, dass Schülern das Erlernen des Lesens und Schreibens besser gelingt, wenn sie bereits zu Beginn des ersten Schuljahres über (implizite) Einsichten in die Lautstruktur der gesprochenen Sprache oder über weitere spezifische Vorkenntnisse verfügen (z. B. Schneider & Näslund,

1993). Daher ist es notwendig, den Einfluss dieser schriftspracherwerbsspezifischen Vorläuferbedingungen als Kontrollvariablen zu berücksichtigen, wenn der Einfluss schulischer Bedingungen auf den Lernzuwachs untersucht wird.

Studien, die sich mit der vorschulischen Vorhersage schriftsprachlicher Leistungen befasst haben, betonen vor allem die Bedeutsamkeit der phonologischen Bewusstheit, also dem „Wissen junger Kinder um die Lautstruktur der gesprochenen Sprache" (Schneider, Roth, Küspert & Ennemoser, 1998, S. 27). In alphabetischen Schriftsystemen ist die Fähigkeit, sich der lautsprachlichen Merkmale der Sprache bewusst zu sein und diese Informationen zu verarbeiten, der Schlüssel, um die Beziehungen zwischen geschriebener (Buchstaben) und gesprochener Sprache (Laute) zu erkennen und die Graphem-Phonem- oder die Phonem-Graphem-Korrespondenzregeln zu erwerben. Silbe, Anfangslaut und Reim sind früher und leichter zugänglich und werden vermutlich schon für den Einstieg in den Schriftspracherwerb benötigt (phonologische Bewusstheit im weiteren Sinn), während sich der Umgang mit den einzelnen Phonemen innerhalb der Wörter (phonologische Bewusstheit im engeren Sinn) mit dem Lesen- und Schreibenlernen selbst entwickelt (Schneider, 2008). Zahlreiche Studien belegen die Bedeutung der phonologischen Bewusstheit als wichtige Vorläuferfertigkeit für den Schriftspracherwerb (z. B. Bradley & Bryant, 1985; Lundberg et al., 1988).

Wie Schneider und Näslund (1993) zeigen konnten, können auch weitere schriftsprachspezifische Vorläuferfertigkeiten – wie das Vorwissen über Schrift oder Buchstaben – spätere Leistungen vorhersagen. Hatcher, Hulme und Ellis (1994) gehen in ihrer „phonologischen Verknüpfungshypothese" davon aus, dass insbesondere die Kombination von phonologischer Bewusstheit mit Buchstaben-Lautkenntnis positive Effekte auf den Schriftspracherwerb hat. Plume und Schneider (2004) kommen in ihrer Zusammenfassung des Forschungsstandes zu dem Schluss, dass Kinder, die zu Beginn der Schulzeit kaum Buchstaben kennen, später überzufällig häufig Schwierigkeiten beim Lesen- und Schreibenlernen haben. Dies bedeutet nicht, dass Kinder schon vor Schulbeginn lesen oder schreiben lernen sollten. Die frühere Buchstabenkenntnis ist aber insbesondere für das Lernen der Verknüpfung von Buchstabenlauten (Phonemen) mit dem dazugehörigen Buchstabenbild (Graphem) notwendig.

In Trainingsstudien konnte gezeigt werden, dass die Wirksamkeit des bekannten Trainings „Hören, lauschen, lernen" (Küspert & Schneider, 1999), welches sich zunächst auf eine Förderung der phonologischen Bewusstheit konzentrierte, durch eine Erweiterung um ein Training der Phonem-Graphem-Verknüpfung (Hören, lauschen, lernen 2; Spiele mit Buchstaben und Lauten für Kinder im Vorschulalter; Plume & Schneider, 2004) noch gesteigert werden konnte (Roth, 1999; Roth & Schneider, 2002; Schneider et al., 1998).

Dass die phonologische Bewusstheit und Vorkenntnisse über Buchstaben als zentrale Elemente der Schrift für das frühe Erlernen des Lesens und Schreibens relevant sind, konnte also mehrfach gezeigt werden. Wichtig ist allerdings auch die Frage, inwiefern zu Schulbeginn oder kurz vor der Einschulung erhobene Vorläuferfertigkeiten auch über das erste Schuljahr hinaus Leistungen im Lesen und Rechtschreiben vorhersagen können. Zu dieser Frage liegen mehrere Studien vor, in denen unterschiedliche proximale

Merkmale in ihrer prädiktiven Leistung verglichen wurden. Diese zeigen, dass die Vorhersage früher Lese- und Schreibleistungen umso besser gelingt, je spezifischer die in die Analysen einbezogenen Prädiktoren sind. So wird als zentrales Ergebnis immer wieder herausgestellt, dass die Lese- und Rechtschreibleistung durch die phonologische Bewusstheit zwar bis zu einem gewissen Grad vorhergesagt werden kann, dass dieser Einfluss aber wiederum von frühen Lese- und Schreibfähigkeiten überlagert wird (z. B. Leppänen, Aunola, Niemi & Nurmi, 2008; Marx, Jansen & Skowronek, 2000; Schneider, 2008; Snow, 1991).

Ergänzen lassen sich diese Befunde durch die Ergebnisse von Längsschnittstudien, welche die relativ hohe Stabilität der Lese- und Rechtschreibleistungen bestätigen (z. B. Boland, 1993; Grube & Hasselhorn, 2006; Helmke, 1997; Juel, 1988; Landerl & Wimmer, 2008; Schneider, 2008). Über die Vorjahresleistungen lassen sich die Lese- und Rechtschreibleistungen gut vorhersagen, während die prädiktive Kraft der Vorläuferfertigkeiten zunehmend zurückgeht.

Zusammenfassend kann also festgehalten werden, dass die phonologische Bewusstheit sowie schriftsprachspezifisches Vorwissen über Buchstaben wichtige Voraussetzungen für das Erlernen des Lesens und Schreibens darstellen, dass diese Einflüsse allerdings im Laufe der Grundschulzeit durch proximalere Merkmale wie frühe Lese- und Schreibfertigkeiten mediiert werden.

4.1.2 Förderung schriftsprachlicher Leistungen an Privatschulen

Bisher liegen für Deutschland keine Studien vor, welche die Leistungsentwicklung im Leseverständnis und im Rechtschreiben für den Anfangsunterricht der Grundschule zwischen staatlichen und privaten Schulen verglichen haben. Zum Vergleich der Leseleistung zwischen Schülern an staatlichen und privaten Schulen existieren lediglich einige querschnittliche Analysen für den Sekundarstufenbereich, die meist – wenn überhaupt – eine leichte Überlegenheit der Privatschulen zeigen (vgl. auch Kapitel 1.2). Innerhalb der PISA-Studie war die Lesekompetenz an Privatschulen höher ausgeprägt als an staatlichen Schulen, wobei sich dieser Abstand nach Kontrolle des sozioökonomischen Hintergrundes beträchtlich verringerte. Wird der gesamte sozioökonomische Hintergrund durch Parallelisierung der Vergleichsgruppen kontrolliert, zeigt sich kein Leistungsvorsprung mehr (OECD, 2004; siehe auch Kapitel 1.2). Weiß und Preuschoff (2004) wiesen auf Basis des PISA-E-Datensatzes lediglich für eine sehr spezifische Teilstichprobe – nämlich Mädchen an privaten Realschulen – Vorteile im Lesen nach.

Klein (2007) schreibt daher der Bildungsforschung die Aufgabe zu, Studien über Lernzuwächse der Schüler in unterschiedlichen institutionellen Settings und Lernmilieus durchzuführen. Gerade bei der Frage nach spezifischen Effekten von Privatschulen können Ergebnisse aus anderen Ländern oder Studien, die andere Altersstufen oder Schulfächer fokussiert haben, nur sehr bedingt übertragen werden, was auch durch den erwähnten Befund von Weiß und Preuschoff (2004) unterstützt wird. Es kann angenommen werden, dass verschiedene private Schulen – je nach zugrunde liegendem Konzept – jeweils unterschiedliche Lernmilieus repräsentieren.

4.1.3 Merkmale der BIP-Schulen, die eine förderliche Wirkung auf den Schriftspracherwerb ausüben könnten

An dieser Stelle soll noch einmal an die spezifischen Merkmale der Konzeption der BIP-Schulen erinnert werden (Mehlhorn & Mehlhorn, 2003), die sich insbesondere positiv auf die Leistungsentwicklung im Lesen und Rechtschreiben auswirken könnten.

Dazu zählt zunächst das besondere Bemühen der BIP-Schulen um die gezielte sprachliche Förderung der Schüler. Mehlhorn und Mehlhorn (2003) verfolgen dabei das Ziel, den Schülern einen aktiven Umgang mit Sprache und Literatur zu vermitteln, was sich insbesondere im Zusatzfach „Kreatives Schreiben" sowie in frühem Fremdsprachenunterricht manifestiert.

Die Bedeutung der Unterrichtsquantität, insbesondere der aktiven Lernzeit, für den Kompetenzaufbau gilt als bestätigt (z. B. Anderson, 1995; Fisher, 1995; Helmke, 2009; Lipowsky, 2009). Die BIP-Kreativitätsschulen sind als Schulen mit einem ganztägigen Bildungsangebot konzipiert und ermöglichen so grundsätzlich ein höheres Ausmaß an nominaler Unterrichtszeit (z. B. Treiber, 1982). Unter der Voraussetzung, dass diese zusätzliche Unterrichtszeit auch aktiv zur Lese- und Schreibförderung genutzt wird (tatsächliche, aktive Lernzeit der Schüler), könnte sich dies positiv auf die Leistungsentwicklung auswirken.

Relevante Rahmenbedingungen des Unterrichts an den BIP-Schulen sind weiterhin die Anzahl der Schüler in den Klassen (in jeder Klasse befinden sich maximal 18-22 Kinder) sowie der Einsatz von zwei Lehrpersonen in den Hauptfächern Mathematik und Deutsch (Mehlhorn & Mehlhorn, 2003). Dass in den BIP-Schulen zwei Lehrpersonen für eine relativ kleine Klasse zuständig sind, soll gezielte Differenzierungsmaßnahmen erleichtern und auf diesem Weg „zur zielstrebigen Entwicklungsanregung der Kinder auf ihrem jeweiligen Niveau" (Mehlhorn & Mehlhorn, 2003, S. 41) beitragen.

Ob sich die Leistungen im Leseverständnis und in der Rechtschreibfähigkeit von Schülern an BIP-Schulen tatsächlich positiver entwickeln als die Leistungen von Schülern an staatlichen Schulen, wird im Folgenden untersucht.

4.2 Fragestellungen

In dem vorliegenden Kapitel wird die Leistungsentwicklung im Leseverständnis und in der Rechtschreibfähigkeit an staatlichen und privaten BIP-Schulen verglichen. Dabei wird immer auch der Frage nachgegangen, inwiefern die Zugehörigkeit zu einem der beiden Schultypen über die schriftspracherwerbsspezifischen Vorläuferfertigkeiten hinaus die Leistungen vorhersagen kann.

Bisherige Studien verweisen bei der Untersuchung von Vorläuferfertigkeiten auf die Bedeutung der phonologischen Bewusstheit und der Buchstabenkenntnis von Schülern (siehe Kapitel 4.1). Daher soll zunächst überprüft werden, ob die Schüler an den staatlichen Grundschulen und den privaten BIP-Schulen mit ähnlichen Voraussetzungen in ihrer phonologischen Bewusstheit und ihrer Buchstabenkenntnis in das erste Schuljahr starten.

4. Die Entwicklung des Leseverständnisses und der Rechtschreibfähigkeit

Fragestellung 1: Unterscheiden sich die Schüler an den staatlichen Grundschulen und an den privaten BIP-Kreativitätsschulen in ihren schriftsprachlichen Vorläuferfertigkeiten?

Der Schriftspracherwerb intendiert letztlich nicht nur das Beherrschen der Lesetechnik, sondern stellt vor allem das sinnverstehende Lesen in den Vordergrund. Daher wird hier als abhängige Variable das Leseverständnis untersucht. Dabei werden zunächst die Leistungen der Schüler an privaten BIP-Kreativitätsschulen mit denen der Schüler an staatlichen Schulen verglichen.

Fragestellung 2: Unterscheiden sich die Schüler an den staatlichen Schulen und an den privaten BIP-Kreativitätsschulen am Ende des ersten und am Ende des zweiten Schuljahres in ihrem Leseverständnis?

Anschließend werden Determinanten der Leseverständnisleistung am Ende des ersten Schuljahres betrachtet, wobei folgende Fragen beantwortet werden sollen:

Fragestellung 3: Welchen Einfluss haben phonologische Vorläuferfertigkeiten und die Buchstabenkenntnis auf das Leseverständnis am Ende des ersten Schuljahres?

Fragestellung 4: Welchen Einfluss hat der Schultyp auf das Leseverständnis am Ende des ersten Schuljahres unter Kontrolle der Vorläuferfertigkeiten?

Schließlich ist von Interesse, inwiefern sich die Vorhersagekraft der Vorläuferfertigkeiten für das Leseverständnis am Ende des zweiten Schuljahres verändert:

Fragestellung 5: Welchen Einfluss haben phonologische Vorläuferfertigkeiten und die Buchstabenkenntnis noch auf das Leseverständnis am Ende des zweiten Schuljahres?

Fragestellung 6: Werden die Einflüsse der Vorläuferfertigkeiten vollständig durch das Leseverständnis am Ende des ersten Schuljahres mediiert?

Fragestellung 7: Welchen Einfluss hat der Schultyp auf das Leseverständnis am Ende des zweiten Schuljahres unter Kontrolle der Vorläuferfertigkeiten und des Leseverständnisses am Ende des ersten Schuljahres?

Auch bezüglich der Rechtschreibfähigkeit interessieren zunächst mögliche Leistungsunterschiede zwischen BIP-Schülern und Schülern an staatlichen Schulen.

Fragestellung 8: Unterscheiden sich die Schüler an den staatlichen Schulen und an den privaten BIP-Kreativitätsschulen am Ende des ersten und am Ende des zweiten Schuljahres in ihrer Rechtschreibfähigkeit?

Dann werden wiederum zunächst Einflüsse auf die Rechtschreibfähigkeit am Ende des ersten Schuljahres betrachtet.

Fragestellung 9: Welchen Einfluss haben phonologische Vorläuferfertigkeiten und die Buchstabenkenntnis auf die Rechtschreibfähigkeit am Ende des ersten Schuljahres?

Fragestellung 10: Welchen Einfluss hat der Schultyp auf die Rechtschreibfähigkeit am Ende des ersten Schuljahres unter Kontrolle der Vorläuferfertigkeiten?

Anschließend wird geprüft, inwieweit sich für die Vorhersage am Ende des zweiten Schuljahres ähnliche Aussagen treffen lassen.

Fragestellung 11: Welchen Einfluss haben phonologische Vorläuferfertigkeiten und die Buchstabenkenntnis noch auf die Rechtschreibfähigkeit am Ende des zweiten Schuljahres?

Fragestellung 12: Werden die Einflüsse der Vorläuferfertigkeiten vollständig durch die Rechtschreibfähigkeit am Ende des ersten Schuljahres mediiert?

Fragestellung 13: Welchen Einfluss hat der Schultyp auf die Rechtschreibfähigkeit am Ende des zweiten Schuljahres unter Kontrolle der Vorläuferfertigkeiten und der Rechtschreibfähigkeit am Ende des ersten Schuljahres?

4.3 Methode

4.3.1 Stichprobe

Von den ca. 800 Schülern der PERLE-Gesamtstichprobe wurden in die Berechnungen nur Schüler aufgenommen, von denen zu allen Messzeitpunkten vollständige Daten vorlagen. Dies führte zu einer Stichprobengröße von 575 Schülern in 38 Klassen, davon 301 Mädchen und 274 Jungen. 241 Schüler besuchten eine BIP-Kreativitätsgrundschule, 334 eine staatliche Grundschule.

4.3.2 Instrumente

Zur Abbildung der phonologischen Bewusstheit zu Beginn des ersten Schuljahres wurden die Untertests *Anlaute hören* und *Laute sprechen* des *LEst 4-7* (Moser, Berweger & Lüchinger-Hutter, 2004) verwendet, für die spezifischen schriftsprachlichen Vorkenntnisse über die Buchstaben-Laut-Zuordnung der Untertest *Buchstaben lesen*, welcher im vorliegenden Fall nicht als Lesefähigkeit, sondern als Indikator für eine allgemeine, also auch für die Rechtschreibung benötigte, Buchstabenkenntnis angesehen wird. Bei allen drei Skalen wurde eine Rasch-Skalierung durchgeführt (Gresser, Pohl, Corvacho del Toro, Greb & Faust, 2009), mit WLE-Schätzern als Personenparameter für die Analysen. In allen drei Fällen war die EAP-Reliabilität mit $\geq .69$ ausreichend. Genauere Angaben zu den einzelnen Skalen samt Beispielen finden sich bei Gresser et al. (2009).

Die Variablen Rechtschreibfähigkeit und Leseverständnis wurden zu zwei Messzeitpunkten mit standardisierten Verfahren erfasst. Die Rechtschreibfähigkeit der Schüler wurde am Ende des ersten Schuljahres sowie am Ende des zweiten Schuljahres mit dem Deutschen Rechtschreibtest für das erste und zweite Schuljahr (DERET 1-2+; Stock & Schneider, 2008) erhoben. Datengrundlage bilden auch hier die auf Basis einer Rasch-Skalierung ermittelten WLE-Schätzer. Zur Erhebung des Leseverständnisses wurde der Leseverständnistest ELFE 1-6 (Lenhard & Schneider, 2006) durchgeführt. Es wurden die Normwerte des Test-Manuals für die Analysen verwendet. Bei den vier Skalen für Rechtschreibung und Leseverständnis war die EAP-Reliabilität beziehungsweise Cronbachs α jeweils größer als .86. Genauere Angaben zu den Skalen samt Item-Beispielen finden sich bei Karst et al. (2011) sowie Mösko et al. (2011).

4.3.3 Analyseverfahren

Die schriftsprachlichen Vorläuferfertigkeiten Anlaute hören, Laute sprechen und Buchstaben lesen wurden anhand einer multivariaten Varianzanalyse auf Unterschiede bezüglich des Schultyps getestet. Auch der Schultypvergleich der Leistungsstände in der Rechtschreibfähigkeit und im Leseverständnis am Ende des ersten und des zweiten Schuljahres wurde mit Varianzanalysen durchgeführt. Bei allen weiteren Analysen wurde die Mehrebenenstruktur der Daten, die durch die Zugehörigkeit der Schüler zu 38 Klassen entsteht, berücksichtigt. Dafür wurden Mehrebenenanalysen mit HLM 6.06 (Raudenbush, Bryk & Congdon, 2004) gerechnet.

4.4 Ergebnisse

4.4.1 Schriftsprachliche Vorläuferfertigkeiten

Bezüglich der ersten Fragestellung, ob sich Schüler an BIP-Schulen und Schüler an staatlichen Schulen bereits zu Schulbeginn in ihren schriftsprachlichen Vorläuferfertigkeiten unterscheiden, zeigen sich in Abbildung 1 sowohl bei den phonologischen Variablen Anlaute hören und Laute sprechen als auch bei der Buchstabenkenntnis auf deskriptiver Ebene leichte Vorteile zugunsten der BIP-Schüler. Aus Gründen der leichteren Interpretierbarkeit der Abbildung sind hier die Lösungshäufigkeiten in Prozent dargestellt.

Die Befunde der multivariaten Varianzanalyse mit den z-standardisierten WLE-Schätzern zeigen allerdings, dass diese Unterschiede zwar für die Buchstabenkenntnis signifikant ($p < .01$) und für Anlaute hören beinahe signifikant werden ($p = .05$), dass die Effekte mit $\eta^2 = .01$ allerdings eher klein ausfallen. Die praktische Bedeutsamkeit dieser Ergebnisse ist demnach gering (vgl. Tabelle 1).

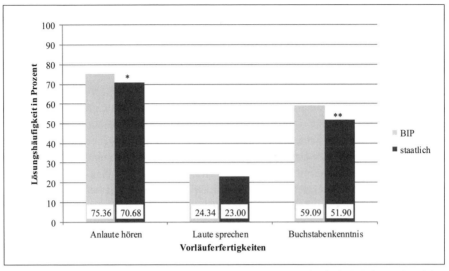

Abbildung 1: Schultypvergleich der drei schriftsprachlichen Vorläuferfertigkeiten anhand der Lösungshäufigkeiten, * $p < .05$, ** $p < .01$

Tabelle 1: Varianzanalysen: Unterschiede zwischen den Schultypen bei den drei schriftsprachlichen Vorläuferfertigkeiten zu Beginn des ersten Schuljahres

		M	SD	$F_{(1;\,573)}$	p	η^2
Anlaute hören	BIP	.10	0.96	3.78	.05	.01
	staatlich	-.07	1.03			
Laute sprechen	BIP	.03	0.99	0.34	.56	.00
	staatlich	-.02	1.01			
Buchstabenkenntnis	BIP	.13	0.97	7.47	< .01	.01
	staatlich	-.10	1.01			

Anmerkungen: Mittelwert *(M)* und Standardabweichung *(SD)* der z-standardisierten WLE-Schätzer pro Schultyp, F = F-Wert$_{(Freiheitsgrade)}$, p = Irrtumswahrscheinlichkeit, η^2 = partielles Eta-Quadrat

4.4.2 Leseverständnis

Auch beim Leseverständnis zeigen sich auf deskriptiver Ebene am Ende des ersten und zweiten Schuljahres geringe Vorsprünge der BIP-Schüler (vgl. Abbildung 2). In Abbildung 2 und in Tabelle 2 sind die T-Normwerte angegeben, wobei ein Wert von 50 dem Durchschnitt der Normstichprobe entspricht ($SD = 10.0$)[1].

---

[1] Die Lösungshäufigkeiten für den Gesamttest können nicht angegeben werden, da der Gesamttestwert über die Normwerte der Subtestergebnisse gebildet wird.

4. Die Entwicklung des Leseverständnisses und der Rechtschreibfähigkeit

Die Unterschiede der durchschnittlichen Leistungen zwischen den Schultypen werden anhand der Varianzanalysen nur am Ende des zweiten Schuljahres signifikant (vgl. Tabelle 2). Allerdings zeigt sich auch für diesen Unterschied nur ein geringer Effekt ($\eta^2 = .01$).

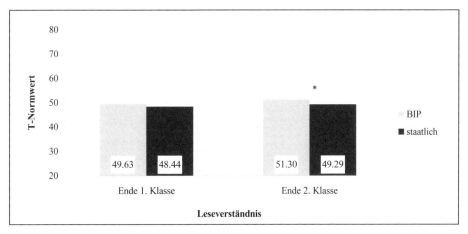

Abbildung 2: Schultypvergleich des Leseverständnisses anhand der T-Normwerte, * $p < .05$

Tabelle 2: Varianzanalysen: Unterschiede (T-Normwerte) zwischen den Schultypen beim Leseverständnis am Ende des ersten und zweiten Schuljahres

		M	SD	$F_{(1;\,573)}$	p	η^2
Leseverständnis, Ende 1. Schuljahr	BIP	49.63	9.05	2.30	.13	.00
	staatlich	48.44	9.44			
Leseverständnis, Ende 2. Schuljahr	BIP	51.30	10.47	5.51	< .05	.01
	staatlich	49.29	9.92			

Anmerkungen: Mittelwert *(M)* und Standardabweichung *(SD)* des T-Normwerts der AV pro Schultyp, $F = F\text{-Wert}_{(\text{Freiheitsgrade})}$, p = Irrtumswahrscheinlichkeit, η^2 = partielles Eta-Quadrat

Die Entwicklung des Leseverständnisses bis zum Ende des ersten Schuljahres

Bei der Untersuchung der Entwicklung des Leseverständnisses wurde die Mehrebenenstruktur der Daten in den Analysen berücksichtigt. Dabei wurden zunächst die Einflüsse der beiden phonologischen Vorläuferfertigkeiten und der Buchstabenkenntnis auf den Stand des Leseverständnisses am Ende des ersten Schuljahres untersucht.

Die beiden Variablen der phonologischen Vorläuferfertigkeiten zeigen dabei deutliche, signifikante Einflüsse auf das Leseverständnis (vgl. Tabelle 3, Modell 1). Diese Einflüsse werden jedoch bei gleichzeitiger Berücksichtigung der Buchstabenkenntnis nicht mehr signifikant (vgl. Tabelle 4, Modell 3).

Tabelle 3: Phonologische Fertigkeiten und Buchstabenkenntnis (erfasst zu Beginn des ersten Schuljahres) als Determinanten des Leseverständnisses am Ende des ersten Schuljahres

		AV Leseverständnis, Ende 1. Schuljahr			
		Modell 1		Modell 2	
	Prädiktoren	*Beta*	*SE*	*Beta*	*SE*
L-1	Anlaute hören	.25**	.05		
	Laute sprechen	.19**	.06		
	Buchstabenkenntnis			.52**	.04

Anmerkungen: Beta = z-standardisierter Regressionskoeffizient, *SE* = Standardfehler, ** $p < .01$, * $p < .05$; L-1 = Individualebene

Tabelle 4: Schriftsprachliche Vorläuferfertigkeiten und Schultyp (erfasst zu Beginn des ersten Schuljahres) als Determinanten des Leseverständnisses am Ende des ersten Schuljahres

		AV Leseverständnis, Ende 1. Schuljahr			
		Modell 3		Modell 4	
	Prädiktoren	*Beta*	*SE*	*Beta*	*SE*
L-2	BIP [a]			.05 ns	.12
L-1	Anlaute hören	.08†	.04	.08†	.04
	Laute sprechen	.06ns	.05	.06ns	.05
	Buchstabenkenntnis	.43**	.05	.43**	.05

Anmerkungen: Beta = z-standardisierter Regressionskoeffizient, *SE* = Standardfehler, ** $p < .01$, * $p < .05$, † $p < .10$, ns = nicht signifikant, [a]: dummy-kodiert: 1 = BIP, 0 = staatlich; L-1 = Individualebene, L-2 = Klassenebene.

Die Buchstabenkenntnis hingegen zeigt sowohl allein (Modell 2: $\beta = .52$; $p < .01$) als auch in Kombination mit den phonologischen Vorläuferfertigkeiten (vgl. Tabelle 4, Modell 3: $\beta = .43$; $p < .01$) einen sehr deutlichen, signifikanten Einfluss auf das Leseverständnis, auch wenn dieser im zweiten Fall etwas nachlässt. Die zusätzliche Berücksichtigung des Schultyps als weiterer Prädiktor führt nicht zu einer Abschwächung dieses Effekts (Modell 4: $\beta = .43$; $p < .01$). Für den Schultyp selbst lässt sich hingegen keinerlei Effekt nachweisen.

4. Die Entwicklung des Leseverständnisses und der Rechtschreibfähigkeit

Die Entwicklung des Leseverständnisses bis zum Ende des zweiten Schuljahres

Als Nächstes wurde untersucht, ob sich der Einfluss der phonologischen Vorläuferfertigkeiten und der Buchstabenkenntnis auf das Leseverständnis auch am Ende des zweiten Schuljahres zeigt (vgl. Tabelle 5). Hierbei ergibt sich das gleiche Bild wie im ersten Schuljahr, auch wenn die Einflüsse insgesamt etwas schwächer ausfallen: Wieder zeigen die phonologischen Vorläuferfertigkeiten ohne die Buchstabenkenntnis signifikante Einflüsse (Modell 5), welche bei gleichzeitiger Berücksichtigung der Buchstabenkenntnis nicht mehr signifikant werden (Modell 7).

Der Einfluss der Buchstabenkenntnis hingegen fällt sowohl allein betrachtet (Modell 6: $\beta = .42$; $p < .01$) als auch unter Berücksichtigung der phonologischen Vorläuferfertigkeiten (Modell 7: $\beta = .37$; $p < .01$) deutlich und signifikant aus. Bei zusätzlicher Berücksichtigung des Leseverständnisses am Ende des ersten Schuljahres wird der Einfluss der Buchstabenkenntnis allerdings fast vollständig durch dessen Einfluss mediiert (vgl. Tabelle 6, Modell 9).

Die prädiktive Kraft der Vorjahresleistung im Leseverständnis wiederum ist in diesem Modell annähernd gleich stark ausgeprägt ($\beta = .69$; $p < .01$) wie als alleiniger Prädiktor (Modell 8: $\beta = .72$; $p < .01$) und lässt auch bei zusätzlicher Berücksichtigung des Schultyps nicht weiter nach (Modell 10: $\beta = .69$; $p < .01$). Das bedeutet, dass bereits vom Ende des ersten bis zum Ende des zweiten Schuljahres gute Vorhersagen des Leseverständnisses über die Vorjahresleistung möglich sind. Für den Schultyp kann auch hier kein signifikanter Effekt nachgewiesen werden (Modell 10).

Tabelle 5: Einfluss der schriftsprachlichen Vorläuferfertigkeiten (erfasst zu Beginn des ersten Schuljahres) auf das Leseverständnis am Ende des zweiten Schuljahres

		AV Leseverständnis, Ende 2. Schuljahr					
		Modell 5		Modell 6		Modell 7	
	Prädiktoren	*Beta*	*SE*	*Beta*	*SE*	*Beta*	*SE*
	Anlaute hören	.20**	.05			.04ns	.05
L-1	Laute sprechen	.15*	.07			.04ns	.06
	Buchstabenkenntnis			.42**	.04	.37**	.05

Anmerkungen: Beta = z-standardisierter Regressionskoeffizient, SE = Standardfehler, ** $p < .01$, * $p < .05$, ns = nicht signifikant; L-1 = Individualebene

Tabelle 6: Einfluss des Schultyps, der schriftsprachlichen Vorläuferfertigkeiten (erfasst zu Beginn des ersten Schuljahres) und des Leseverständnisses Ende des ersten Schuljahres auf das Leseverständnis am Ende des zweiten Schuljahres

		AV Leseverständnis, Ende 2. Schuljahr					
		Modell 8		Modell 9		Modell 10	
	Prädiktoren	*Beta*	*SE*	*Beta*	*SE*	*Beta*	*SE*
L-2	BIP [a]					.10ns	.08
L-1	Anlaute hören			-.00ns	.04	-.00ns	.04
	Laute sprechen			-.02ns	.04	-.02ns	.04
	Buchstabenkenntnis			.07†	.04	.07†	.04
	Leseverständnis (Ende 1. Sj.)	.72**	.03	.69**	.02	.69**	.02

Anmerkungen: Beta = z-standardisierter Regressionskoeffizient, *SE* = Standardfehler, ** $p < .01$, * $p < .05$, † $p < .10$, ns = nicht signifikant, [a]: dummy-kodiert: 1 = BIP, 0 = staatlich; L-1 = Individualebene, L-2 = Klassenebene

4.4.2 Rechtschreibfähigkeit

In der Rechtschreibfähigkeit zeigen sich sowohl am Ende des ersten als auch am Ende des zweiten Schuljahres Leistungsvorsprünge zugunsten der BIP-Schüler (vgl. Abbildung 3). Die Abbildung gibt den prozentualen Anteil richtig geschriebener Wörter wieder.

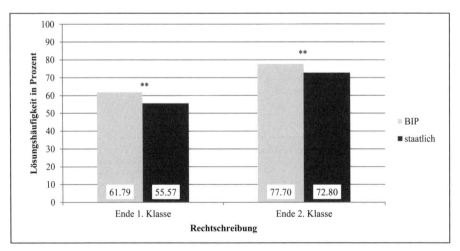

Abbildung 3: Schultypvergleich der Rechtschreibfähigkeit anhand der Lösungshäufigkeiten, ** $p < .01$

4. Die Entwicklung des Leseverständnisses und der Rechtschreibfähigkeit

Tabelle 7: Varianzanalysen: Unterschiede zwischen den Schultypen in der Rechtschreibfähigkeit am Ende des ersten und zweiten Schuljahres

		M	SD	$F_{(1;573)}$	p	η^2
Rechtschreibung Ende 1. Schuljahr	BIP	.16	0.95	11.07	< .001	.02
	staatlich	-.12	1.02			
Rechtschreibung Ende 2. Schuljahr	BIP	.25	0.95	27.61	< .001	.05
	staatlich	-.18	1.00			

Anmerkungen: Mittelwert *(M)* und Standardabweichung *(SD)* der z-standardisierten WLE-Schätzer pro Schultyp, F = F-Wert$_{(Freiheitsgrade)}$, p = Irrtumswahrscheinlichkeit, η^2 = partielles Eta-Quadrat

Bei der Rechtschreibfähigkeit werden die in der multivariaten Varianzanalyse ermittelten Unterschiede in den z-standardisierten WLE-Schätzern zwischen den Schultypen in beiden Jahren signifikant und weisen insbesondere am Ende des zweiten Schuljahres einen etwas stärkeren Effekt auf (η^2 = .05) als bei der Buchstabenkenntnis und dem Leseverständnis (vgl. Tabelle 7).

Die Entwicklung der Rechtschreibfähigkeit bis zum Ende des ersten Schuljahres

Auch die Entwicklung der Rechtschreibfähigkeit wurde unter Berücksichtigung der Mehrebenenstruktur der Daten untersucht. Wieder erweisen sich einerseits das Anlaute hören (vgl. Tabelle 8, Modell 1) und andererseits die Buchstabenkenntnis (Modell 2: β = .45; p < .01) als signifikante Prädiktoren, während das Laute sprechen die Signifikanz knapp verfehlt.

Bei gemeinsamer Untersuchung (vgl. Tabelle 9, Modell 3) behält in diesem Modell neben der Buchstabenkenntnis (β = .32; p < .01) auch das Anlaute hören seine Vorhersagekraft bei (β = .18; p < .01), welche für beide Prädiktoren auch bei zusätzlicher Berücksichtigung des Schultyps als weiterer Prädiktor stabil bleibt. Für den Schultyp selbst lässt sich am Ende des ersten Schuljahres mit einem p = .07 (noch) kein signifikanter Effekt nachweisen (Modell 4).

Tabelle 8: Phonologische Fertigkeiten und Buchstabenkenntnis (erfasst zu Beginn des ersten Schuljahres) als Determinanten der Rechtschreibfähigkeit am Ende des ersten Schuljahres

		AV Rechtschreibung, Ende 1. Schuljahr			
		Modell 1		Modell 2	
Prädiktoren		Beta	SE	Beta	SE
L-1	Anlaute hören	.32**	.05		
	Laute sprechen	.12†	.06		
	Buchstabenkenntnis			.45**	.04

Anmerkungen: Beta = z-standardisierter Regressionskoeffizient, SE = Standardfehler, ** p < .01, * p < .05, † p < .10, ns = nicht signifikant; L-1 = Individualebene

Tabelle 9: Schriftsprachliche Vorläuferfertigkeiten (erfasst zu Beginn des ersten Schuljahres) und Schultyp als Determinanten der Rechtschreibfähigkeit am Ende des ersten Schuljahres

		AV Rechtschreibung, Ende 1. Schuljahr			
		Modell 3		Modell 4	
	Prädiktoren	Beta	SE	Beta	SE
L-2	BIP [a]			.22†	.12
L-1	Anlaute hören	.18**	.06	.18**	.06
	Laute sprechen	.03ns	.06	.03ns	.06
	Buchstabenkenntnis	.32**	.05	.32**	.05

Anmerkungen: Beta = z-standardisierter Regressionskoeffizient, SE = Standardfehler, ** $p < .01$, * $p < .05$, † $p < .10$, ns = nicht signifikant, [a]: dummy-kodiert: 1 = BIP, 0 = staatlich; L-1 = Individualebene, L-2 = Klassenebene

Die Entwicklung der Rechtschreibfähigkeit bis zum Ende des zweiten Schuljahres

Für die Rechtschreibfähigkeit am Ende des zweiten Schuljahres besitzt das Laute sprechen in keinem der Modelle eine signifikante Vorhersagekraft (vgl. Tabelle 10 und Tabelle 11), wobei in Modell 5 ebenfalls eine tendenzielle Vorhersagekraft erkennbar ist. Anlaute hören und Buchstabenkenntnis hingegen verhalten sich analog zu ihrem Einfluss auf die Rechtschreibfähigkeit am Ende des ersten Schuljahres (vgl. Tabelle 8).

Tabelle 10: Einfluss der schriftsprachlichen Vorläuferfertigkeiten (erfasst zu Beginn des ersten Schuljahres) auf die Rechtschreibfähigkeit am Ende des zweiten Schuljahres

		AV Rechtschreibung, Ende 2. Schuljahr					
		Modell 5		Modell 6		Modell 7	
	Prädiktoren	Beta	SE	Beta	SE	Beta	SE
L-1	Anlaute hören	.27**	.05			.12*	.05
	Laute sprechen	.11†	.06			.00ns	.06
	Buchstabenkenntnis			.44**	.03	.37**	.04

Anmerkungen: Beta = z-standardisierter Regressionskoeffizient, SE = Standardfehler, ** $p < .01$, * $p < .05$, † $p < .10$, ns = nicht signifikant; L-1 = Individualebene

Wie beim Leseverständnis zeigt sich auch bei der Rechtschreibfähigkeit am Ende des zweiten Schuljahres eine starke prädiktive Kraft der Vorjahresleistung (vgl. Tabelle 11, Modell 8: $\beta = .73$; $p < .01$), welche auch bei Berücksichtigung der schriftsprachlichen Vorläuferfähigkeiten sehr deutlich bleibt (Modell 9: $\beta = .66$; $p < .01$). Allerdings wird der Einfluss der Buchstabenkenntnis hier nur teilweise mediiert und bleibt weiterhin

4. Die Entwicklung des Leseverständnisses und der Rechtschreibfähigkeit

deutlich signifikant ($\beta = .15$; $p < .01$). Die Effekte beider Prädiktoren bleiben auch bei zusätzlicher Berücksichtigung des Schultyps annähernd unverändert (Modell 10).

Tabelle 11: Einfluss des Schultyps, der schriftsprachlichen Vorläuferfertigkeiten (erfasst zu Beginn des ersten Schuljahres) und der Rechtschreibleistung Ende des ersten Schuljahres auf die Rechtschreibfähigkeit am Ende des zweiten Schuljahres

		AV Rechtschreibung, Ende 2. Schuljahr					
		Modell 8		Modell 9		Modell 10	
	Prädiktoren	Beta	SE	Beta	SE	Beta	SE
L-2	BIP [a]					.22*	.09
L-1	Anlaute hören			.00ns	.03	.00ns	.04
	Laute sprechen			-.02ns	.04	-.02ns	.04
	Buchstabenkenntnis			.15**	.03	.14**	.03
	Rechtschreibung (Ende 1. Sj.)	.73**	.03	.67**	.03	.66**	.03

Anmerkungen: Beta = z-standardisierter Regressionskoeffizient, SE = Standardfehler, ** $p < .01$, * $p < .05$, ns = nicht signifikant, [a]: dummy-kodiert: 1 = BIP, 0 = staatlich; L-1 = Individualebene, L-2 = Klassenebene

Der Schultyp selbst hat am Ende des zweiten Schuljahres auch bei Kontrolle der oben dargestellten individuellen Prädiktoren einen signifikanten Einfluss zugunsten der BIP-Schüler (Tabelle 11, Modell 10: $\beta = .22$; $p < .05$). Das bedeutet: Im zweiten Schuljahr entwickeln sich die Rechtschreibleistungen der BIP-Schüler günstiger als die der staatlichen Schüler, auch wenn weitere Voraussetzungen kontrolliert werden.

4.5 Diskussion

4.5.1 Zusammenfassung der Ergebnisse

Zunächst konnte gezeigt werden, dass sich Schüler an BIP-Schulen und Schüler an staatlichen Schulen in den beiden untersuchten Variablen zur phonologischen Bewusstheit – Laute sprechen und Anlaute hören – nicht bedeutsam unterscheiden. Bei der Buchstabenkenntnis zeigen BIP-Schüler bereits zu Schulbeginn signifikante, wenn auch geringe Vorteile gegenüber Schülern an staatlichen Schulen. Aufgrund der geringen Varianzaufklärung durch den Schultyp sollte dieser Unterschied aber nicht überbewertet werden. Bezüglich schriftsprachlicher Vorkenntnisse starten Schüler an beiden Schultypen demzufolge ähnlich.

Die Ergebnisse zum Leseverständnis können wie folgt zusammengefasst werden: Während am Ende des ersten Schuljahres varianzanalytisch keine Unterschiede im Leseverständnis zwischen den Schülern an den beiden Schultypen nachgewiesen werden können, zeigt sich am Ende des zweiten Schuljahres ein zwar signifikanter, aber nur sehr geringer Vorteil der BIP-Schüler gegenüber den Schülern an staatlichen Schulen. Der Einfluss phonologischer Vorläuferfertigkeiten besitzt zwar einen Vorhersagewert für das Leseverständnis am Ende des ersten Schuljahres, geht aber bei gleichzeitiger Berücksichtigung der Buchstabenkenntnis zurück und leistet keinen eigenen Erklärungsbeitrag mehr. Das Leseverständnis am Ende des zweiten Schuljahres kann sehr gut über die Vorjahresleistung vorhergesagt werden. Keine der Vorläuferfertigkeiten leistet hier eine zusätzliche Varianzaufklärung. Unter Berücksichtigung der Mehrebenenstruktur der Daten sowie unter Kontrolle der untersuchten individuellen Determinanten hat der Schultyp weder am Ende des ersten noch am Ende des zweiten Schuljahres einen Einfluss auf das Leseverständnis.

Die Vorhersagekraft der hier untersuchten Prädiktoren unterscheidet sich je nachdem, ob die Entwicklung der Rechtschreibfähigkeit oder des Leseverständnisses betrachtet wird: Zunächst belegen die Varianzanalysen für das Ende des ersten sowie für das Ende des zweiten Schuljahres signifikante Effekte des Schultyps auf die Rechtschreibfähigkeit zugunsten der Schüler an BIP-Schulen. Für die Erklärung der Leistung am Ende des ersten Schuljahres erweist sich neben der Buchstabenkenntnis auch das Anlaute hören als bedeutsam. Auch bei Berücksichtigung der Vorjahresleistung im Rechtschreiben wird der Einfluss der Buchstabenkenntnis auf die Rechtschreibfähigkeit am Ende des zweiten Schuljahres nicht vollständig durch diese mediiert. Der varianzanalytisch bereits gezeigte Effekt des Schultyps wird mehrebenenanalytisch bei Kontrolle der Vorläuferfertigkeiten am Ende der ersten Klasse zwar noch nicht signifikant, deutet sich hier aber bereits an ($p = .07$). Am Ende des zweiten Schuljahres kann dann ein signifikanter Effekt des Schultyps – auch unter Kontrolle der Vorläuferfertigkeiten am Anfang und am Ende des ersten Schuljahres – gezeigt werden. Der sich bereits am Ende des ersten Schuljahres andeutende höhere Lernzuwachs der BIP-Schüler scheint sich dann also verstärkt zu haben.

4.5.2 Zur Vorhersagekraft der schriftspracherwerbsspezifischen Vorläuferfertigkeiten und der Vorjahresleistungen für das Leseverständnis und die Rechtschreibfähigkeit am Ende des zweiten Schuljahres

Die vorliegenden Ergebnisse unterstützen die Annahme, dass sich die phonologische Bewusstheit im engeren Sinn (Anlaute hören und Laute sprechen) sowie die Buchstabenkenntnis grundsätzlich zur Vorhersage des Leseverständnisses und der Rechtschreibfähigkeiten am Ende des ersten und auch des zweiten Schuljahres eignen.

Betrachtet man den Einfluss der Vorläuferfertigkeiten auf die Leistungen am Ende des ersten Schuljahres, so fällt auf, dass nur bei der Rechtschreibfähigkeit zusätzlich zur Buchstabenkenntnis noch das Anlaute hören signifikant zur Vorhersage beiträgt. Dieses Ergebnis lässt sich durch eine nähere Betrachtung der beim Schreiben und Lesen ablaufenden Prozesse erklären: Während das Lesen – insbesondere mit zunehmender Übung und damit schrittweise ansteigender direkter Worterkennung – zunehmend automatisiert ablaufen kann (Coltheart, 2007), ist beim Schreiben gerade für Schulanfänger das genaue Abhören der einzelnen Laute eines Wortes zentral für die Verschriftlichung. Durch gedehntes Sprechen können sich Schreibanfänger die einzelnen Laute eines Wortes besser bewusst machen und Hypothesen darüber aufstellen, welche Buchstaben den gehörten Lauten entsprechen (Schründer-Lenzen, 2007). Ohne phonologische Vorläuferfertigkeiten sowie Kenntnisse zur Phonem-Graphem-Zuordnung (Buchstabenkenntnis) ist ein lauttreues Schreiben kaum möglich.

Zudem konnte gezeigt werden, dass die Vorjahresleistungen im jeweiligen Bereich die Leistungen am Ende des zweiten Schuljahres gut vorhersagen können. Durch den Einfluss der Vorjahresleistungen wird der Einfluss der Vorläuferfertigkeiten weitgehend (bei der Rechtschreibfähigkeit) beziehungsweise vollständig (beim Leseverständnis) mediiert. Diese Ergebnisse decken sich auch mit bisherigen Befunden (z. B. Leppänen et al., 2008; Snow, 1991) und bestätigen den Befund von Schneider (2008), demzufolge spätere Leistungsentwicklungen weniger von phonologischen Vorläuferfertigkeiten bestimmt werden als von Vorkenntnissen im Lesen und Rechtschreiben. Vom Ende des ersten bis zum Ende des zweiten Schuljahres ist also sowohl im Lesen als auch im Rechtschreiben bereits am Anfang der Grundschulzeit eine relativ hohe normative Stabilität feststellbar. Dies betont die Bedeutung des Vorwissens und bestätigt die Annahme, dass Wissen bereits in frühen Grundschuljahren kumulativ aufgebaut wird (Gagné, 1962).

4.5.3 Zum Einfluss des Schultyps auf das Leseverständnis und die Rechtschreibfähigkeit

Die Ergebnisse zeigen, dass Schüler an BIP-Schulen – auch unter Berücksichtigung der hierarchischen Datenstruktur und bei Kontrolle von Vorläuferfertigkeiten beziehungsweise Vorjahresleistungen – bessere Rechtschreibfähigkeiten entwickeln als Schüler an staatlichen Schulen. Dieser Unterschied deutet sich bereits im ersten Schuljahr an und verstärkt sich im zweiten Schuljahr. Auf das Leseverständnis hat der Schultyp hingegen unter Kontrolle der untersuchten individuellen Determinanten keinen Einfluss.

Schon in der SCHOLASTIK-Studie (Helmke & Weinert, 1997) konnten Unterschiede in der Stärke des Einflusses der Unterrichtsqualität auf die Leistungen in verschiedenen Lernbereichen gezeigt werden. Merkmale der Unterrichtsqualität hatten durchweg stärkere Auswirkungen auf die Mathematikleistung als auf die Rechtschreibleistung. In der vorliegenden Untersuchung konnte gezeigt werden, dass auch innerhalb eines Faches die Lernbereiche Lesen und Rechtschreiben unterschiedlich stark von schulischen Faktoren beeinflusst werden. Die Zugehörigkeit zu einem Schultyp (BIP oder staatlich) wirkt sich lediglich auf die Rechtschreibfähigkeit, nicht aber auf das Leseverständnis aus.

Es ist denkbar, dass die Rechtschreibfähigkeit im Allgemeinen mehr durch schulische Faktoren beeinflussbar ist als das Leseverständnis, da das Lesen auch informell außerhalb der Schule praktiziert und unterstützt wird, während die gezielte Vermittlung von Rechtschreibregeln und der Aufbau eines Rechtschreibgrundwortschatzes primär Aufgaben der Schule darstellen.

Welche Faktoren den Rechtschreibunterricht an staatlichen und an BIP-Schulen unterscheiden und inwiefern unterrichtliche Bedingungen die Rechtschreibentwicklung beeinflussen, wird durch die Auswertung der Lehrerfragebögen, der Unterrichtstagebücher sowie der Videostudien zu beantworten versucht.

4.6 Ausblick

Die Zugehörigkeit zu einem der beiden Schultypen stellt zunächst lediglich einen distalen Prädiktor für die Leistungsentwicklung dar, der stark mit einer Vielzahl weiterer Faktoren konfundiert sein dürfte (Einsiedler, 1997). Daher wird in weiteren Auswertungsschritten vor allem der Unterricht in den einzelnen Klassen – als proximaler Prädiktor der Leseverständnis- und Rechtschreibentwicklung – genauer analysiert. In Analysen zu den unterrichtlichen Bedingungen an den BIP-Schulen wird daher beispielsweise der Fragestellung nachgegangen, inwiefern allgemeine Merkmale der Unterrichtsqualität Lernzuwächse erklären können und inwiefern das fachwissenschaftliche und fachdidaktische Wissen der Lehrpersonen einen Einfluss auf die Leistungsentwicklung der Schüler ausübt.

Im weiteren Verlauf der Studie wird es zunächst darum gehen, die Lese- und Rechtschreibentwicklung bis zum Ende des vierten Schuljahres weiter zu verfolgen. Um der multiplen Determiniertheit der Schulleistungen gerecht zu werden, sollen im Sinne des Angebots-Nutzungs-Modells (Helmke, 2009) als weitere Faktoren – neben der Schultypzugehörigkeit und schriftspracherwerbsspezifischen Vorläuferfertigkeiten – Merkmale des Elternhauses, schulische Kontextfaktoren sowie unterrichtliche Bedingungen näher untersucht werden. Insbesondere die Auswertung der Videostudie im Fach Deutsch wird hierzu einen Beitrag leisten.

Literatur

Anderson, L.W. (1995). Time, allocated and instructional. In L.W. Anderson (Ed.), *International encyclopedia of teaching and teacher education.* Second Edition (pp. 204–207). New York: Elsevier Science Inc.

Boland, T. (1993). The importance of being literate. Reading development in primary school and its consequences for the school career in secondary education. *European Journal of Psychology of Education, 8*(3), 289–305.

Bradley, L. & Bryant, P.E. (1985). *Rhyme and reason in reading and spelling: International Academy for Research in Learning Disabilities.* Monograph series: Vol. 1. Ann Arbor: University of Michigan Press.

Coltheart, M. (2007). Modeling reading: The dual-route approach. In M.J. Snowling & C. Hulme (Eds.), *The science of reading: A handbook* (pp. 6–23). United Kingdom: Blackwell Publishing.

Einsiedler, W. (1997). Unterrichtsqualität und Leistungsentwicklung: Literaturüberblick. In F.E. Weinert & A. Helmke (Hrsg.), *Entwicklung im Grundschulalter* (S. 225–240). Weinheim: Beltz, Psychologie-Verlags-Union.

Fisher, C.W. (1995). Academic learning time. In L.W. Anderson (Ed.), *International encyclopedia of teaching and teacher education.* Second Edition (pp. 430–444). New York: Elsevier Science Inc.

Gagné, R.M. (1962). The acquisition of knowledge. *Psychological Review, 69*(4), 355–365.

Gresser, A., Pohl, K., Corvacho del Toro, I., Greb, K. & Faust, G. (2009). Modul 2: Deutsch. In K. Greb, S. Poloczek, F. Lipowsky & G. Faust (Hrsg.), *Dokumentation der Erhebungsinstrumente des Projekts „Persönlichkeits- und Lernentwicklung von Grundschulkindern"*

(PERLE) – Teil 1. (Materialien zur Bildungsforschung Band 23/1, S. 37–43). Frankfurt am Main: Gesellschaft zur Förderung Pädagogischer Forschung (GFPF).

Grube, D. & Hasselhorn, M. (2006). Längsschnittliche Analysen zur Lese-, Rechtschreib- und Mathematikleistung im Grundschulalter. Zur Rolle von Vorwissen, Intelligenz, phonologischem Arbeitsgedächtnis und phonologischer Bewusstheit. In I. Hosenfeld & F.-W. Schrader (Hrsg.), *Schulische Leistung. Grundlagen, Bedingungen, Perspektiven* (S. 87–105). Münster: Waxmann.

Hatcher, P., Hulme, C. & Ellis, A. (1994). Ameliorating early reading failure by integrating the teaching of reading and phonological skills: The phonological linkage hypothesis. *Child Development, 65*(1), 41–57.

Helmke, A. (1997). Das Stereotyp des schlechten Schülers. Ergebnisse aus dem SCHOLASTIK-Projekt. In F.E. Weinert & A. Helmke (Hrsg.), *Entwicklung im Grundschulalter* (S. 269–279). Weinheim: Beltz, Psychologie-Verlags-Union.

Helmke, A. (2009). *Unterrichtsqualität und Lehrerprofessionalität. Diagnose, Evaluation und Verbesserung des Unterrichts*. Seelze-Velber: Klett-Kallmeyer.

Helmke, A. & Weinert, F.E. (1997). Unterrichtsqualität und Leistungsentwicklung. Ergebnisse aus dem SCHOLASTIK-Projekt. In F.E. Weinert & A. Helmke (Hrsg.), *Entwicklung im Grundschulalter* (S. 241–251). Weinheim: Beltz, Psychologie-Verlags-Union.

Juel, C. (1988). Learning to read and write. A longitudinal study of 54 children from first through fourth grades. *Journal of Educational Psychology, 80*(4), 437–447.

Karst, K., Mösko, E., Schoreit, E., Lotz, M., Poloczek, S. & Lipowsky, F. (2011). Schülerdaten – Zwischenerhebung (Ende 1. SJ.). In K. Karst, E. Mösko, F. Lipowsky & G. Faust (Hrsg.), PERLE-Instrumente: Schüler, Eltern (Messzeitpunkte 2 & 3, S. 25–52). In F. Lipowsky, G. Faust & K. Karst (Hrsg.), *Dokumentation der Erhebungsinstrumente des Projekts „Persönlichkeits- und Lernentwicklung von Grundschulkindern" (PERLE)* (Materialien zur Bildungsforschung, 23/2). Frankfurt am Main: Gesellschaft zur Förderung Pädagogischer Forschung (GFPF).

Klein, H.E. (2007). *Privatschulen in Deutschland. Regulierung – Finanzierung – Wettbewerb. IW-Analysen*; 25. Köln: Deutscher Instituts-Verlag GmbH.

Klicpera, C. & Gasteiger-Klicpera, B. (1993). *Lesen und Schreiben – Entwicklung und Schwierigkeiten. Die Wiener Längsschnittuntersuchungen über die Entwicklung, den Verlauf und die Ursachen von Lese- und Schreibschwierigkeiten in der Pflichtschulzeit*. Huber-Psychologie-Forschung. Bern: Huber.

Küspert, P. & Schneider, W. (1999). *Hören, lauschen, lernen. Sprachspiele für Kinder im Vorschulalter. Würzburger Trainingsprogramm zur Vorbereitung auf den Erwerb der Schriftsprache*. Göttingen: Vandenhoeck und Ruprecht.

Landerl, K. & Wimmer, H. (2008). Development of word reading fluency and spelling in a consistent orthography: An 8-year follow-up. *Journal of Educational Psychology, 100*(1), 150–161.

Lenhard, W. & Schneider, W. (2006). *ELFE 1–6. Ein Leseverständnistest für Erst- bis Sechstklässler. Deutsche Schultests*. Göttingen: Hogrefe.

Leppänen, U., Aunola, K., Niemi, P. & Nurmi, J.-E. (2008). Letter knowledge predicts grade 4 reading fluency and reading comprehension. *Learning and Instruction, 18*(6), 548–564.

Lipowsky, F. (2009). Unterricht. In E. Wild & J. Möller (Hrsg.), *Pädagogische Psychologie* (S. 74–101). Heidelberg: Springer.

Lundberg, I., Frost, J. & Petersen, O.P. (1988). Effects of an extensive program for stimulating phonological awareness in preschool children. *Reading Research Quarterly, 23*(3), 263–284.

Martschinke, S. & Kammermeyer, G. (2003). Jedes Kind ist anders. Jede Klasse ist anders. Ergebnisse aus dem KILIA-Projekt zur Heterogenität im Anfangsunterricht. *Zeitschrift für Erziehungswissenschaft, 6*(2), 257–275.

Marx, H., Jansen, G., Mannhaupt, G. & Skowronek, H. (1993). Prediction of difficulties in reading and spelling on the basis of the Bielefeld Screening. In H. Grimm & H. Skowronek (Eds.), *Language acquisition problems and reading disorders. Aspects of diagnosis and intervention* (pp. 219–242). Berlin: de Gruyter.

Marx, H., Jansen, H. & Skowronek, H. (2000). Prognostische, differentielle und konkurrente Validität des Bielefelder Screenings zur Früherkennung von Lese-Rechtschreibschwierigkeiten. In M. Hasselhorn, W. Schneider & H. Marx (Hrsg.), *Diagnostik von Lese-Rechtschreibschwierigkeiten* (S. 9–34). Göttingen: Hogrefe.

Mayringer, H., Wimmer, H. & Landerl, K. (1998). Die Vorhersage früher Lese- und Rechtschreibschwierigkeiten: Phonologische Schwächen als Prädiktoren. *Zeitschrift für Entwicklungspsychologie und Pädagogische Psychologie, 30*(2), 57–69.

Mehlhorn, G. & Mehlhorn, H.-G. (2003). Kreativitätspädagogik. Entwicklung eines Konzepts in Theorie und Praxis. *Bildung und Erziehung, 56*(1), 23–45.

Moser, U., Berweger S. & Lüchinger-Hutter L. (2004). *LEst 4-7. Lern- und Entwicklungsstand bei 4- bis 7-Jährigen*. Unveröffentlichter Test.

Mösko, E., Karst, K., Schoreit, E., Lotz, M., Poloczek, S., Berner, N. E., Theurer, C. & Lipowsky, F. (2011). Schülerdaten – Abschlusserhebung (Ende 2. SJ.). In K. Karst, E. Mösko, F. Lipowsky & G. Faust (Hrsg.), PERLE-Instrumente: Schüler, Eltern (Messzeitpunkte 2 & 3; S. 53–93). In F. Lipowsky, G. Faust & K. Karst (Hrsg.), *Dokumentation der Erhebungsinstrumente des Projekts „Persönlichkeits- und Lernentwicklung von Grundschulkindern" (PERLE)* (Materialien zur Bildungsforschung, 23/2). Frankfurt am Main: Gesellschaft zur Förderung Pädagogischer Forschung (GFPF).

OECD (Hrsg.) (2004). *Lernen für die Welt von morgen. Erste Ergebnisse von PISA 2003*. Paris: OECD.

Plume, E. & Schneider, W. (2004). *Hören, lauschen, lernen 2. Spiele mit Buchstaben und Lauten für Kinder im Vorschulalter. Würzburger Buchstaben-Laut-Training [Anleitung und Arbeitsmaterial]*. Göttingen: Vandenhoeck & Ruprecht.

Raudenbush, S.W., Bryk, A.S. & Congdon, R. (2004). *HLM 6 for Windows* [Computer software]. Lincolnwood, IL: Scientific Software International, Inc.

Roth, E. (1999). Prävention von Lese- und Rechtschreibschwierigkeiten: *Evaluation einer vorschulischen Förderung der phonologischen Bewusstheit und der Buchstabenkenntnis*. Frankfurt am Main: Lang.

Roth, E. & Schneider, W. (2002). Langzeiteffekte einer Förderung der phonologischen Bewusstheit und der Buchstabenkenntnis auf den Schriftspracherwerb. *Zeitschrift für Pädagogische Psychologie, 16*(2), 99–107.

Schneider, W. (2008). Entwicklung der Schriftsprachkompetenz vom frühen Kindes- bis zum frühen Erwachsenenalter. In W. Schneider (Hrsg.), *Entwicklung von der Kindheit bis zum Erwachsenenalter. Befunde der Münchner Längsschnittstudie LOGIC* (S. 167–186). Weinheim: Beltz, Psychologie-Verlags-Union.

Schneider, W. & Näslund, J.C. (1993). The impact of early metalinguistic competencies and memory capacity on reading and spelling in elementary school: Results of the Munich Longitudinal Study on the Genesis of Individual Competencies (LOGIC). *European Journal of Psychology of Education, 8*(3), 273–287.

Schneider, W., Roth, E., Küspert, P. & Ennemoser, M. (1998). Kurz- und langfristige Effekte eines Trainings der sprachlichen (phonologischen) Bewußtheit bei unterschiedlichen

Leistungsgruppen: Befunde einer Sekundäranalyse. *Zeitschrift für Entwicklungspsychologie und Pädagogische Psychologie, 30*(1)*,* 26–39.

Schründer-Lenzen, A. (2007). *Schriftspracherwerb und Unterricht: Bausteine professionellen Handlungswissens* (2. Aufl.). Wiesbaden: Verlag für Sozialwissenschaften.

Snow, C.E. (1991). The theoretical basis for relationships between language and literacy in development. *Journal of Research in Childhood Education, 6*(1)*,* 5–10.

Stock, C. & Schneider, W. (2008). *DERET 1-2+. Deutscher Rechtschreibtest für das erste und zweite Schuljahr. Deutsche Schultests*. Göttingen: Hogrefe.

Treiber, B. (1982). Lehr- und Lern-Zeiten im Unterricht. In B. Treiber & F.E. Weinert (Hrsg.), *Lehr-Lern-Forschung. Ein Überblick in Einzeldarstellungen* (S. 12–36). München, Wien, Baltimore: Urban & Schwarzenberg.

Weinert, F.E. (1998). Das LOGIK-Projekt. Rückblicke, Einblicke und Ausblicke. In F.E. Weinert (Hrsg.), *Entwicklung im Kindesalter* (S. 177–195). Weinheim: Beltz, Psychologie-Verlags-Union.

Weinert, F.E. & Helmke, A. (Hrsg.) (1997). *Entwicklung im Grundschulalter*. Weinheim: Beltz, Psychologie-Verlags-Union.

Weiß, M. & Preuschoff, C. (2004). Schülerleistungen in staatlichen und privaten Schulen im Vergleich. In G. Schümer, K.-J. Tillmann & M. Weiß (Hrsg.), *Die Institution der Schule und die Lebenswelt der Schüler* (S. 39–71). Wiesbaden: VS Verlag für Sozialwissenschaften.

Wimmer, H., Zwicker, T. & Gugg, D. (1991). Schwierigkeiten beim Lesen und Schreiben in den ersten Schuljahren. Befunde zur Persistenz und Verursachung. *Zeitschrift für Entwicklungspsychologie und Pädagogische Psychologie, 23*(4)*,* 280–298.

5. Selbstkonzeptentwicklung im Anfangsunterricht

Claudia Kastens, Katrin Gabriel und Frank Lipowsky

Einleitung

Das schulische Selbstkonzept gilt in der pädagogisch-psychologischen Forschung als eine wichtige motivationale Variable zur Vorhersage des Lernverhaltens (z. B. Guay, Marsh & Boivin, 2003; Hansford & Hattie, 1982; Helmke & van Aken, 1995; Köller, 2000; Lüdtke, Köller, Artelt, Stanat & Baumert, 2002; Marsh & Yeung, 1997; Möller & Köller, 1997). Ihm kommt dabei „eine Schlüsselrolle für die subjektive Bewältigung und Bewertung schulischer Lern- und Leistungsanforderungen zu" (Helmke, 1998, S. 117).

Ab wann sich domänenspezifische schulische Selbstkonzepte ausbilden und wie sich diese entwickeln, sind häufig untersuchte Fragestellungen. Bisher liegen jedoch für die Grundschulforschung kaum Studien vor, die die Entwicklung des Selbstkonzepts in verschiedenen Domänen gleichzeitig untersucht haben. Dabei ist anzunehmen, dass insbesondere in der Grundschulzeit der Grundstein für die Genese schulbezogener Selbstkonzepte gelegt wird.

Im vorliegenden Kapitel soll überprüft werden, wie sich das Selbstkonzept in den Domänen *Rechnen, Lesen, Schreiben* und *kreative Tätigkeiten* über die ersten beiden Schuljahre hinweg entwickelt und ob sich die Selbstkonzeptentwicklung zwischen Schülern von BIP-Schulen und Schülern von staatlichen Schulen unterscheidet. Dabei wird auf methodische Verfahren zurückgegriffen, die es erlauben, interindividuelle Unterschiede in der Selbstkonzeptentwicklung zu untersuchen. Außerdem wird für alle vier Domänen der Frage nachgegangen, wie sich das durchschnittliche Leistungsniveau einer Klasse auf das Selbstkonzept der einzelnen Kinder auswirkt. Hierbei werden ebenfalls Unterschiede zwischen den Schultypen berücksichtigt.

5.1 Theoretischer Hintergrund

In der Grundschulforschung sind insbesondere Studien zur Genese und Entwicklung des Selbstkonzepts und Studien zur Spezifität des Selbstkonzepts bedeutsam: Ab welchem Alter bilden Schüler differenzierbare Selbstkonzeptfacetten aus (Kapitel 5.1.1) und wie entwickeln sich diese im Laufe der Grundschulzeit (Kapitel 5.1.2)? Auch für die Grundschule ist bereits bekannt, dass der Klassenkontext für die Ausprägung des Selbstkonzepts bedeutsam sein kann (Kapitel 5.1.3).

Im Rahmen der PERLE-Studie wurde das Selbstkonzept der Schüler in vier Domänen erfasst: *Rechnen, Lesen, Schreiben und kreative Tätigkeiten*. Wie in Kapitel 1 beschrieben, werden im vorliegenden Abschlussbericht der PERLE-1-Studie Fragestellungen hinsichtlich möglicher Unterschiede zwischen den BIP-Schülern und den Schülern staatlicher Grundschulen untersucht. Bezüglich der Selbstkonzeptentwicklung stehen dabei zwei Fragestellungen im Fokus, deren theoretische Bezüge im Folgenden genauer erörtert werden: Gelingt es den BIP-Schulen mit ihrem besonderen Schulkonzept, das Selbstkonzept der Schüler positiv zu beeinflussen? Entwickeln sich die domänenspezifischen Selbstkonzepte der BIP-Schüler günstiger als die der Schüler staatlicher Schulen?

5.1.1 Domänenspezifische Betrachtung des Selbstkonzepts

In ihrem Modell differenzieren Marsh und Shavelson (1985) zwei domänenspezifische Selbstkonzepte: ein Selbstkonzept der Kompetenz in Mathematik und eines, das Kompetenzen in sprachlichen Bereichen (z. B. Muttersprache und Fremdsprachen) umfasst. Beide Selbstkonzepte korrelieren mit dem allgemeinen Selbstkonzept und bilden gemeinsam das schulische Selbstkonzept ab (z. B. Marsh & Shavelson, 1985; Shavelson & Bolus, 1982). Vispoel (1995) ergänzt dieses Modell, indem er das künstlerische Selbstkonzept als eine weitere Facette des allgemeinen Selbstkonzepts benennt.

Die Multidimensionalität des allgemeinen Selbstkonzepts beinhaltet, dass die einzelnen Domänen des Selbstkonzepts als differenzierbare Konstrukte erfasst werden können, jedoch nicht völlig unabhängig voneinander sind (Byrne & Shavelson, 1996).

Bereits in der Grundschulzeit ist die Entwicklung des Selbstkonzepts durch eine zunehmende Differenzierung der Denkbilder gekennzeichnet. Ausgehend von einem zunächst relativ globalen Selbstkonzept differenzieren sich im Laufe der kindlichen Entwicklungen bereichsspezifische Selbstkonzepte im sozialen, schulischen und körperlichen Bereich heraus. Bereits im frühen Grundschulalter ist das Selbstkonzept hierarchisch und facettenreich strukturiert, wobei sich auch das schulische Selbstkonzept mehr und mehr ausdifferenziert (Helmke, 1997; siehe auch Eccles, Wigfield, Harold & Blumenfeld, 1993; Marsh, Craven & Debus, 1991; Martschinke, Kammermeyer, Frank & Mahrhofer, 2003).

Da in der Grundschule das Fach Deutsch insbesondere durch das „Lesen lernen" und das „Schreiben lernen" gekennzeichnet ist, wurde in der PERLE-Studie nicht nur zwischen den Selbstkonzepten Mathematik und Deutsch, sondern zusätzlich zwischen einem Selbstkonzept im Lesen und einem im Schreiben differenziert. Für die PERLE-Stichprobe konnte die multidimensionale (Rechnen, Lesen, Schreiben, kreative Tätigkeiten) und hierarchische Struktur des schulischen Selbstkonzepts bereits für den Zeitpunkt kurz nach der Einschulung nachgewiesen werden (Polozcek, 2007).

5.1.2 Entwicklung des Selbstkonzepts in der Grundschule

Mit dem Eintritt in die Schule und dem Erwerb des Status „Schulkind" übernehmen Grundschulkinder eine neue Rolle und begegnen neuen Bezugspersonen, Vergleichsgruppen und Normen. Die ersten Erfahrungen im Umgang mit Lern- und Leistungssituationen stellen eine große Entwicklungsaufgabe für die Kinder dar (z. B. Helmke, 1991; Petillon, 1991). Im Unterricht bekommen die Kinder erstmals regelmäßige Informationen über ihre schulischen Leistungen und machen somit erste Erfahrungen des sozialen Vergleichs mit Gleichaltrigen in ihrer Klasse.

Die Selbstkonzeptentwicklung kann in der Grundschule als Entwicklung „vom Optimisten zum Realisten" (Helmke, 1991, 1998) beschrieben werden. Im Rahmen der LOGIK-Studie konnte Helmke (1998) zeigen, dass beim Übergang vom Kindergarten in die Grundschule die Fähigkeitsselbsteinschätzungen in Mathematik und Deutsch steigen und am Ende der ersten Klasse ihr Maximum erreichen, um danach wieder abzufallen. Gleichzeitig sind die Zusammenhänge zwischen den Fähigkeitseinschätzungen der Schüler und der tatsächlichen Leistung im ersten Schuljahr am geringsten. Die Kinder scheinen zu Beginn des ersten Schuljahres ihren eigenen Leistungsstand beziehungsweise ihre Kompetenzen stark zu überschätzen. Diese „Tendenz zur Überschätzung beziehungsweise selbstwertdienlichen Selbsteinschätzungen" (Helmke, 1997, S. 65), gefolgt von einem stetigen Abfall im Laufe der Grundschulzeit, ist typisch für die frühen Grundschuljahre und wird für die Domänen Deutsch und Mathematik häufig berichtet (siehe auch Eccles et al., 1993; Freedman-Doan, Wigfield, Eccles, Blumenfeld, Arbreton & Harold, 2000; Jacobs, Lanza, Osgood, Eccles & Wigfield, 2002; Spinath & Spinath, 2005)

Kammermeyer und Martschinke (2006) sprechen in diesem Fall der Abnahme der Selbstkonzepteinschätzung im Verlauf des ersten Schuljahres von einem „Knick in der Selbstkonzeptentwicklung" (S. 247). Sie zeigten jedoch auch, dass es sich bei der Abwärtsentwicklung nicht um ein Naturgesetz handelt. In ihrer Studie konnte der von Helmke beschriebene Abfall in der Selbstkonzeptentwicklung für die Domänen Deutsch und Mathematik nicht repliziert werden.

Einschränkend ist anzumerken, dass in den bisherigen Studien für den Bereich Sprache nicht zwischen den Domänen *Lesen* und *Schreiben* differenziert und häufig nur das Selbstkonzept in einer der beiden Domänen erfasst wurde. Dabei kann eine Unterscheidung zwischen den beiden Domänen für die Grundschule durchaus bedeutsam sein, da die Schüler zumindest im deutschsprachigen Raum unterschiedliche Leistungsbewertungen und -rückmeldungen für diese beiden Domänen erhalten können.

5.1.3 Effekte des Klassenkontextes auf das Selbstkonzept

Insbesondere für die Sekundarstufe liegen verschiedene Belege dafür vor, dass das mittlere Leistungsniveau einer Klasse negative Effekte auf die Entwicklung des schulischen Selbstkonzepts haben kann. Beschrieben wird dies als *„Big-Fish-Little-Pond-Effekt"* (BFLPE, z. B. Gerlach, Trautwein & Lüdtke, 2007; Lüdtke, Köller, Marsh & Trautwein, 2005; Marsh, 1987; Marsh & Hau, 2003; Zeinz, 2006). Dieser postuliert, dass Schüler mit gleichen individuellen Leistungen je nach Leistungsstärke ihrer Bezugsgruppe unterschiedliche Selbstkonzepte entwickeln. In einer leistungsstärkeren Klasse beurteilt sich ein durchschnittlicher Schüler A kritischer, da er wahrnimmt, dass viele seiner Mitschüler gleich gut oder besser sind. In einer leistungsschwächeren Klasse beurteilt sich Schüler B mit den identischen individuellen Leistungsvoraussetzungen günstiger, da es nur wenige Mitschüler gibt, die besser sind als er. Entsprechend fähiger schätzt er sich ein.

Erklären lässt sich der BFLPE unter anderem mit Festingers Theorie der sozialen Vergleiche *(social comparison theory*, Festinger, 1954), nach der Menschen grundsätzlich zu sozialen Vergleichsprozessen neigen, wenn keine objektiven Kriterien vorliegen, die einen kriterialen Vergleich ermöglichen. Soziale Vergleiche gelten als abhängig vom Grad der Ähnlichkeit der Vergleichsperson hinsichtlich vergleichsrelevanter Merkmale (*related attributes*, Jerusalem & Schwarzer, 1991). Wegen des überschaubaren Kreises an Personen gleichen Alters und gleichen Geschlechts sowie auf Grund des gemeinsamen Erfahrungskontextes innerhalb einer Klasse ist anzunehmen, dass die Klassenkameraden eine entsprechende Bezugsgruppe für soziale Vergleiche bilden. Je nachdem, ob es sich um einen abwärtsgerichteten oder einen aufwärtsgerichteten sozialen Vergleich handelt, hat dieser unterschiedliche Auswirkungen auf die Selbstkonzeptentwicklung (Dickhäuser & Galfe, 2004; Reuman, 1989). Nach Helmke (1991) und Köller (2004) sind bereits sechs- bis siebenjährige Schüler zu sozialen Vergleichen fähig.

Bislang liegen für den deutschsprachigen Bereich nur wenige Untersuchungen zum BFLPE in der Primarstufe vor. Eine Ausnahme bildet beispielsweise die Arbeit von Zeinz (2006, siehe auch Zeinz & Köller, 2006). Er konnte den BFLPE sowohl für das mathematische als auch für das verbale Selbstkonzept von Schülern der zweiten und dritten Jahrgangsstufe nachweisen.

5.1.4 Wie lässt sich die Selbstkonzeptentwicklung untersuchen?

In der bisherigen Forschung ist die Selbstkonzeptentwicklung häufig entweder hinsichtlich ihrer Mittelwertstabilität oder hinsichtlich ihrer normativen Stabilität untersucht worden. Die *Mittelwertstabilität* beschreibt Veränderungen eines Merkmals über die Zeit in der mittleren Ausprägung. *Die normative Stabilität* wird über korrelative Verfahren untersucht und umfasst dementsprechend Veränderungen in der Rangordnung der Individuen einer Stichprobe bezüglich der Ausprägung eines Merkmals.

In der Bildungsforschung sind in der Regel Fragestellungen zu Veränderungen in der Ausprägung eines Merkmals von Bedeutung. Mit Hilfe varianzanalytischer Methoden lassen sich Unterschiede in der mittleren Ausprägung eines Merkmals zwischen Messzeitpunkten untersuchen (Mittelwertstabilität). Was bei diesem Vorgehen jedoch nicht möglich ist, ist die Betrachtung interindividueller Unterschiede im Verlauf. Veränderungen auf Individualebene würden, wenn man die normative Stabilität untersucht, bis zu einem gewissen Grad sichtbar, indem man den korrelativen Zusammenhang zwischen Messzeitpunkten betrachtet (dies betrifft grundsätzlich auch regressionsanalytische Verfahren). Aus den Befunden solcher korrelativer Verfahren lassen sich aber nicht ohne weiteres Rückschlüsse auf Veränderungen in der Ausprägung eines Merkmals ziehen.

Latente Wachstumskurvenmodelle (Latent-Growth-Curve-Models) erlauben es, interindividuelle Unterschiede in der Selbstkonzeptentwicklung über mehrere Messzeitpunkte hinweg zu untersuchen. Über diesen SEM[1]-Ansatz können für jede Domäne verschiedene Modelle spezifiziert und hinsichtlich ihrer Modellgüte miteinander verglichen werden. Ferner liefern die Modelle Parameterschätzer für die latente Ausprägung des untersuchten Merkmals zum ersten Messzeitpunkt (Level), für die Veränderungsrate (Slope) und für den Zusammenhang zwischen Ausgangswert und Veränderungsrate.

---

1   SEM= Structural-Equation-Model bzw. Strukturgleichungsmodell

Außerdem lassen sich Aussagen über die Varianz der Selbstkonzeptentwicklung auf Individualebene treffen. Entwickeln sich die Individuen ähnlich oder gibt es signifikante interindividuelle Unterschiede? Erweiterungen dieses Modells erlauben es, Effekte von Drittvariablen auf die Ausprägung des latenten Ausgangswerts und die Veränderungsrate zu untersuchen (konditionales Wachstumsmodell).

5.1.5 Besonderheiten an den BIP-Schulen: Welche Effekte auf das Selbstkonzept sind zu erwarten?

In dem vorliegenden Kapitel sollen Effekte der Zugehörigkeit zu einem der beiden Schultypen in Hinblick auf die Selbstkonzeptentwicklung und die Ausprägung des Selbstkonzepts untersucht werden.

Marsh hat im Rahmen seiner intensiven Forschungsarbeiten zum BFLPE zeigen können, dass Schulen (und Klassen) mit einem hohen Leistungsniveau eher negative Effekte auf die Selbstkonzepte der Schüler haben (z. B. Marsh & Parker, 1984; Marsh, 1987; Marsh, Chessor, Craven & Roche, 1995) (siehe Kapitel 5.1.3). Bei den untersuchten Schulen handelt es sich häufig um Schulen mit besonders hohen Ansprüchen an die kognitiven Fähigkeiten und Entwicklungen ihrer Schülerschaft (*high-ability schools*), häufig sind dies auch Privatschulen. Marsh, Trautwein, Lüdtke, Baumert und Köller (2007, S. 663) kommen auf Grundlage ihrer Befunde zu der Empfehlung „[…] we urge parents, policy makers, and practitioners to think carefully about the implications of school placements and to reflect on potential negative side effects of current policy toward segregation of school and classes on the basis of academic ability."

An den BIP-Schulen ist eine solche eher leistungsstarke Schülerschaft zu vermuten. Sie zeichnen sich unter anderem dadurch aus, dass sie viel Wert auf die individuelle Förderung von Schülern legen und einem hohen Leistungsanspruch folgen (siehe Kapitel 1.3). Damit ist die Wahrscheinlichkeit, einer vergleichsweise leistungsstarken Klasse anzugehören, aufgrund der Selektivität der Schülerschaft an den BIP-Schulen besonders hoch.

Auch die frühzeitige Einführung von Noten an den BIP-Schulen (siehe Kapitel 1.3.3) kann die Ausprägung der Selbstkonzepte beeinflussen. Die BIP-Schüler bekommen bereits ab dem ersten Schuljahr in den Leistungsfächern (Mathematik und Deutsch) Zensuren. Durch die Einführung von Noten kann der soziale Vergleich innerhalb der Klassen verstärkt werden, da den Schülern schon früh vor Augen gehalten wird, welchen Rangplatz sie in den unterschiedlichen Fächern im Vergleich zu ihren Klassenkameraden belegen. Noten als Feedbackinstrument der eigenen Leistungen gelten als eine bedeutsame Einflussgröße für die Herausbildung des Selbstkonzept (Gerlach, 2006; Gerlach et al., 2007; Köller, Trautwein, Lüdtke & Baumert, 2006; Spinath, 2004; Trautwein, Lüdtke, Marsh, Köller & Baumert, 2006; Zeinz & Köller, 2006).

Abgesehen von der frühen Einführung von Noten unterscheiden sich die BIP-Schulen von staatlichen Schulen ferner dahingehend, dass die Klassen in den Fächern Deutsch und Mathematik in zwei – in der Regel nach Leistung differenzierten – Gruppen aufgeteilt und von zwei verschiedenen Lehrern unterrichtet werden. Den Schülern ist dabei in der Regel bewusst, ob sie der leistungsstarken oder der leistungsschwachen

Gruppe angehören. Der Teilungsunterricht soll den Lehrern eine bessere Individualisierung ihres Unterrichts ermöglichen (Mehlhorn & Mehlhorn, 2003). Dieses Vorgehen kann aber auch dazu beitragen, den sozialen Vergleich zwischen den Schülern einer Klasse zu verstärken.

Aufgrund der oben beschriebenen Besonderheiten an den BIP-Schulen ist zu erwarten, dass die Schüler an den BIP-Schulen ein geringeres Selbstkonzept aufweisen als die Schüler an den staatlichen Schulen. Eine Hervorhebung von Leistungsunterschieden durch den Teilungsunterricht oder die frühe Notenvergabe beispielsweise könnte den BFLPE an diesen Schulen sogar verstärken, da diese Maßnahmen dazu führen können, dass soziale Vergleiche verstärkt stattfinden beziehungsweise Leistungsunterschiede von den Schülern eher wahrgenommen werden.

Allerdings lassen sich in der BIP-Konzeption auch Ansätze finden, von denen anzunehmen ist, dass sie sowohl das Selbstkonzeptniveau erhöhen als auch den BFLPE auffangen können. So kann die veränderte Referenzgruppe in den Kleingruppen während des Teilungsunterrichts insbesondere für leistungsschwache Schüler positive Auswirkungen haben. Der soziale Vergleich muss für diese Schüler dann nicht mehr nur mit der gesamten Klasse stattfinden, sondern kann sich auch auf die Mitschüler in der Teilungsgruppe beziehen. Dies erlaubt für das Selbstkonzept günstigere Vergleiche, da die Leistungsunterschiede zwischen den Schülern in den Kleingruppen geringer ausfallen sollten.

Während die Lehrpersonen an BIP-Schulen in ihrem Unterricht zwar einem hohen Leistungsanspruch folgen, werden Begabung und Leistungen an den BIP-Schulen gleichzeitig als veränderbare und zu fördernde Merkmale betrachtet (siehe Kapitel 7.1.2). Entsprechend zeigt sich, dass die Lehrpersonen an BIP-Schulen schwache Leistungen etwas weniger auf mangelnde Begabung zurückführen als Lehrer an staatlichen Schulen (siehe Kapitel 7). Gemeinhin wird angenommen, dass sich eine solche Sichtweise von Begabung positiv auf das Selbstkonzept von Schülern auswirkt (z. B. Lüdtke et al., 2005; Marsh & Craven, 2002).

Der soziale Vergleich mit den leistungsstarken Mitschülern an den BIP-Schulen könnte auch durch die besondere Bezugsnormorientierung der Lehrpersonen zumindest teilweise aufgefangen werden. Denkbar wäre, dass es den Lehrern an den BIP-Schulen durch eine besonders individualisierte Leistungsrückmeldung gelingt, den negativen Trend in der Selbstkonzeptentwicklung über die Grundschulzeit hinweg zu stoppen.

Hinsichtlich des Selbstkonzepts kreativer Tätigkeiten wären die bekannten negativen Verläufe des Selbstkonzepts über die Grundschulzeit an den BIP-Schulen nicht unbedingt zu erwarten (siehe Kapitel 5.1.2). Die BIP-Schulen bezeichnen sich auch als „Kreativitätsschulen". Die Förderung der Kreativität ist expliziter Bestandteil der Schulkonzeption und spiegelt sich auch in dem breiten Angebot sogenannter „Kreafächer" wieder (siehe Kapitel 1.3.3 und 2). Marsh und Roche (1996) konnten in ihrer Studie zeigen, dass Schüler an High-Schools mit einem besonderen Schwerpunkt im Bereich der Kreativitätsförderung über höhere Selbstkonzepte kreativer Tätigkeiten berichteten, wenn sie Teilnehmer dieser Programme waren, als Schüler dieser Schulen, die nicht an kreativitätsfördernden Programmen teilgenommen haben.

Außerdem gilt für diese Fächer nicht der Leistungsanspruch, wie er in den BIP-Schulen für die Fächer Deutsch und Mathematik vorherrscht. Die Leistungen der Schüler werden in den „Kreafächern" nicht benotet. Es wäre daher möglich, dass wegen der fehlenden Noten der Leistungsvergleich mit den Mitschülern in dieser Domäne schwerer fällt. Dies könnte sich auf die Stärke des BFLPE auswirken, der dann schwächer ausfallen sollte als im Rechnen, Lesen oder Schreiben.

5.2 Fragestellungen

In diesem Kapitel sollen vier zentrale Fragestellungen beantwortet werden. Zu Beginn gilt es, die Selbstkonzeptentwicklung in den Domänen *Rechnen, Lesen, Schreiben* und *kreative Tätigkeiten* vom Beginn des ersten bis zum Ende des zweiten Schuljahres zu untersuchen.

5.2.1 Wie entwickelt sich das Selbstkonzept in den vier Domänen über die ersten beiden Grundschuljahre?

Die bisherige Forschung zeigt, dass das Selbstkonzept im Laufe der Grundschulzeit in den Domänen Rechnen, Lesen und Schreiben sinkt *("Entwicklung vom Optimisten zum Realisten")*. Für die Domäne kreative Tätigkeiten liegen unserem Wissen nach keine Studien vor, die die Entwicklung des Selbstkonzepts im Laufe der ersten beiden Grundschuljahre untersucht haben. Von besonderem Interesse in dem vorliegenden Kapitel ist, ob sich das Selbstkonzept in den vier Domänen ähnlich entwickelt oder ob sich Unterschiede zeigen, je nachdem welche Domäne betrachtet wird.

Durch die Verwendung latenter Wachstumskurvenmodelle lassen sich für alle vier Domänen folgende Fragestellungen beantworten:

Fragestellung 1: Welche Verlaufsform hat die Entwicklung des Selbstkonzepts?

Fragestellung 2: Wie stark ist die Veränderung über die Zeit?

Fragestellung 3: Weisen die Selbstkonzepte in den vier untersuchten Domänen unterschiedliche Entwicklungsverläufe auf?

Fragestellung 4: Unterscheiden sich die Schüler in ihrer Selbstkonzeptentwicklung innerhalb der einzelnen Domänen signifikant voneinander oder zeigen sich eher ähnliche Verläufe?

Fragestellung 5: Wie hängen Ausgangswert und Entwicklung des Selbstkonzepts innerhalb der Domänen zusammen?

5.2.2 Unterscheiden sich die Schultypen in Hinblick auf die Ausprägung und die Entwicklung des Selbstkonzepts?

Aufgrund der besonderen Konzeption der BIP-Kreativitätsgrundschulen sind sowohl negative als auch positive Effekte auf die Selbstkonzeptentwicklung der Schüler für die Domänen Rechnen, Lesen und Schreiben zu erwarten (siehe Kapitel 5.1.5). Aus diesem Grund werden an dieser Stelle keine Hypothesen formuliert. Es sollen folgende Fragestellungen beantwortet werden:

Fragestellung 6: Hat der Schultyp einen Effekt auf die Ausprägung des Ausgangswerts (Beginn des ersten Schuljahres) des Selbstkonzepts und die Selbstkonzeptentwicklung im Rechnen, Lesen und Schreiben?

Für das Selbstkonzept kreativer Tätigkeiten wären in Anlehnung an Marsh und Roche (1996) durchaus Effekte des Schultyps zugunsten der BIP-Schüler denkbar. Die BIP-Schüler sollten im Vergleich zu Schülern staatlicher Schulen eine positive Selbstkonzeptentwicklung aufweisen. Es ist ferner anzunehmen, dass die BIP-Schüler über eine signifikant höhere Ausprägung ihres kreativen Selbstkonzepts berichten.

Hypothese 1: Die BIP-Schüler verfügen im kreativen Selbstkonzept über höhere Ausgangswerte und entwickeln sich günstiger im Verlauf der beiden ersten Schuljahre als die Schüler der staatlichen Schulen.

5.2.3 Lässt sich der BFLPE bereits in den ersten beiden Grundschuljahren nachweisen?

Für die Domänen Lesen und Rechnen konnte Zeinz (2006) den BFLPE für das zweite Schuljahr bereits bestätigen. Für die Domäne Schreiben liegen unserem Wissen nach keine Studien für die ersten beiden Schuljahre vor.

Auch für die Domäne kreative Tätigkeiten existieren unseres Wissens nach keine Studien, die den Effekt der durchschnittlichen Klassenleistung auf das Selbstkonzept kreativer Tätigkeiten in den ersten beiden Grundschuljahren untersucht haben. Es kann jedoch vermutet werden, dass im Fach Kunst (bzw. in den „Kreafächern" der BIP-Schulen) keine so hohen Leistungsansprüche formuliert werden, wie dies in Mathematik und Deutsch der Fall ist. Dadurch könnten soziale Vergleiche mit Mitschülern in dieser Domäne insgesamt weniger bedeutsam sein.

Hypothese 2: Der BFLPE sollte sich für die Domänen Rechnen, Lesen und Schreiben nachweisen lassen.

Hypothese 3: Der BFLPE sollte für die Domäne kreative Tätigkeiten geringer ausfallen als für die Domänen Rechnen, Lesen und Schreiben.

5.2.4 Hat der Schultyp einen Effekt auf den Big-Fish-Little-Pond-Effect?

Der hohe Leistungsanspruch der BIP-Schulen, die frühe Notenvergabe in den Fächern Deutsch und Mathematik und die Selektivität von Eltern und Schülern an Privatschulen könnten sich auch in einer Verstärkung des BFLPE bemerkbar machen. Jedoch beanspruchen die BIP-Schulen eine besondere Förderung der Lernmotivation und des Interesses der Schüler sowie eine besondere Ausbildung der Lehrpersonen mit dem Fokus auf eine individuelle Förderung der Schüler. Dadurch könnten mögliche negative Effekte auf die Selbstkonzepte der Schüler aufgefangen werden. Aus diesem Grund werden zur Frage des Einflusses des Schultyps auf die Stärke des BFLPE ebenfalls keine gerichteten Hypothesen formuliert.

Wie in Kapitel 5.1.5 beschrieben, werden in den sogenannten „Kreafächern" an den BIP-Schulen keine Noten vergeben. Daher ist anzunehmen, dass der BFLPE in dieser Domäne an den BIP-Schulen ähnlich ausfällt wie an den staatlichen Schulen.

Fragestellung 7: *Fällt der BFLPE in den BIP-Schulen schwächer aus oder verstärken Aspekte der BIP-Konzeption (bspw. Leistungsdruck und Notenvergabe) den BFLPE in den Domänen Rechnen, Lesen und Schreiben?*

Hypothese 4: *Für das Selbstkonzept kreativer Tätigkeiten sollte der Schultyp keinen Einfluss auf die Stärke des BFLPE haben.*

5.3 Methode

5.3.1 Stichprobe

Für alle drei Messzeitpunkte (Beginn erstes Schuljahr, Ende erstes Schuljahr und Ende zweites Schuljahr) liegen Daten von $N = 934$ Schülern vor. Davon sind 439 Schüler Jungen und 481 Schüler Mädchen. Von 14 Schülern fehlen Angaben zum Geschlecht. Mit $N = 589$ stammen die Schüler überwiegend aus staatlichen Schulen, 345 Schüler besuchen BIP-Kreativitätsgrundschulen.

5.3.2 Instrumente

Selbstkonzepterhebung

In Anlehnung an das Modell von Marsh und Shavelson (1985; siehe auch Marsh, 1990) wurde das Selbstkonzept in der PERLE-Studie domänenspezifisch für Rechnen, Lesen, Schreiben und kreative Tätigkeiten erhoben. Dabei waren die einzelnen Items im Fragebogen nicht nach Domänen getrennt. Zu allen drei Messzeitpunkten wurde derselbe Fragebogen (bestehend aus 23 Items) eingesetzt. Die Schüler konnten in dem Fragebogen zwischen einem dreistufigen Antwortformat wählen. Zum ersten Messzeitpunkt (Anfang erstes Schuljahr) wurde der Test in Kleingruppen vom maximal zwölf Schülern durchgeführt.

Für die Domänen *Rechnen, Lesen* und *Schreiben* wurden die Items parallel formuliert (Beispielitem: *„Nun möchte ich wissen, wie gut Du beim Rechnen/ beim Lesen/ beim Schreiben bist."*). Für das Selbstkonzept kreative Tätigkeiten lautete der Wortlaut beispielsweise wie folgt: *„Wie gut kannst du malen/basteln/zeichnen?"* (für eine genauere Beschreibung des Instruments siehe Poloczek, 2007; Poloczek, Greb & Lipowsky, 2009).

Konfirmatorische Faktorenanalysen zeigten, dass sich die vier erhobenen Domänen differenziert erfassen lassen ($RMSEA < .061$, $TLI > .890$, $CFI > .909$). Es zeigte sich ferner, dass ein vierdimensionales Modell die Daten zu allen drei Messzeitpunkten besser erklären kann als ein eindimensionales Modell. Auch erwiesen sich alle Skalen als ausreichend reliabel (vgl. Tabelle 1). Für die Analysen wurden für alle Skalen Summenscores gebildet. Die Skalen wurden so kodiert, dass ein positives Selbstkonzept einen hohen Skalenwert ergibt.

Tabelle 1: Skalenkennwerte für das Selbstkonzept in allen vier Domänen zu allen drei (t1, t2, t3) Messzeitpunkten

	Skala			
	Rechnen	Lesen	Schreiben	kreative Tätigkeiten
Anzahl Items	6	4	4	7
Cronbachs α t1/ t2/ t3	.82/ .83/ .87	.79/ .85/ .84	.74/ .74/ .77	.75/ .74/ .72

Leistungsdaten Mathematik, Deutsch und Kreativität

Die Leistungstests, mit denen die Leistungen in Mathematik erfasst wurden, sind in Kapitel 3.3.3 beschrieben. Die eingesetzten Lese- und Rechtschreibtests werden in Kapitel 4.3.2 dargestellt.

Die *Kreativität* der Schüler wurde zu Beginn des ersten und am Ende des zweiten Schuljahres mit dem „Test zum schöpferischen Denken – Zeichnerisch" (TSD-Z, Urban & Jellen, 1995) erhoben. Eine genauere Beschreibung des Instruments und eine Darstellung des Ratings finden sich in Kapitel 2.3.1.

5.3.3 Invarianzanalysen

Um die Ausprägung der Mittelwerte des Selbstkonzepts über die drei Messzeitpunkte vergleichen zu können, muss gewährleistet sein, dass die Skalenkennwerte über die Zeit hinweg mindestens „streng invariant" sind. Dies bedeutet, dass die Kennwerte zu jedem Messzeitpunkt (MZP) dieselben numerischen Eigenschaften besitzen (Meredith, 1993; Vandenberg & Lance, 2000). Um die Invarianz der Skalen zu überprüfen, wurde für alle Domänen ein Strukturgleichungsmodell mit drei latenten Faktoren spezifiziert. Jeder Faktor spiegelt dabei das latente Konstrukt (beispielsweise das Selbstkonzept im Rechnen) zu einem der drei Messzeitpunkte wider.

Strenge Invarianz ist dann gegeben, wenn die Faktorenstruktur der Skalen zu jedem MZP, die Faktorladungen (metrische Invarianz) und die Messintercepts der Items zu den jeweiligen Messzeitpunkten gleich sind. Dabei dürfen die Kennwerte der Güteindizes

(*CFI, TLI, RMSEA*) des invarianten Modells um höchstens .01 von den Güteindizes des Baselinemodels (Modell ohne Restriktionen) abweichen.

Diese Bedingung ist selten für alle Items zu erfüllen. Bereits eine partielle Invarianz gilt als ausreichend (Millsap & Kwok, 2004; Byrne, Shavelson & Muthèn, 1989). Die strenge Invarianz muss dann nur für einige Items einer Skala über alle Messzeitpunkte hinweg vorliegen (partielle strenge Invarianz).

Für die vorliegenden Daten zeigte sich für alle Domänen, dass die partielle strenge Invarianz gilt (vgl. Tabelle 2). Wurden beispielsweise für die Skala „Selbstkonzept im Rechnen" drei der sechs Items über die Messzeitpunkte hinweg restringiert, sind die Annahmen einer partiellen strikten Invarianz erfüllt. Die Fit-Indizes des Modells ohne die oben genannten Restriktionen weichen um maximal .01 Punkte vom restriktiven Modell ab (Chen, 2007; Little, 1997; Meredith, 1993).

Tabelle 2: Kennwerte der Modellvergleiche zur Invarianzanalyse

Rechnen	CFI	TLI	RMSEA	chi^2/df
Baselinemodel	.98	.98	.03	206.46/114
metrische Invarianz	.98	.97	.03	230.95/124
strenge Invarianz	.95	.95	.05	368.85/134
partielle strenge Invarianz	.98	.97	.03	246.23/128
Lesen				
Baselinemodel	.99	.98	.04	79.45/39
metrische Invarianz	.99	.98	.04	92.80/45
strenge Invarianz	.96	.95	.06	184.45/51
partielle strenge Invarianz	.98	.98	.04	115.46/49
Schreiben				
Baselinemodel	.97	.95	.04	102.31/39
metrische Invarianz	.97	.95	.05	121.55/45
strenge Invarianz	.91	.88	.07	253.87/51
partielle strenge Invarianz	.96	.95	.05	128.76/47
Kreative Tätigkeiten				
Baselinemodel	.89	.86	.06	591.71/165
metrische Invarianz	.89	.87	.05	603.17/177
strenge Invarianz	.88	.86	.05	652.66/187
partielle strenge Invarianz	.89	.86	.06	591.71/165

5.3.4 Analysen

Latente Wachstumskurvenmodelle

Bezüglich der hier zu untersuchenden Fragestellungen und Hypothesen wurde in einem ersten Schritt überprüft, mit welchem Modell sich die Selbstkonzeptentwicklung in den vier Domänen am besten erklären lässt. Dazu wurden für alle vier Domänen drei Modelle spezifiziert und verschiedene Modell-Fit-Indizes miteinander verglichen. In einem ersten Modell (Level-only-Model) wird angenommen, dass die Selbstkonzeptentwicklung für alle Schüler gleich verläuft. Unterschiede zwischen den Schülern werden lediglich in der Ausprägung des latenten Ausgangswertes zum ersten Messzeitpunkt (Beginn erstes Schuljahr) angenommen, nicht aber in der Entwicklung des Selbstkonzepts.

In einem zweiten Modell (Linear-Model) werden hingegen Unterschiede zwischen Schülern in der Richtung und der Stärke der Entwicklung (Slope) zugelassen. Dabei wird hier ein linearer Verlauf der Selbstkonzeptentwicklung über die Messzeitpunkte hinweg angenommen und geprüft. Der „Knick" in der Selbstkonzeptentwicklung, wie er in der bisherigen Forschung häufig auf Mittelwertsebene berichtet wird (siehe Kapitel 5.1.2), wird in diesem Modell nicht berücksichtigt.

Die Annahme, dass sich die Entwicklung auch zwischen Messzeitpunkten unterscheiden kann, wird in einem dritten Modell überprüft (Curve-Model). Diesem Modell nach wäre es beispielsweise möglich, dass das Selbstkonzept eines Schülers von t1 bis t2 zunimmt, um dann wieder abzufallen. Die Ladung des Slopes für den zweiten Messzeitpunkt (t2) wird frei geschätzt.

Um zu entscheiden, welches der drei Modelle die Selbstkonzeptentwicklung am besten erklären kann, werden der χ^2-Anpassungstests, der *BIC* (Bayesian-Information-Criterium) und der *AIC* (Akaike-Information-Criterium) berücksichtigt. Ein signifikanter χ^2-Anpassungstest und niedrige Werte für den *BIC* und den *AIC* sprechen dafür, dass ein Modell im Vergleich zu den betrachteten Alternativmodellen am besten auf die empirischen Daten passt. Zusätzlich werden der *TLI* (Tucker-Lewis-Index), der *CFI* (Comparative-Fit-Index) und der *RMSEA* (Root-Mean-Square-Error) betrachtet. Um eine akzeptable Modellpassung annehmen zu können, sollten der *CFI* und der *TLI* > .90 und der *RMSEA* < .05, aber nicht > .08 sein (Kline, 2005, S. 133ff.).

Nachdem für alle vier Domänen das beste Modell identifiziert wurde, wird in einem nächsten Schritt die Variable „Schultyp" als Kovariate in dieses Modell eingefügt. Genauer wird in dem Modell untersucht, inwiefern der Schultyp einen (Regressions-)Effekt auf die latente Ausprägung des Selbstkonzepts (Level) zu t1 und dessen Entwicklung (Slope) hat.

Mehrebenenanalysen

Die Analyse von Schülerdaten birgt die Besonderheit, dass Schüler innerhalb von Schulklassen geschachtelt sind. Es ist daher anzunehmen, dass sich Schüler innerhalb einer Klasse hinsichtlich einiger Merkmale ähnlicher sind als zwischen Klassen. Somit sind Beobachtungen einzelner Schüler nicht unabhängig vom Klassenkontext. Eine Untersuchung ohne Berücksichtigung der Mehrebenenstruktur würde zu einer Unterschätzung des Standardfehlers und daher zu verfälschten Ergebnissen der Signifikanztestung führen (z. B. Raudenbush & Bryk, 2002). Aufgrund der hierarchischen Datenstruktur und der deswegen theoretisch zu erwartenden Abhängigkeit der Schülerdaten innerhalb einer Klasse wurden zur Überprüfung des BFLPE Mehrebenenanalysen gerechnet.

Die Analysen wurden mit dem Programm HLM 6.06 (Hierarchical Linear Modeling) von Raudenbush, Bryk und Congdon (2004) durchgeführt. Für jede Domäne wurden separate Modelle mit $N = 38$ Klassen gerechnet. Als abhängige Variable werden in den Modellen das Selbstkonzept im Rechnen, Lesen und Schreiben am Ende des ersten und Ende des zweiten Schuljahres betrachtet. Dabei werden die Leistung zum jeweiligen Zeitpunkt und das Geschlecht auf Individualebene kontrolliert. Um den BFLPE zu überprüfen, wurde die durchschnittliche Klassenleistung auf Ebene 2 spezifiziert. Um zu überprüfen, ob der BFLPE durch den Schultyp verstärkt wird, wurde auf Klassenebene ein Interaktionsterm (durchschnittliche Klassenleistung x Schultyp) gebildet und ebenfalls als Prädiktor in die Modelle aufgenommen.

Da für das Selbstkonzept kreativer Tätigkeiten für das Ende des ersten Schuljahres keine Leistungsdaten vorliegen, werden für diese Domäne nur die Befunde zum Ende des zweiten Schuljahres berichtet.

5.3.5 Umgang mit fehlenden Werten

Nach Rubin (1976) ist für den Umgang mit fehlenden Werten von Bedeutung, welche Wirkmechanismen zu den fehlenden Werten geführt haben. Ist anzunehmen, dass die fehlenden Werte zufällig zustande kommen (missings at random) und dass das Auftreten der fehlenden Werte nicht systematisch mit Variablen aus der Befragung verknüpft ist, sollten diese Personen in den Analysen trotzdem berücksichtigt werden. Die Stichprobengröße kann so erhalten bleiben, was genauere Schätzungen der Modellparameter erlaubt. Da die fehlenden Werte in der PERLE-Studie in erster Linie dadurch verursacht wurden, dass manche Schüler zu bestimmten Messzeitpunkten aufgrund von Krankheit oder Ähnlichem nicht teilnehmen konnten, ist anzunehmen, dass die fehlenden Werte weitestgehend zufällig zustande gekommen sind.

Das Programm M*Plus*, mit dem die latenten Wachstumskurvenmodelle spezifiziert wurden, bietet die Möglichkeit, über den Full-Information-Maximum-Likelihood-Algorithmus (FIML) mit fehlenden Werten umzugehen. Alle vorhandenen Daten werden als Informationsquelle für die Schätzung der Modellparameter genutzt, indem für jeden einzelnen Fall die Wahrscheinlichkeit für diese Modellparameter berechnet wird. Dies geschieht unabhängig davon, ob dieser Fall Missings aufweist oder nicht. Das Produkt der Ausprägungen der Likelihood eines jeden Falls ergibt so die Likelihood für das gesamte Modell (Schafer & Graham, 2002). Bei der „FIML-Methode werden also keine fehlenden Werte imputiert oder geschätzt, vielmehr wird eine Schätzung der Populationsparameter und ihrer Standardfehler auf der Basis der beobachteten Daten unter der Annahme MAR vorgenommen" (Lüdtke, Robitzsch, Trautwein & Köller, 2007, S. 112, MAR = Missing at random). Für die Berechnung der Wachstumskurvenmodelle wurden die Daten von $N = 826$ Schülern für die Domänen Rechnen, Lesen und Schreiben herangezogen. Für das Selbstkonzept kreative Tätigkeiten lagen Daten von $N = 839$ Schülern vor.[2]

Für die Analysen in HLM wurden aus technischen Gründen alle Fälle mit fehlenden Werten aus dem Datensatz entfernt (listwise deletion). Für die Domäne Rechnen wurden Daten von $N = 790$, für Lesen Daten von $N = 791$, für Schreiben Daten von $N = 793$ und für die Domäne kreative Tätigkeiten Daten von $N = 734$ Schülern herangezogen.

5.4 Ergebnisse

Im ersten Abschnitt soll unter anderem der Frage nachgegangen werden, wie sich die Verläufe in der Selbstkonzeptentwicklung innerhalb der vier untersuchten Domänen am besten beschreiben lassen. Des Weiteren wird untersucht, ob sich die in der Literatur beschriebene Entwicklung „*vom Optimisten zum Realisten*", also ein Abfall des Selbstkonzepts, für alle Domänen nachzeichnen lässt und wie stark die Veränderungsrate im Selbstkonzept in den einzelnen Domänen ausfällt. Außerdem wird untersucht, ob die Selbstkonzeptentwicklung über die Schüler hinweg eher homogen verläuft oder ob es signifikante interindividuelle Unterschiede sowohl in der Ausprägung des Selbstkonzepts (Level) als auch hinsichtlich der Veränderungsrate (Slope) gibt. Ferner wird für alle vier Domänen analysiert, wie der latente Ausgangswert und die Veränderungsrate in den verschiedenen Domänen miteinander zusammenhängen.

Von besonderem Interesse ist die Frage, inwiefern der Schultyp einen Effekt auf den Ausgangswert und die Veränderungsrate des Selbstkonzepts in den vier Domänen hat. Gelingt es den BIP-Schulen besser als den staatlichen Schulen, das Selbstkonzept der Kinder positiv zu beeinflussen?

Zum Abschluss wird untersucht, ob sich der BFLPE – aufgrund verschiedener Aspekte der Rahmenkonzeption der BIP-Schulen – stärker auf die Selbstkonzeptentwicklung der Schüler an BIP-Schulen als auf die Selbstkonzeptentwicklung der Schüler an staatlichen Schulen auswirkt.

5.4.1 Deskriptive Ergebnisse

In Tabelle 3 sind die Mittelwerte und Standardabweichungen für das Selbstkonzept aller vier Domänen zu den drei Messzeitpunkten (t1, t2 und t3) aufgeführt. Für die Domäne Lesen fällt das Selbstkonzept zu Beginn des ersten Schuljahres insgesamt und besonders für die Schüler staatlicher Schulen am geringsten aus. Die Schüler an den BIP-Schulen haben das höchste Selbstkonzept in der Domäne kreative Tätigkeiten.

---

2 In die M*Plus*-Analysen wurden die Fälle einbezogen, für die mindestens ein gültiger Wert vorlag.

5. Selbstkonzeptentwicklung im Anfangsunterricht

Tabelle 3: Mittelwerte (*M*) und Standardabweichungen (*SD*) der domänenspezifischen Selbstkonzepte nach Messzeitpunkt (Sj. = Schuljahr) für die Gesamtstichprobe

	Anfang 1. Sj. (t1)	Ende 1. Sj. (t2)	Ende 2. Sj. (t3)
	M(SD)	*M(SD)*	*M(SD)*
Rechnen			
BIP	2.46 (0.43)	2.38 (0.41)	2.36 (0.43)
staatlich	2.42 (0.49)	2.37 (0.44)	2.31 (0.50)
gesamt	2.44 (0.46)	2.38 (0.43)	2.33 (0.47)
Lesen			
BIP	2.43 (0.52)	2.50 (0.45)	2.53 (0.47)
staatlich	2.28 (0.56)	2.46 (0.55)	2.45 (0.49)
gesamt	2.34 (0.55)	2.48 (0.51)	2.49 (0.49)
Schreiben			
BIP	2.45 (0.47)	2.41 (0.40)	2.36 (0.42)
staatlich	2.43 (0.45)	2.41 (0.46)	2.31 (0.48)
gesamt	2.44 (0.46)	2.41 (0.43)	2.33 (0.46)
kreative Tätigkeiten			
BIP	2.50 (0.43)	2.47 (0.43)	2.46 (0.38)
staatlich	2.44 (0.44)	2.40 (0.42)	2.32 (0.43)
gesamt	2.47 (0.43)	2.43 (0.43)	2.38 (0.41)

Insgesamt ist das Selbstkonzept zu allen drei Messzeitpunkten für alle Domänen relativ hoch ausgeprägt. Die Werte liegen durchgehend über dem theoretischen Mittel von $M = 2.0$.

Anhand der Tabelle 3 lässt sich bereits erkennen, dass sich auf Ebene der Mittelwerte für die einzelnen Domänen unterschiedliche Entwicklungsverläufe abzeichnen. Während das Selbstkonzept im Rechnen wie erwartet abfällt ($M_{t1} = 2.44$ bzw. $M_{t3} = 2.33$), steigt das Selbstkonzept im Lesen an ($M_{t1} = 2.34$ bzw. $M_{t3} = 2.49$). Diese unterschiedlichen Verläufe werden auch in Abbildung 1 deutlich. Hier zeigt sich ferner, dass der Anstieg im Selbstkonzept Lesen innerhalb des ersten Schuljahres am stärksten ist. Die Linie flacht im Verlauf des zweiten Schuljahres eher ab. Für die verbleibenden Domänen zeigt sich auf Mittelwertsebene hingegen ein stetiger, negativer Verlauf des Selbstkonzepts.

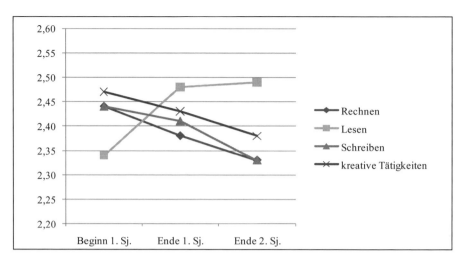

Abbildung 1: Mittelwertsverläufe (manifest) für die Gesamtstichprobe in allen vier Domänen

5.4.2 Wie entwickelt sich das Selbstkonzept in den vier Domänen über die ersten beiden Grundschuljahre?

In einem ersten Schritt wurden latente Wachstumskurven (LGCM) spezifiziert, um zu untersuchen, welche angenommenen Entwicklungsverläufe des Selbstkonzepts auf individueller Ebene die empirischen Daten am besten erklären können. Für die Berechnung der LGCM wurde die hierarchische Datenstruktur in M*Plus* über den „type is complex"-Befehl kontrolliert.

Es zeigt sich, dass das Selbstkonzept in den Domänen *Rechnen, Lesen* und *kreative Tätigkeiten* einem eher kurvilinearen Trend folgt (siehe Tabelle 4). Dies bedeutet, dass die Selbstkonzeptentwicklung weder für alle Schüler gleich ist (Level-Only-Model) noch linear verläuft (Linear-Model). Die Entwicklung verläuft auch nicht gleichförmig über die Messzeitpunkte, sondern unterscheidet sich in ihrer Stärke zwischen den Messzeitpunkten. Für die Domänen Rechnen und kreative Tätigkeiten ist die Veränderung im Selbstkonzept innerhalb des ersten Schuljahres stärker als innerhalb des zweiten Schuljahres. Die Ladung der Veränderungsrate für die Domäne Rechnen beträgt am Ende des ersten Schuljahres (t2) 1.39 und 1.51 für das Selbstkonzept kreativer Tätigkeiten.[3] In der Domäne Lesen finden Veränderungen im Selbstkonzept sogar fast ausschließlich innerhalb des ersten Schuljahres statt (Ladung der Veränderungsrate zu t2 = 1.84). Dieser Effekt wird auch auf (manifester) Mittelwertsebene in Tabelle 3 deutlich.

---

3 Bei einem linearen Verlauf würde die Ladung der Veränderungsrate zu t2 bei 1 liegen.

5. Selbstkonzeptentwicklung im Anfangsunterricht

Tabelle 4: Model-Fit-Indizes für den Vergleich zwischen dem Level-Only-Model, dem Linear-Model und dem Curve-Model

	χ^2	df	p	CFI	TLI	RMSEA	BIC	AIC
Rechnen								
Level-only-Model	12.95	4	<.01	.91	.93	.05	2582.49	2558.91
Linear-Model	9.76	3	<.05	.97	.97	.05	2479.14	2450.84
Curve-Model	2.43	2	ns	.99	.99	.01	2474.94	2441.93
Lesen								
Level-only-Model	62.99	4	<.01	.65	.74	.13	3115.50	3091.91
Linear-Model	51.00	3	<.01	.72	.72	.13	3107.73	3079.43
Curve-Model	4.52	2	<.05	.98	.97	.03	2201.29	2239.02
Schreiben								
Level-only-Model	12.95	4	<.05	.91	.93	.05	2582.49	2558.91
Linear-Model	1.29	3	ns	1	1	0	2574.17	2545.87
Curve-Model	1.30	2	ns	1	1	0	2580.80	2547.78
kreative Tätigkeiten								
Level-only-Model	19.86	4	<.01	.95	.96	.06	2114.32	2090.66
Linear-Model	11.84	3	<.01	.97	.97	.05	2109.48	2081.09
Curve-Model	7.49	2	<.05	.98	.97	.05	2108.50	2075.38

Anmerkungen: ns = nicht signifikant

Für das Selbstkonzept im *Schreiben* weist das lineare Modell den besten Model-Fit auf.[4] Dies bedeutet, dass die Entwicklung gleichförmig zwischen den Schuljahren verläuft (die Veränderung vom Beginn bis zum Ende des ersten Schuljahres und vom Ende des ersten Schuljahres zum Ende des zweiten Schuljahres ist gleich), der Verlauf auf Mittelwertsebene im Gegensatz zu der Annahme im Level-Only-Model dabei aber nicht unbedingt den Selbstkonzeptverlauf auf Individualebene widerspiegelt.

In Tabelle 5 sind die Kennwerte für den latenten Ausgangswert (bzw. Level = Ausprägung des Selbstkonzepts zu Beginn des ersten Schuljahres) und die Veränderungsrate (bzw. Slope = durchschnittliche Veränderung über alle drei Messzeitpunkte hinweg) der latenten Wachstumskurvenmodelle für alle vier Domänen dargestellt. Für das Selbstkonzept im Schreiben wurden die Kennwerte aus dem linearen Modell herangezogen, für alle anderen Domänen die Kennwerte aus dem kurvilinearen Modell.

---

4 Das Linear-Model und das Curve-Model unterscheiden sich in ihrem Model-Fit nicht signifikant voneinander. Da das lineare Modell jedoch das sparsamere Modell ist, wird es dem kurvilinearen Modell vorgezogen.

In den Domänen *Rechnen, Schreiben* und *kreative Tätigkeiten* zeigt sich wie erwartet ein Abfall des Selbstkonzepts im Verlauf der ersten beiden Schuljahre. Dies wird am negativen Vorzeichen der mittleren Veränderungsrate ersichtlich (die mittlere Veränderungsrate liegt beispielsweise für die Domäne Rechnen bei -0.05). Lediglich für das Selbstkonzept im Lesen zeigt sich ein Anstieg des Selbstkonzepts, die mittlere Veränderungsrate (Slope) liegt bei 0.07.

Für alle vier Domänen zeigen sich außerdem bedeutsame Zusammenhänge (r) zwischen dem latenten Ausgangswert (Level) des Selbstkonzepts und der Veränderungsrate (Slope). Je höher das Selbstkonzept der Schüler bei der Einschulung ist, desto stärker ist der Abfall bis zum Ende des zweiten Schuljahres. Dies gilt trotz des tendenziell mittleren Anstiegs auch für das Selbstkonzept im Lesen ($r = -.62$).

Während sich die bisher durchgeführten Analysen und Befunde auf die Mittelwertsverläufe über die Zeit beziehen, zeigt sich in den Werten der Varianzen, ob bedeutsame interindividuelle Unterschiede im latenten Ausgangswert und der Veränderungsrate vorliegen. Wie aus Tabelle 5 ersichtlich, weisen alle Domänen signifikante Varianzen in der mittleren Veränderungsrate und dem latenten Ausgangswert auf. Dies bedeutet, dass sich die Schüler nicht nur in ihrem Ausgangswert, sondern auch in ihrer Selbstkonzeptentwicklung über die ersten beiden Grundschuljahre hinweg signifikant voneinander unterscheiden. Der im mittleren Slope von -0.05 sichtbare Abfall im Selbstkonzept Rechnen ist beispielsweise nicht ohne weiteres auf die Individualebene übertragbar. Es gibt auch Schüler, deren Selbstkonzept im Rechnen im Laufe der Zeit ansteigt. Weiter kann davon ausgegangen werden, dass Drittvariablen vorliegen, die die Selbstkonzeptentwicklung beeinflussen. Ob der Schultyp eine solche Drittvariable ist, wird im folgenden Kapitel untersucht.

Tabelle 5: Latenter Mittelwert und latente Varianz für den Ausgangswert (Level) und die Veränderungsrate (Slope); Korrelation (r) zwischen Ausgangswert und Veränderungsrate

	Rechnen		Lesen		Schreiben		kreative Tätigkeiten	
	Level	*Slope*	*Level*	*Slope*	*Level*	*Slope*	*Level*	*Slope*
Mittelwert	2.44**	-0.05**	2.34**	0.07**	2.45**	-0.06**	2.47**	-0.04**
Varianz	0.12**	0.03**	0.19**	0.05**	0.09**	0.02**	0.11**	0.02**
r Level und Slope	-.46**		-.62**		-.45**		-.43**	

Anmerkungen: Dargestellt sind die unstandardisierten Werte für Slope, Level und deren Varianzen. **$p < .01$; *$p < .05$

5.4.3 Zeigen sich Effekte des Schultyps auf die Selbstkonzeptentwicklung?

In Tabelle 6 sind die Ergebnisse der konditionalen Wachstumsmodelle dargestellt, in denen für jede der vier Domänen der Schultyp als Kovariate berücksichtigt wurde, um die Selbstkonzeptentwicklung über die beiden Schuljahre hinweg zu erklären. Dabei zeigt sich ein signifikanter Effekt des Schultyps nur für den latenten Ausgangswert im Selbstkonzept Lesen (.17*): Er ist zu Beginn der Grundschule für die BIP-Schüler höher ausgeprägt als für die Schüler an staatlichen Schulen. Allerdings fällt der Anstieg des Selbstkonzepts im Lesen über die beiden ersten Schuljahre für die BIP-Schüler tendenziell geringer aus (wenn auch nicht signifikant) als für Schüler an den staatlichen Schulen, der Effekt des Schultyps auf den Slope liegt bei -.10.

Tabelle 6: Standardisierte Effekte des Schultyps auf den latenten Ausgangswert (Level, Anfang 1. Sj.) und die mittlere Veränderungsrate (Slope) über zwei Schuljahre

	Rechnen	Lesen	Schreiben	kreative Tätigkeiten
Level	.04ns	.17*	.02ns	.07ns
Slope	.02ns	-.10ns	.04ns	.12ns

Anmerkungen: 1 = BIP, 0 = staatlich; **$p < .01$; *$p < .05$, ns = nicht signifikant.

Der Effekt des Schultyps auf die Entwicklung des Selbstkonzepts kreativer Tätigkeiten fällt mit .12 vergleichsweise hoch aus. Das Selbstkonzept der BIP-Schüler entwickelt sich wie erwartet leicht positiver als das der Schüler an staatlichen Schulen. Allerdings ist auch dieser Effekt nicht signifikant ($p = .13$) und sollte daher nicht inhaltlich interpretiert werden.

Insgesamt zeigen sich, mit Ausnahme des Lesens, keine statistisch bedeutsamen Unterschiede zwischen BIP-Schülern und Schülern staatlicher Schulen in der Ausprägung der Selbstkonzepte zu Beginn des ersten Schuljahres. Hinsichtlich der Entwicklung der Selbstkonzepte konnten für keine Domäne signifikante Effekte des Schultyps bestätigt werden. Die Selbstkonzepte der BIP-Schüler entwickeln sich insgesamt – ohne Berücksichtigung weiterer Drittvariablen – weder signifikant positiver noch negativer als die Selbstkonzepte der untersuchten Schüler staatlicher Grundschulen.

5.4.4 Lässt sich der Big-Fish-Little-Pond-Effect bereits in den ersten beiden Grundschuljahren nachweisen?

Die Auswertung zum BFLPE erfolgt in zwei Schritten. Im ersten Schritt wird ein Modell mit dem jeweiligen Selbstkonzept am Ende des ersten (Modell 1) und am Ende des zweiten Schuljahres (Modell 2) als abhängiger Variable spezifiziert. Als Prädiktoren gehen die individuelle Leistung und die mittlere Klassenleistung in der jeweiligen Domäne zu den entsprechenden Messzeitpunkten in die Modelle ein (Prädiktoren in Modell 1 = domänenspezifische Leistung Ende erstes Schuljahr, in Modell 2 = domänenspezifische Leistung Ende zweites Schuljahr). Der BFLPE wird also „klassisch", d.h. querschnittlich modelliert.

Da verschiedene Studien zeigen konnten, dass sich das Selbstkonzept von Jungen und Mädchen auch nach Kontrolle der Leistung unterscheiden kann, wird zusätzlich in jedem Modell das Geschlecht kontrolliert (Dickhäuser & Stiensmeier-Pelster, 2003; Faber, 2003; Freedman-Doan et al., 2000; Jacobs et al., 2002; Marsh, Barnes, Cairns & Tidman, 1984; Mösko, 2010).

Wie aus Tabelle 7 ersichtlich, zeigt sich für die Domäne Rechnen zu beiden Zeitpunkten ein negativer Effekt der domänenspezifischen Klassenleistung auf das mathematische Selbstkonzept der Schüler auf Individualebene (Ende erstes Schuljahr: $\beta = -.27^{**}$; Ende zweites Schuljahr: $\beta = -.16^{**}$). Wie erwartet konnte der BFLPE für das Selbstkonzept kreativer Tätigkeiten jedoch nicht bestätigt werden ($\beta = -.02$ns, vgl. Tabelle 7). Die Leistungen im kreativen Bereich auf Klassenebene haben keinen signifikant negativen Effekt auf das entsprechende Selbstkonzept der Schüler am Ende des zweiten Schuljahres.

Für das Geschlecht zeigt sich im Rechnen sowohl am Ende des ersten als auch am Ende des zweiten Schuljahres ein negativer Effekt, die Mädchen berichten am Ende beider Schuljahre demnach über geringere Selbstkonzepte. Für das Selbstkonzept kreativer Tätigkeiten hingegen zeigen sich querschnittlich, am Ende des zweiten Schuljahres, für die Mädchen deutlich höhere Werte als für die Jungen.

Nachfolgend wird der BFLPE auch für das Selbstkonzept im Lesen untersucht (vgl. Tabelle 8). Sowohl am Ende des ersten als auch am Ende des zweiten Schuljahres hat das mittlere Leistungsniveau der Klasse in dieser Domäne einen signifikant negativen Einfluss auf das entsprechende Selbstkonzept (Ende erstes Schuljahr: $\beta = -.14^{**}$; Ende zweites Schuljahr: $\beta = -.15^{**}$).

Tabelle 7: Ergebnisse der Mehrebenenanalysen für den BFLPE für die Selbstkonzepte *Rechnen* und *kreative Tätigkeiten*

		AV Selbstkonzept im Rechnen				AV Selbstkonzept kreative Tätigkeiten			
		Modell 1 (Ende 1. Sj.)		Modell 2 (Ende 2. Sj.)		Modell 1 (Ende 1. Sj.)		Modell 2 (Ende 2. Sj.)	
	Prädiktoren	Beta	SE	Beta	SE	Beta	SE	Beta	SE
L-2	Leistung	-.27**	.05	-.16**	.05	-	-	-.02ns	.05
L-1	Leistung	.56**	.03	.59**	.04	-	-	.04ns	.04
	Geschlecht	-.39**	.07	-.38**	.08	-	-	.61**	.09

Anmerkungen: Die Parameter variieren nicht zwischen den Ebenen. *Beta* = z-standardisierter Regressionskoeffizient, *SE* = Standardfehler, ***p < .001; **p < .01; *p < .05; ⁺p < .10, ns = nicht signifikant; Geschlecht: 1 = Mädchen, 0 = Jungen; Schultyp: 1 = BIP, 0 = staatlich; L-1 = Individualebene, L-2 = Klassenebene.

5. Selbstkonzeptentwicklung im Anfangsunterricht

Tabelle 8: Ergebnisse der Mehrebenenanalysen für den BFLPE für die Selbstkonzepte *Lesen* und *Schreiben*

		AV Selbstkonzept im Lesen				AV Selbstkonzept im Schreiben			
		Modell 1 (Ende 1. Sj.)		Modell 2 (Ende 2. Sj.)		Modell 1 (Ende 1. Sj.)		Modell 2 (Ende 2. Sj.)	
	Prädiktoren	*Beta*	*SE*	*Beta*	*SE*	*Beta*	*SE*	*Beta*	*SE*
L-2	Leistung	-.14**	.04	-.15**	.05	-.16**	.04	-.16**	.05
L-1	Leistung	.58**	.04	.64**	.04	.36**	.04	.47**	.04
L-1	Geschlecht	.07ns	.07	-.11ns	.07	.07ns	.07	.13†	.07

Anmerkungen: Die Parameter variieren nicht zwischen den Ebenen. *Beta* = z-standardisierter Regressionskoeffizient, *SE* = Standardfehler, ***$p < .001$; **$p < .01$; *$p < .05$; $^\dagger p < .10$, ns = nicht signifikant; Geschlecht: 1 = Mädchen, 0 = Jungen; Schultyp: 1 = BIP, 0 = staatlich; L-1 = Individualebene, L-2 = Klassenebene

Auch für das Selbstkonzept Schreiben kann der BFLPE auf das bereichsspezifische Selbstkonzept für beide Schuljahre bestätigt werden (Ende erstes Schuljahr: $\beta = -.16**$; Ende zweites Schuljahr: $\beta = -.16**$). In keiner der beiden Domänen zeigen sich bedeutsame Effekte des Geschlechts, lediglich am Ende des zweiten Schuljahres berichten Mädchen tendenziell höhere Selbstkonzepte im Schreiben ($\beta = .13^\dagger$).

In weiteren Analysen konnte zudem nachgewiesen werden, dass der BFLPE im Lesen, Schreiben und Rechnen auch dann bestehen bleibt, wenn die *Selbstkonzeptentwicklung* über das erste Schuljahr und über die ersten beiden Schuljahre (modelliert über die Kontrolle des Selbstkonzepts zu Beginn des ersten Schuljahres) und nicht der *Selbstkonzeptstand* modelliert wird (Gabriel, Kastens, Schoreit, Poloczek & Lipowsky, 2010; Lipowsky, Kastens, Lotz & Faust, 2011).

5.4.5 Hat der Schultyp einen Effekt auf den Big-Fish-Little-Pond-Effect?

Für die hier vorliegenden Analysen war von besonderer Bedeutung, ob sich die Schultypzugehörigkeit auf die Stärke des BFLPE in den untersuchten Domänen auswirkt. Hierzu wird neben dem Schultyp als unabhängige Variable ein Interaktionsterm aus dem Schultyp und der domänenspezifischen mittleren Klassenleistung in das Modell eingefügt, um zu untersuchen, ob die Zugehörigkeit zu einer BIP-Schule den BFLPE verstärkt (Modelle 1a für das Selbstkonzept zum Ende des ersten Schuljahres und Modelle 2a für das Selbstkonzept zum Ende des zweiten Schuljahres). Auch hier werden alle Effekte querschnittlich modelliert.

Tabelle 9: Effekte des Schultyps auf den BFLPE für die Selbstkonzepte *Rechnen* und *kreative Tätigkeiten*

		AV Selbstkonzept im Rechnen				AV Selbstkonzept kreative Tätigkeiten			
		Modell 1a (Ende 1. Sj.)		Modell 2a (Ende 2. Sj.)		Modell 1a (Ende 1. Sj.)		Modell 2a (Ende 2. Sj.)	
	Prädiktoren	*Beta*	*SE*	*Beta*	*SE*	*Beta*	*SE*	*Beta*	*SE*
L-2	Leistung	-.29**	.06	-.19*	.08	-	-	-.06ns	.04
	Interaktion Leistung x BIP	.08ns	.09	.08ns	.12	-	-	.07ns	.10
	BIP	-.07ns	.09	-.02ns	.11	-	-	.34**	.11
L-1	Leistung	.56**	.03	.59**	.04	-	-	.04ns	.04
	Geschlecht	-.39**	.07	-.38**	.08	-	-	.61**	.09

Anmerkungen: Die Parameter variieren nicht zwischen den Ebenen. Beta = z-standardisierter Regressions-koeffizient, SE = Standardfehler, ***$p < .001$; **$p < .01$; *$p < .05$; †$p < .10$, ns = nicht signifikant; Geschlecht: 1 = Mädchen, 0 = Jungen; Schultyp:1 = BIP, 0 = staatlich; L-1 = Individualebene, L-2 = Klassenebene.

Die entsprechenden Ergebnisse in den Tabellen 9 und 10 zeigen, dass die Interaktionsterme keine signifikanten Effekte haben. Das bedeutet, dass der BFLPE in den BIP-Klassen im Rechnen, in den kreativen Tätigkeiten, im Lesen und im Schreiben weder stärker noch schwächer ausfällt als in den untersuchten staatlicher Klassen.

Für das Selbstkonzept kreativer Tätigkeiten offenbaren die Ergebnisse in Tabelle 9 zudem einen signifikanten Haupteffekt des Schultyps ($\beta = .34$**): Am Ende des zweiten Schuljahres weisen die Schüler der BIP-Kreativitätsschulen – nach Kontrolle der individuellen und der mittleren Klassenleistung zum selben Zeitpunkt und nach Kontrolle des Geschlechts – ein höheres Selbstkonzept in den kreativen Tätigkeiten auf als die Schüler der staatlichen Grundschulen.[5]

---

[5] Dieser Effekt erscheint auf den ersten Blick nicht mit den Ergebnissen der oben berichteten Wachstumskurvenmodelle vereinbar, wonach der Einfluss der Schulform auf die Entwicklung des Selbstkonzepts kreativer Tätigkeiten mit $p = .13$ knapp nicht signifikant wird. Zu beachten sind jedoch die unterschiedlichen Fragestellungen, denen mit den beiden Analyseverfahren nachgegangen wurde, und die Unterschiede in den Modellspezifikationen und den herangezogenen Stichproben: A) Die Wachstumsanalysen modellieren die *Entwicklung* des Selbstkonzepts der Schüler, die HLM-Modelle analysieren die Einflüsse der Ebene 2-Variablen auf den *Stand* des Selbstkonzepts Ende des zweiten Schuljahres. B) In den HLM-Modellen wird der Einfluss der Schulform unter Kontrolle des Geschlechts und der gleichzeitig gemessenen kreativen Leistungen analysiert, während in den Wachstumskurvenmodellen nur der Einfluss der Schulform überprüft wird. C) Auch die Stichprobengrößen unterscheiden sich: Während in den HLM-Modellen nur jene Schülerinnen und Schüler einbezogen wurden, die auf allen einbezogenen Variablen gültige Werte aufwiesen, wurden in den Wachstumskurvenmodelle fehlende Werte

Tabelle 10: Effekte des Schultyps auf den BFLPE für die Selbstkonzepte *Lesen* und *Schreiben*

		AV Selbstkonzept im Lesen				AV Selbstkonzept im Schreiben			
		Modell 1a (Ende 1. Sj.)		Modell 2a (Ende 2. Sj.)		Modell 1a (Ende 1. Sj.)		Modell 2a (Ende 2. Sj.)	
	Prädiktoren	*Beta*	*SE*	*Beta*	*SE*	*Beta*	*SE*	*Beta*	*SE*
L-2	Leistung	.02ns	.13	-.20**	.06	-.22*	.08	-.18*	.09
	Interaktion Leistung x BIP	-.07ns	.13	.05ns	.07	.10ns	.09	-.04ns	.12
	BIP	.20†	.10	.14†	.07	.03ns	.10	.02ns	.14
L-1	Leistung	.38**	.04	.64**	.04	.36**	.04	.49**	.04
	Geschlecht	.04ns	.09	-.10ns	.07	.08ns	.07	.13†	.07

Anmerkungen: Die Parameter variieren nicht zwischen den Ebenen. *Beta* = z-standardisierter Regressionskoeffizient, *SE* = Standardfehler, ***p < .001; **p < .01; *p < .05; †p < .10, ns = nicht signifikant; Geschlecht: 1 = Mädchen, 0 = Jungen; Schultyp:1 = BIP, 0 = staatlich. L-1 = Individualebene, L-2 = Klassenebene

Betrachtet man das Selbstkonzept im Lesen, so offenbaren die Mehrebenenmodelle einen schwachen Effekt des Schultyps Ende Klasse 1 und Ende Klasse 2 ($\beta = .20^\dagger$ und $\beta = .14^\dagger$, vgl. Tabelle 10). Zur Erinnerung: Die Wachstumskurvenmodelle oben (vgl. Tabelle 6) konnten nachweisen, dass die BIP-Schüler zu Beginn der Grundschulzeit über signifikant höhere Selbstkonzepte im Lesen berichten, dass sie aber einen schwächeren Anstieg des Selbstkonzepts in dieser Domäne zu verzeichnen haben als die Schüler der staatlichen Schulen. Dieser größere Zuwachs im Selbstkonzept Lesen für die Schüler staatlicher Schulen spiegelt sich auch in den schwächer werdenden Einflüssen der Schultypzugehörigkeit Ende des ersten und Ende des zweiten Schuljahres wider (Tabelle 10). Der Vorsprung der BIP-Schüler, der noch zu Beginn der Schulzeit bestand, ist bis zum Ende des zweiten Schuljahres demnach fast verschwunden.

5.5 Diskussion

Selbstkonzeptentwicklung

Die hier dargestellten Befunde verdeutlichen die Notwendigkeit anspruchsvoller Analyseverfahren, um ein genaueres Bild der Selbstkonzeptentwicklung über die Grundschulzeit zu erhalten.

---

mithilfe des FIML-Algorithmus geschätzt, sodass die entsprechenden Fälle nicht ausgeschlossen werden mussten.

Durch die wiederholte Messung des Selbstkonzepts konnten die Entwicklungsverläufe über die Zeit modelliert und unterschiedliche Modellannahmen gegeneinander getestet werden. Dabei zeigte sich, dass die Selbstkonzeptentwicklung innerhalb der ersten beiden Grundschuljahre für die hier untersuchten Domänen in der Regel nicht gleichmäßig verläuft, sondern im ersten Schuljahr größere Veränderungen erfährt als im zweiten Schuljahr. Für die Domäne *Schreiben* lässt sich dagegen ein stetiger, linearer Verlauf über die beiden Schuljahre nachweisen.

Auf Mittelwertsebene lassen sich anhand der Befunde der latenten Wachstumskurvenmodelle einige bekannte Befunde zur Selbstkonzeptentwicklung in der Grundschule replizieren: Für das Selbstkonzept im Rechnen zeigt sich der bekannte Abfall (siehe Kapitel 5.1.2) im Selbstkonzept (mittlerer Slope: -0.05). Dasselbe gilt für die Selbstkonzepte kreative Tätigkeiten (mittlerer Slope: -0.04) und Schreiben (mittlerer Slope: -0.06). Anzumerken ist hierbei jedoch, dass die Selbstkonzepte sich im Mittel auch am Ende des zweiten Schuljahres noch auf einem hohen Niveau bewegen (vgl. Tabelle 3). Von kritischen Selbstkonzepten oder selbstwertschädlichen Einschätzungen kann also nur bedingt die Rede sein.

Für das Lesen zeigt sich ein Zuwachs des Selbstkonzepts über die ersten beiden Schuljahre (mittlerer Slope: 0.07). Für diese Domäne scheint sich die Annahme „überhöhter Selbstkonzepte" beim Schuleintritt nicht zu bestätigen. Erklären lässt sich dieser Befund damit, dass die Schüler in dieser Domäne ihre Lernfortschritte möglicherweise am deutlichsten wahrnehmen. Dies zeigt sich auch darin, dass die Veränderungen im Selbstkonzept Lesen fast ausschließlich innerhalb des ersten Schuljahres stattfinden. Danach flacht die Kurve ab und es findet kaum noch eine Veränderung in der mittleren Ausprägung des Selbstkonzepts statt. Die differentiellen Befunde für die Selbstkonzeptentwicklung im Lesen und Schreiben verdeutlichen, dass es sich für die Grundschule durchaus lohnt, das Selbstkonzept für die Domänen Lesen und Schreiben getrennt zu erfassen.

Ein zentraler Vorteil der latenten Wachstumskurvenmodellierung besteht darin, dass Aussagen über die interindividuelle Varianz sowohl für den mittleren latenten Ausgangswert als auch für die mittlere latente Veränderungsrate möglich sind. Für alle vier Domänen zeigen sich signifikante Varianzen für den Slope. Dies bedeutet, dass sich die Schüler in der Stärke, aber auch in der Richtung ihrer Entwicklung voneinander unterscheiden. Nur wenn die Varianzen des Slopes nicht signifikant sind, lassen sich die Werte für den mittleren Verlauf auf die Gesamtstichprobe übertragen. Auch wenn beispielsweise das Selbstkonzept im Rechnen *im Mittel* einen negativen Verlauf nimmt, gibt es Schüler, deren Selbstkonzept über die Zeit stabil bleibt oder sogar ansteigt. Diese differentiellen Entwicklungen werfen die Frage auf, wodurch sich diese Unterschiede in der Entwicklung erklären lassen. Dieser Frage werden wir in weiteren Untersuchungen nachgehen.

Für keine der hier untersuchten Domänen lassen sich mittels der Wachstumskurvenmodelle Einflüsse des Schultyps auf die *mittlere Selbstkonzeptentwicklung* über zwei Schuljahre feststellen. Für das Selbstkonzept im *Lesen* zeigt sich zwar zu Beginn der Grundschulzeit ein signifikanter Unterschied zugunsten der BIP-Schüler, der auch mit ermittelten Unterschieden in den Vorläuferfähigkeiten der Schüler korrespondiert (siehe Kapitel 4). Dagegen verläuft die Entwicklung des Selbstkonzepts im Lesen weitgehend parallel in beiden Gruppen, wobei sich das Selbstkonzept der Schüler an den staatlichen Schulen sogar etwas günstiger entwickelt als das Selbstkonzept der BIP-Schüler.

Für das Selbstkonzept *kreativer Tätigkeiten* zeigen die Wachstumskurvenmodelle zwar einen positiven, aber nicht signifikanten Effekt des Schultyps auf das Ausgangsniveau (Level: Beginn erstes Schuljahr) und einen etwas stärkeren, aber ebenfalls nicht signifikanten Effekt auf die Entwicklung (Slope) des Selbstkonzepts. Dass die BIP-Schüler Ende des zweiten Schuljahres etwas höher ausgeprägte Selbstkonzepte im Bereich kreativer Tätigkeiten haben, zeigen auch die Befunde der querschnittlichen Mehrebenenanalysen, die aber keine Aussagen über die Entwicklung der Selbstkonzepte im Bereich kreativer Tätigkeiten zulassen. Vor dem Hintergrund verschiedener Aspekte der BIP-Konzeption (siehe Kapitel 1.3) wären höhere Werte der BIP-Schüler jedoch nicht überraschend.

Für die Selbstkonzepte im Rechnen und im Schreiben zeigen sich keine signifikanten Unterschiede zwischen den Schülern an BIP-Schulen und den Schülern an staatlichen Schulen, weder im Ausgangsniveau noch in der Entwicklung (siehe Kapitel 5.4.3).

Big-Fish-Little-Pond-Effect

Mit Ausnahme der Domäne kreative Tätigkeiten lässt sich der BFLPE sowohl zum Ende des ersten als auch zum Ende des zweiten Schuljahres nachweisen. Dies bedeutet, dass sich bereits in den ersten beiden Schuljahren ein erhöhtes durchschnittliches Leistungsniveau der Klasse im Lesen, Schreiben und Rechnen negativ auf das domänenspezifische Selbstkonzept der Schüler auswirkt. Entsprechend der Annahme des BFLPE weisen somit Schüler in leistungsstarken Klassen niedrigere fachspezifische Selbstkonzepte auf als Schüler in leistungsschwächeren Klassen, auch wenn sie die gleiche individuelle Leistungsfähigkeit besitzen.

Entgegen der Befunde von Marsh et al. (1995) – die anhand einer Stichprobe von 1500 sieben- bis elfjährigen „primary school students" nachweisen konnten, dass der BFLPE in sogenannten „Hochbegabtenklassen" stärker ausfällt als in normalen Klassen – ergaben sich für die Zugehörigkeit zu einer BIP-Schule, einer vermuteten *high ability school*, in den Domänen Rechnen, Lesen und Schreiben keine stärkeren Effekte der Klassenleistungsstärke auf die domänenspezifischen Selbstkonzepte als in den staatlichen Klassen: Das Selbstkonzept der BIP-Schüler ist in diesen Domänen demnach nicht geringer ausgeprägt als das Selbstkonzept der Schüler an staatlichen Schulen. Die frühe Notenvergabe und der Leistungsdruck an den BIP-Schulen scheinen sich nicht negativ auf die Selbstkonzepte der Schüler in diesen Domänen auszuwirken, oder aber den Lehrern gelingt es diese negativen Einflussfaktoren durch andere Maßnahmen (siehe Kapitel 5.1.5) aufzufangen.

5.6 Ausblick

Eine zentrale Einschränkung der latenten Wachstumskurvenmodelle ist, dass keine Leistungsmaße berücksichtigt wurden, um die Ausprägung und die Entwicklung der Selbstkonzepte zu erklären. Dabei ist anzunehmen, dass sich die Entwicklung des Selbstkonzepts zu einem nicht unerheblichen Anteil über die Leistungsentwicklung erklären lässt (und umgekehrt) (Chapman, Tunmer & Prochnow, 2000; Guay, Marsh & Boivin, 2003; Hansford & Hattie, 1982). Die signifikante interindividuelle Varianz sowohl in der Ausprägung der Selbstkonzepte als auch in deren Veränderungsrate spricht dafür, dass sich die auf Mittelwertsebene identifizierten Entwicklungsverläufe nicht ohne weiteres auf alle Schüler übertragen lassen. Es ist anzunehmen, dass durchaus Unterschiede in der Entwicklung des Selbstkonzepts bestehen, wenn man Schüler anhand relevanter Drittvariablen differenziert. Während zur Erklärung interindividueller Unterschiede in der Ausprägung des Selbstkonzepts zu Beginn der Grundschulzeit insbesondere Merkmale der familiären Sozialisation eine Rolle spielen könnten, dürfte für die Entwicklung der Selbstkonzepte neben der Leistung auch das Geschlecht der Schüler bedeutsam sein (siehe auch Befunde der Mehrebenenanalysen in diesem Kapitel). Im Rahmen weiterer Analysen sollen zum einen diese Variablen in latenten Wachstumskurvenmodellierungen mitberücksichtigt werden. Zum anderen sollen Interaktionen dieser Drittvariablen mit Merkmalen des Unterrichts und des Schultyps überprüft werden, was im Hinblick auf mögliche Interventionen der Förderung akademischer Selbstkonzepte besonders relevant wäre. Offen blieb hier beispielsweise, wie sich die Selbstkonzepte von Schülern mit unterschiedlichen Leistungsvoraussetzungen in Abhängigkeit vom besuchten Schultyp entwickeln. Diesen differentiellen Fragestellungen soll ebenfalls in weiteren Analysen nachgegangen werden.

Literatur

Byrne, B.M., Shavelson, R.J. & Muthén, B. (1989). Testing for the equivalence of factor covariance and mean structures. The issue of partial measurement invariance. *Psychological Bulletin, 105*(3), 456–466.

Byrne, B.M. & Shavelson, R.J. (1996). On the structure of social self-concept for pre-, early, and late adolescents: A test of the Shavelson, Hubner, and Stanton (1976) Model*1. *Journal of Personality and Social Psychology, 70*(3), 599–613.

Chapman, J.W., Tunmer, W.E. & Prochnow, J.E. (2000). Early reading-related skills and performance, reading self-concept, and the development of academic self-concept. A longitudinal study. *Journal of Educational Psychology, 92*, 703–708.

Chen, F.F. (2007). Sensitivity of goodness of fit indexes to lack of measurement invariance. *Structural Equation Modeling, 14*(3), 464–504.

Dickhäuser, O. & Galfe, E. (2004). Besser als …, schlechter als … Leistungsbezogene Vergleichsprozesse in der Grundschule. *Zeitschrift für Entwicklungspsychologie und Pädagogische Psychologie, 36*(1), 1–9.

Dickhäuser, O. & Stiensmeier-Pelster, J. (2003). Wahrgenommene Lehrereinschätzungen und das Fähigkeitsselbstkonzept von Jungen und Mädchen in der Grundschule. *Psychologie in Erziehung und Unterricht, 50*(2), 182–190.

Eccles, J., Wigfield, A., Harold, R.D. & Blumenfeld, P. (1993). Age and gender differences in children's self- and task perceptions during elementary school. *Child Development, 64*, 830–847.

Faber, G. (2003). Analyse geschlechtsabhängiger Ausprägungen im rechtschreibspezifischen Selbstkonzept von Grundschulkindern. *Zeitschrift für Entwicklungspsychologie und Pädagogische Psychologie, 35*(4), 208–211.

Festinger, L. (1954). A theory of social comparison processes. *Human Relations, 7*, 117–140.

Freedman-Doan, C., Wigfield, A., Eccles, J.S., Blumenfeld, P., Arbreton, A. & Harold, R.D. (2000). What am I best at? Grade and gender differences in children's beliefs about ability improvement. *Journal of Applied Developmental Psychology, 21*(4), 379–402.

Gabriel, K., Kastens, C., Schoreit, E., Poloczek, S. & Lipowsky, F. (2010). Selbstkonzeptentwicklung im mathematischen Anfangsunterricht – Einfluss des Klassenkontextes. *Zeitschrift für Grundschulforschung, 1*(3), 65–82.

Gerlach, E. (2006). Selbstkonzepte und Bezugsgruppeneffekte. Entwicklung selbstbezogener Kognitionen in Abhängigkeit von der sozialen Umwelt. *Zeitschrift für Sportpsychologie, 13*, 103–114.

Gerlach, E., Trautwein, U. & Lüdtke, O. (2007). Referenzgruppeneffekte im Sportunterricht. Kurz- und langfristige negative Effekte sportlicher Klassenkameraden auf das sportbezogene Selbstkonzept. *Zeitschrift für Sozialpsychologie, 38*(2), 73–83.

Guay, F., Marsh, H.W. & Boivin, M. (2003). Academic self-concept and academic achievement. Developmental perspectives on their causal ordering. *Journal of Educational Psychology, 95*(1), 124–136.

Hansford, B.C. & Hattie, J.A. (1982). The relationship between self and achievement/performance measures. *Review of Educational Research, 52*(1), 123–142.

Helmke, A. (1991). Entwicklung des Fähigkeitsselbstbildes vom Kindergarten bis zur dritten Klasse. In R. Pekrun & H. Fend (Hrsg.), *Schule und Persönlichkeitsentwicklung. Ein Resümee der Längsschnittforschung* (S. 83–99). Stuttgart: Ferdinand Enke Verlag.

Helmke, A. (1997). Entwicklung lern- und leistungsbezogener Motive und Einstellungen. Ergebnisse aus dem SCHOLASTIK-Projekt. In F.E. Weinert & A. Helmke (Hrsg.), *Entwicklung im Grundschulalter* (S. 59–76). Weinheim: Psychologie Verlags Union.

Helmke, A. (1998). Vom Optimisten zum Realisten? Zur Entwicklung des Fähigkeitsselbstkonzeptes vom Kindergarten bis zur 6. Klassenstufe. In F.E. Weinert (Hrsg.), *Entwicklung im Kindesalter* (S. 115–132). Weinheim: Psychologie Verlag Union.

Helmke, A. & Van Aken, M.A.G. (1995). The causal ordering of academic achievement and self-concept of ability during elementary school. A longitudinal study. *Journal of Educational Psychology, 87*(4), 624–637.

Jacobs, J.E., Lanza, S., Osgood, D W., Eccles, J.S. & Wigfield, A. (2002). Changes in children's self-competences and values. Gender and domain differences across grades one through twelve. *Child Development, 73*, 509–527.

Jerusalem, M. & Schwarzer, R. (1991). Entwicklung des Selbstkonzepts in verschiedenen Umwelten. In R. Pekrun & H. Fend (Hrsg.), *Schule und Persönlichkeitsentwicklung. Ein Resümee der Längsschnittforschung* (S. 115–128). Stuttgart: Ferdinand Enke Verlag.

Kammermeyer, G. & Martschinke, S. (2006). Selbstkonzept- und Leistungsentwicklung in der Grundschule – Ergebnisse aus der KILIA-Studie. *Empirische Pädagogik, 20*(3), 245–259.

Kline, R.B. (2005). *Principles and practice of structural equation modeling.* New York: The Guilford Press.
Köller, O. (2000). Soziale Vergleichsprozesse im Kurssystem der gymnasialen Oberstufe. In Baumert, J., Bos, W. & Lehmann, R. (Hrsg.), *TIMSS/III, 2* (S. 215–228). Opladen: Leske + Budrich.
Köller, O. (2004). *Konsequenzen von Leistungsgruppierungen.* Münster: Waxmann.
Köller, O., Trautwein, U., Lüdtke, O. & Baumert, J. (2006). Zum Zusammenspiel von schulischer Leistung, Selbstkonzept und Interesse in der gymnasialen Oberstufe. *Zeitschrift für Pädagogische Psychologie, 20*(1/2), 27–39.
Lipowsky, F., Kastens, C., Lotz, M. & Faust, G. (2011). Aufgabenbezogene Differenzierung und Entwicklung des verbalen Selbstkonzepts im Anfangsunterricht. *Zeitschrift für Pädagogik, 57*(6), 868–884.
Little, T.D. (1997). Mean and covariance structures (MACS) analyses of cross-cultural data. Practical and theoretical issues. *Multivariate Behavioral Research, 32*, 53–76.
Lüdtke, O., Köller, O., Artelt, C., Stanat, P. & Baumert, J. (2002). Eine Überprüfung von Modellen zur Genese akademischer Selbstkonzepte. Ergebnisse aus der PISA-Studie. *Zeitschrift für Pädagogische Psychologie, 16*(3/4), 151–164.
Lüdtke, O., Köller, O., Marsh, H.W. & Trautwein, U. (2005). Teacher frame of reference and the big-fish-little-pond effect. *Contemporary Educational Psychology, 30*(3), 263–285.
Lüdtke, O., Robitzsch, A., Trautwein, U. & Köller, O. (2007). Umgang mit fehlenden Werten in der psychologischen Forschung: Probleme und Lösungen. *Psychologische Rundschau, 58*(2), 103–117.
Marsh, H.W. (1987). The big-fish-little-pond effect on academic self-concept. *Journal of Educational Psychology, 79*(3), 280–295.
Marsh, H.W. (1990). The structure of academic self-concept. The Marsh/Shavelson model. *Journal of Educational Psychology, 82*, 623–636.
Marsh, H.W., Barnes, J., Cairns, L. & Tidman, M. (1984). The Self Description Questionnaire (SDQ): Age effects in the structure and level of self-concept ratings of pre-adolescent children. *Journal of Educational Psychology, 76*(5), 940–956.
Marsh, H.W., Chessor, D., Craven, R. & Roche, L. (1995). The effect of gifted and talented programs on academic self-concept. The big fish strikes again. *American Educational Research Journal, 32*, 285–319.
Marsh, H.W. & Craven, R. (2002). The pivotal role of frames of reference in academic self-concept formation. The big fish little pond effect. In F. Pajares & T. Urdan (Eds.), *Adolescence and Education* (Volume II, pp. 83–123). Greenwich CT: Information Age Publishing.
Marsh, H.W., Craven, R. & Debus, R. (1991). Self-concept of young children 5 to 8 years of age. Measurement and multidimensional structure. *Journal of Educational Psychology, 83*(3), 377–392.
Marsh, H.W. & Hau, K.-T. (2003). Big-fish-little-pond effect on academic self-concept. A cross-cultural (26 country) test of the negative effects of academically selective schools. *American Psychologist, 58*, 364–376.
Marsh, H.W. & Parker, J.W. (1984). Determinants of student self-concept: Is it better to be a relatively large fish in a small pond even if you don't learn to swim as well? *Journal of Personality and Social Psychology, 47*(1), 213–231.
Marsh, H.W. & Roche, L.A. (1996). Structure of artistic self-concepts for performing arts and non-performing arts students in a performing arts high school. „Setting the stage" with multigroup confirmatory factor analysis. *Journal of Educational Psychology, 88*, 461–477.

Marsh, H.W. & Shavelson, R.J. (1985). Self-concept. Its multi-faceted hierarchical structure. *Educational Psychologist, 20,* 107–123.

Marsh, H.W., Trautwein, U., Lüdtke, O., Baumert, J. & Köller, O. (2007). The big-fish-little-pond effect. Persistent negative effects of selective high schools on self-concept after graduation. *American Educational Research Journal, 44*(3), 631–669.

Marsh, H.W. & Yeung, A.S. (1997). Causal effects of academic self-concept on academic achievement: Structural equation models of longitudinal data. *Journal of Educational Psychology, 89*(1), 41–54.

Martschinke, G., Kammermeyer, G., Frank, A. & Mahrhofer, C. (2003). *Heterogenität im Anfangsunterricht – Welche Lernvoraussetzungen bringen Schulanfänger mit und wie gehen Lehrer damit um?* Berichte und Arbeiten aus dem Institut für Grundschulforschung, Nr. 101. Universität Erlangen-Nürnberg.

Mehlhorn, G. & Mehlhorn, H.-G. (2003). Kreativitätspädagogik – Entwicklung eines Konzepts in Theorie und Praxis. *Bildung und Erziehung. 56*(1), 23–45.

Meredith, W. (1993). Measurement invariance, factor analysis, and factorial invariance. *Psychometrika, 58*(4), 525–543.

Millsap, R.E. & Kwok, O.-M. (2004). Evaluating the impact of partial factorial invariance on selection in two populations. *Psychological Methods, 9*(1), 93–115.

Möller, J. & Köller, O. (1997). Leistungs- und geschlechtsbezogene Vergleiche in der Schule. *Empirische Pädagogik, 12*(2), 119–131.

Mösko, E. (2010). Elterliche Geschlechtsstereotype und deren Einfluss auf das mathematische Selbstkonzept von Grundschulkindern. Unveröffentlichte Dissertation. Universität Kassel.

Petillon, H. (1991). Soziale Erfahrungen in der Schulanfangszeit. In R. Pekrun & H. Fend (Hrsg.), *Schule und Persönlichkeitsentwicklung. Ein Resümee der Längsschnittforschung* (S. 183–199). Stuttgart: Ferdinand Enke Verlag.

Poloczek, S. (2007). *Zur Struktur des schulischen Selbstkonzeptes von Erstklässlerinnen und Erstklässlern.* Diplomarbeit am Fachbereich Psychologie und Sportwissenschaften, Johann Wolfgang Goethe-Universität, Frankfurt am Main (unveröffentlicht).

Poloczek, S., Greb. K. & Lipowsky, F. (2009). Schulisches Selbstkonzept. In F. Lipowsky, G. Faust & Greb. K. (Hrsg.), Dokumentation der Erhebungsinstrumente des Projekts „Persönlichkeits- und Lernentwicklung von Grundschulkindern" (PERLE) – Teil 1. (Materialien zur Bildungsforschung Band 23/1, S. 37–43). Frankfurt am Main: Gesellschaft zur Förderung Pädagogischer Forschung (GFPF).

Raudenbush, S.W. & Bryk, A.S. (2002). *Hierarchical linear models. Applications and data analysis methods.* Sage Publications.

Raudenbush, S.W., Bryk, A.S. & Congdon, R. (2004). *HLM 6 for Windows* [Computer software]. Lincolnwood, IL: Scientific Software International, Inc.

Reuman, D.A. (1989). How social comparison mediates the relation between ability-grouping practices and students' achievement expectancies in mathematics. *Journal of Educational Psychology, 1*, 178–189.

Rubin, D.B. (1976). Inference and missing data. *Biometrika, 63*, 581–592.

Schafer, J.L. & Graham, J.W. (2002). Missing data. Our view of the state of the art. *Psychological Methods, 7*(2), 147–177.

Shavelson, R J. & Bolus, R. (1982). Self-concept. The interplay of theory and methods. *Journal of Educational Psychology, 74*(1), 3–17.

Spinath, B. (2004). Determinanten von Fähigkeitsselbstwahrnehmungen im Grundschulalter. *Zeitschrift für Entwicklungspsychologie und Pädagogische Psychologie, 36*(2), 63–68.

Spinath, B. & Spinath, F.M. (2005). Longitudinal analysis of the link between learning motivation and competence beliefs among elementary school children. *Learning and Instruction, 15*, 87–102.

Trautwein, U., Lüdtke, O., Marsh, H.W., Köller, O. & Baumert, J. (2006). Tracking, grading, and student motivation. Using group composition and status to predict self-concept and interest in ninth-grade mathematics. *Journal of Educational Psychology, 98*(4), 788–806.

Urban, K.K. & Jellen, H.G. (1995). *Test zum schöpferischen Denken – Zeichnerisch (TSD-Z)*. Frankfurt am Main: Swets.

Vispoel, W.P. (1995). Self-Concept in artistic domains. An extension of the Shavelson, Hubner and Stanton (1976) model. *Journal of Educational Psychology, 87*, 134–153.

Vandenberg, R.J. & Lance, C.E. (2000). A review and synthesis of the measurement invariance literature. Suggestions, practices, and recommendations for organizational research. *Organizational Research Methods, 3*(1), 4–70.

Zeinz, H. (2006). *Schulische Selbstkonzepte und sozialer Vergleich in der Grundschule. Welche Rolle spielt die Einführung von Schulnoten?* Dissertation. Universitätsbibliothek Erlangen-Nürnberg.

Zeinz, H. & Köller, O. (2006). Noten, soziale Vergleiche und Selbstkonzepte in der Grundschule. In A. Schründer-Lenzen (Hrsg.), *Risikofaktoren kindlicher Entwicklung. Migration, Leistungsangst und Schulübergang* (S. 177–190). Wiesbaden: VS Verlag für Sozialwissenschaften.

6. Der Einfluss familiärer Prozessmerkmale auf die Entwicklung der Mathematikleistung der Kinder

Carina Tillack und Emely Mösko

Einleitung

Für die unterschiedliche Entwicklung von Kindern und die damit verbundenen Leistungsunterschiede ist das familiäre Umfeld von großer Bedeutung. Im folgenden Kapitel werden Befunde zu verschiedenen familiären Status- und Prozessmerkmalen in Bezug auf die Leistungsentwicklung von Grundschulkindern dargestellt. Ferner wird untersucht, wie sich ausgewählte familiäre Merkmale zwischen den Eltern, deren Kinder eine BIP-Kreativitätsgrundschule besuchen,[1] und Eltern, deren Kinder eine staatliche Grundschule besuchen,[2] unterscheiden und wie diese Merkmale die Entwicklung der Mathematikleistung der Kinder beeinflussen.

6.1 Theoretischer Hintergrund

6.1.1 Familiäre Status- und Prozessmerkmale

Die familiären Einflussfaktoren spielen neben schulischen Bedingungen eine wichtige Rolle für eine positive Leistungsentwicklung von Schülern (Ehmke, Siegle & Hohensee, 2005).

Die sozialen, kulturellen und ökonomischen Bedingungen, unter denen Kinder aufwachsen, sind sehr verschieden. Zu den grundlegenden Aufgaben der Grundschule gehört es, Kindern mit unterschiedlichem sozialem Hintergrund vergleichbare Bildungschancen einzuräumen.

Nach Boudon (1974) beeinflusst die soziale Herkunft eines Kindes die Bedingungen, unter denen es in der Familie aufwächst und lernt. Kinder aus höheren sozialen Schichten erfahren in der Regel eine bessere Ausstattung, zum Beispiel an Lernmaterialien, sowie eine gezieltere Förderung ihrer Fähigkeiten. Demzufolge haben sie eher die Möglichkeit, sich bereits vor und auch außerhalb der Schule Kenntnisse und Kompetenzen anzueignen, die für die Bewältigung schulischer Anforderungen wichtig sind. Diese Kinder erreichen damit einhergehend eher bessere Schulleistungen als Kinder aus niedrigeren sozialen Schichten.

Im Rahmen der PISA-Studien wurde der Zusammenhang zwischen sozialer Herkunft und Kompetenz wiederholt untersucht. Anhand dieser Analysen können Aussagen über die Bildungsgerechtigkeit und die Ausschöpfung von Humanressourcen getroffen wer-

---

1 Im Folgenden werden diese Eltern als „BIP-Eltern" bezeichnet.
2 Im Folgenden werden diese Eltern als „staatliche Eltern" bezeichnet.

den. Die Ergebnisse der PISA-Studie 2006 zeigen einmal mehr, dass in Deutschland ein bedeutsamer Zusammenhang zwischen dem sozioökonomischen Status des Elternhauses und den Kompetenzen der Jugendlichen besteht. Beispielsweise beträgt die Differenz der mittleren Lesekompetenz zwischen den Jugendlichen, deren Eltern der oberen Dienstklasse angehören, und den Jugendlichen aus Familien von ungelernten und angelernten Arbeitern im Schnitt 83 Punkte, was einem Unterschied von fast drei Schuljahren entspricht. Tendenziell zeigt sich seit PISA 2000 zwar eine Reduktion der Abstände zwischen den Kompetenzniveaus verschiedener Sozialschichten, die Unterschiede in den Kompetenzen und in der Bildungsbeteiligung in Deutschland sind jedoch, vor allem im Vergleich zu anderen OECD-Staaten, auch gegenwärtig noch sehr groß (Prenzel et al., 2008).

Auch ältere Studien, wie die SCHOLASTIK-Studie von Helmke und Weinert (1997), konnten zeigen, dass die soziale Herkunft ein guter Prädiktor für die Schulleistungsentwicklung ist. Die Autoren weisen jedoch darauf hin, dass die soziale Herkunft die Unterschiede nicht „erklären" kann. Die Zusammenhänge zwischen sozialer Herkunft und Schulleistung zeigen lediglich, dass sozialstrukturelle Differenzen zu Unterschieden im elterlichen Verhalten führen. Deshalb sei auch eine Analyse so genannter Prozessmerkmale notwendig.

Helmke und Weinert (1997) unterteilen die familiären Bedingungsfaktoren in genetische Determinanten (Übertragung von Genen), Einflüsse durch Statusmerkmale (strukturelle und soziodemographische) und Prozessmerkmale. Unter Prozessmerkmalen lassen sich vier Facetten des Elternverhaltens für die Schulleistungsentwicklung der Kinder zusammenfassen: Zunächst ist darunter der kognitive Anregungsgehalt der familiären Lernumwelt (Stimulation) zu verstehen. Zum Zweiten zählen schul- und schulleistungsbezogene Maßnahmen und direkte Interventionen (Instruktion) dazu. Zudem üben Eltern einen Einfluss auf motivationale, affektive und emotionale Merkmale des Kindes aus – durch elterliche Erwartungen, Aspirationen und angestrebte minimale Standards für Leistungen, durch Überzeugungen, Einstellungen, Orientierungen, durch Einschätzungen der Kompetenzen des Kindes und Attribuierung der leistungsbezogenen Erfolge und Misserfolge des Kindes sowie durch Belohnung und Bestrafung. Eine vierte Facette betrifft die Rolle der Eltern als Vorbild, denn Kinder – insbesondere im Grundschulalter – lernen auch am Modell und durch Beobachtung (Imitation).

Neuenschwander et al. (2004) berichten in ihrer Studie, dass Eltern mit einem höheren sozioökonomischen Status ein tendenziell stärker leistungsförderndes Verhalten gegenüber ihren Kindern zeigen als Eltern mit einem niedrigen sozioökonomischen Status. Sie trauen ihren Kindern eher zu, dass sie die schulischen Anforderungen erfüllen, und erwarten von ihnen ein gewisses Verhalten sowie entsprechende Leistungen. Dadurch nehmen die Eltern Einfluss auf das Selbstkonzept und die Leistung des Kindes.

Ergebnisse aus einer Studie von Melhuish et al. (2008) verdeutlichen, dass neben dem sozioökonomischen Status und der elterlichen Ausbildung auch das home learning environment[3] einen bedeutsamen Einfluss auf die Leistung hat. Der Einfluss des home

---

3 Unter home learning environment werden 14 Aktivitäten zusammengefasst: sieben soziale Aktivitäten bzw. Routineaktivitäten (mit Freunden zu Hause oder woanders spielen, Verwandte oder

learning environment fällt im Vergleich zu den anderen untersuchten Variablen am stärksten aus.

Der Zusammenhang zwischen Merkmalen des Elternverhaltens (Erwartungen, Instrumentalität von Anstrengung[4], Valenz[5], Lernförderung[6]) und der Schülerleistung wurde bereits von Helmke, Schrader und Lehneis-Klepper (1991) untersucht. Es zeigte sich, dass auch nach Kontrolle der kognitiven Eingangsbedingungen des Kindes die Leistungserwartungen der Eltern mit der Schülerleistung zusammenhängen. Als weniger bedeutend für die Leistungsentwicklung erwiesen sich die Indikatoren Valenz und Instrumentalität. Für die Valenz zeigte sich, dass eine mittlere Ausprägung am günstigsten ist. Für die Lernförderung fand sich ein negativer Zusammenhang mit der Schülerleistung.

Die Leistungserwartungen der Eltern können ebenso mit deren eigenen fachspezifischen Kompetenzen korrespondieren (Ehmke & Siegle, 2005, 2006). Bezogen auf den Leistungserfolg in Mathematik berichten Ehmke und Siegle (2007) eine Korrelation von $r = .28$ zwischen der elterlichen Mathematikkompetenz und der mathematischen Kompetenz des Kindes. Wenn Eltern gute mathematische Kompetenzen zeigen, ist die Wahrscheinlichkeit hoch, dass auch die Kinder bessere Leistungen erreichen. Die elterlichen mathematischen Kompetenzen erklären bis zu 8 % der Varianz der Leistung der Kinder.

Durch die Betrachtung weiterer Einflussmöglichkeiten wurden in einer Studie von Ehmke, Hohensee, Siegle und Prenzel (2006) sowohl der Zusammenhang zwischen der sozialen Herkunft und der mathematischen Kompetenz als auch die Rolle von Prozessmerkmalen als Mediatoren dieses Zusammenhangs untersucht. Es zeigte sich ein signifikanter Zusammenhang der Herkunftsindikatoren *sozioökonomischer Status* und *Bildungsabschluss der Eltern* mit der mathematischen Kompetenz der Kinder. Des Weiteren erwiesen sich die Prozessmerkmale kulturelle und lernrelevante Besitztümer, kulturelle Aktivitäten, schulbezogene Unterstützung und mathematikbezogene Einstellungen als vermittelnde Variablen des Zusammenhangs zwischen strukturellen Herkunftsmerkmalen und der mathematischen Kompetenzentwicklung.

Durch die Berücksichtigung der Prozessmerkmale wird der Einfluss des sozioökonomischen Status auf die mathematische Kompetenz schwächer (Watermann & Baumert, 2006). Auch Helmke (2009) betont, dass die Prozessmerkmale verglichen mit den eher distalen Strukturmerkmalen stärker mit der Leistung zusammenhängen. Zusammenfassend weisen Watermann und Baumert (2006) darauf hin, dass Struktur- und

---

Freunde besuchen, einkaufen, fernsehen, zusammen mit der Familie essen, regelmäßige Bettzeiten) und sieben Aktivitäten, die Lernmöglichkeiten bieten (vorgelesen bekommen, zur Bücherei gehen, mit Zahlen spielen, malen und zeichnen, Buchstaben erklärt bekommen, Zahlen erklärt bekommen, Lieder/Gedichte/Reime).

4   Instrumentalität von Anstrengung beinhaltet die elterliche Einstellung, ob und wie sehr sich Anstrengung des Kindes lohnt bzw. wie groß die Chance des Kindes ist, durch Anstrengung eine Leistungsverbesserung zu erzielen.
5   Unter Valenz ist die Wertschätzung leistungsbezogener Ziele zu verstehen.
6   Das Merkmal Lernförderung bezieht sich auf das elterliche Hausaufgabenengagement (produktorientiert und prozessorientiert).

Prozessmerkmale zur Varianzaufklärung von Leistung simultan berücksichtigt werden sollten.

In zahlreichen Studien, wie PISA, TIMSS, LAU und IGLU, konnten familiäre Struktur- und Prozessmerkmale als bedeutsam für den Schulerfolg von Kindern nachgewiesen werden (Ditton, 1989, 2008; Ehmke, 2008; Freie und Hansestadt Hamburg, Behörde für Schule und Berufsbildung & Institut für Bildungsmonitoring, 2009; Lehmann & Peek, 1997). Im Folgenden werden Einflüsse familiärer Status- und Prozessmerkmale auf die Mathematikleistung des Kindes analysiert, dabei wird die Entwicklung der Mathematikleistung als abhängige Variable elterlicher Prozessmerkmale betrachtet. Das theoretische Modell, welches Variablen der in den vorherigen Absätzen dargestellten Studien beinhaltet, ist in Abbildung 1 dargestellt.

Angelehnt an die Unterteilung von Helmke und Weinert (1997) sowie Ehmke et al. (2006) ist als Statusmerkmal der sozioökonomische Status der Eltern einbezogen. Als familiäre Prozessmerkmale werden die folgenden Variablen zusammengefasst: elterliche kulturelle und lernrelevante Besitztümer, elterliche Werteerziehung, elterliche mathematikbezogene Einstellungen, elterliche Einschätzungen der Kompetenz des Kindes sowie elterliche mathematikspezifische Verhaltensmerkmale. Es ist anzunehmen, dass sowohl das Statusmerkmal als auch die Prozessmerkmale die Leistungsentwicklung des Kindes in Mathematik beeinflussen. Im Modell wird postuliert, dass das Statusmerkmal vermittelt über die Prozessmerkmale Einfluss auf die Leistungsentwicklung nimmt, was durch das zuvor berichtete Ergebnis der Studie von Ehmke et al. (2006) gestützt wird. Durch die Berücksichtigung von Prozessmerkmalen sollte sich der Einfluss des Statusmerkmals auf die Leistungsentwicklung verringern.

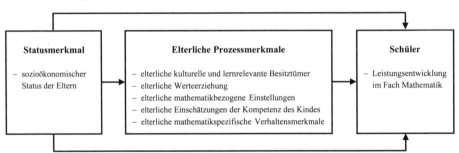

Abbildung 1: Theoretisches Modell zum Einfluss familiärer Status- und Prozessmerkmale auf die Entwicklung der Mathematikleistung des Kindes (in Anlehnung an Ehmke et al., 2006; Helmke & Weinert, 1997)

6.1.2 Differenzen in den Status- und Prozessmerkmalen zwischen staatlichen und BIP-Eltern

In diesem Kapitel werden auf Basis der Forschungsliteratur die unterschiedlichen Ausprägungen der Status- und Prozessmerkmale von staatlichen und BIP-Eltern analysiert und deren Einfluss auf die Entwicklung der Mathematikleistung der PERLE-Kinder untersucht. In Kapitel 1.3 wurde bereits zusammengefasst, welche Merkmale die BIP-

Kreativitätsgrundschulen kennzeichnen. Aufgrund der sozialen Selektivität kann davon ausgegangen werden, dass Schüler an BIP-Schulen und deren Familien über einen höheren sozioökonomischen Status verfügen und infolgedessen auch höhere Leistungen erzielen als Schüler an den staatlichen Schulen. Neben Unterschieden im sozioökonomischen Status der Familien ist aber auch mit unterschiedlichen Ausprägungen der Prozessmerkmale von staatlichen und von BIP-Eltern zu rechnen, da diese nicht ausschließlich auf sozioökonomische Differenzen zurückgeführt werden können.

So kann es aufgrund einer vermutlich engeren Zusammenarbeit zwischen Schulleitung, Lehrern und Eltern in den BIP-Schulen sowie der gezielten Schulwahl der Eltern beispielsweise zu einer besseren Passung zwischen Bildungsangebot und individuellen Bedürfnissen der Schüler kommen, was mit einem günstigeren und leistungsfördernden Klima sowie einer höheren Schulzufriedenheit der Eltern und Schüler einhergehen kann. Es ist davon auszugehen, dass das Klima und die Zufriedenheit, vermittelt über affektiv-motivationale Variablen der Lernenden, wiederum einen (indirekten) Einfluss auf die Schulleistungen der Schüler nehmen.

Des Weiteren deutet die bewusste Auswahl einer privaten Schule auf eine ausgeprägte elterliche Bildungsaspiration und ein ausgeprägtes Elternengagement hin.

6.2 Hypothesen

Auf Basis des oben beschriebenen theoretischen Hintergrunds zum Einfluss familiärer Status- und Prozessmerkmale auf die Leistung des Kindes sowie der in Kapitel 1.3 beschriebenen Merkmale der BIP-Kreativitätsgrundschulen werden die folgenden Hypothesen abgeleitet:

Wie in Abbildung 1 dargestellt, wird davon ausgegangen, dass die Ausprägung des sozioökonomischen Status der Familie einen Zusammenhang mit den familiären Prozessmerkmalen (siehe Abschnitt 6.1) aufweist.

Hypothese 1: Der sozioökonomische Status hängt positiv mit der Ausprägung der familiären Prozessmerkmale (Umfang kultureller und lernrelevanter Besitztümer, Wichtigkeit elterlicher Werteerziehung, elterliche mathematikbezogene Einstellungen, Einschätzungen der Kompetenz des Kindes und elterliche mathematikspezifische Verhaltensmerkmale) zusammen.

Die vorliegenden Informationen über anfallende Schulgebühren und zusätzliche monatliche Kosten für Materialien und schulische Aktivitäten sind, neben anderen, ein Indiz dafür, dass es sich bei den BIP-Eltern um eine selegierte und besondere Stichprobe handelt. Infolgedessen wird erwartet, dass sich die Ausprägung des sozioökonomischen Status zwischen staatlichen und BIP-Eltern unterscheidet.

Hypothese 2: Die BIP-Eltern weisen im Vergleich zu den staatlichen Eltern einen höheren sozioökonomischen Status auf.

Die Ausprägung des sozioökonomischen Status steht zwar im Zusammenhang mit entsprechenden Einstellungen und Orientierungen sowie einem damit verbundenen Bildungsanspruch und Verhalten der Eltern. Dennoch ist davon auszugehen, dass auch mit

Einbezug des sozioökonomischen Status nicht sämtliche Unterschiede in Prozessmerkmalen zwischen staatlichen und BIP-Eltern verschwinden. Denkbar ist beispielsweise, dass auch BIP-Eltern mit einem eher geringen sozioökonomischen Status vergleichsweise hohe Bildungsaspirationen haben, denn sonst hätten sie ihre Kinder wahrscheinlich nicht an einer privaten BIP-Schule angemeldet. Darüber hinaus lässt sich annehmen, dass BIP-Eltern, unabhängig von ihrem sozioökonomischen Status, auch die Konzeption der BIP-Schulen partiell mittragen und unterstützen. Diese Konzeption beinhaltet unter anderem die Orientierung an hohen Leistungsanforderungen und an der Leitidee des lebenslangen Lernens, wodurch wiederum die Wichtigkeit der Mathematik für Alltag und Beruf bei BIP-Eltern stärker ausgeprägt sein sollte als bei staatlichen Eltern (Bildungsagentur der Mehlhornschulen, o. J.; siehe auch Kapitel 1.3). Demzufolge lässt sich annehmen, dass auch nach Kontrolle des sozioökonomischen Status Unterschiede in familiären Prozessmerkmalen zwischen staatlichen und BIP-Eltern bestehen dürften.

Hypothese 3: *Auch nach Kontrolle des sozioökonomischen Status unterscheiden sich die Ausprägungen der Prozessmerkmale (Verfügbarkeit kultureller und lernrelevanter Besitztümer, Wichtigkeit elterlicher Werteerziehung, elterliche mathematikbezogene Einstellungen, Einschätzungen der Kompetenz des Kindes und elterliche mathematikspezifische Verhaltensmerkmale) zwischen staatlichen Eltern und BIP-Eltern.*

Weiterhin wird aufgrund der Besonderheit der BIP-Eltern erwartet, dass diese homogenere Einstellungen (als Teil der Prozessmerkmale) äußern als staatliche Eltern.

Hypothese 4: *Die Einstellungen der BIP-Eltern (Wichtigkeit der Werteerziehung und elterliche mathematikbezogene Einstellungen) sind homogener als die der staatlichen Eltern.*

Schließlich wird angenommen, dass die Ausprägungen mathematikspezifischer Prozessmerkmale einen Einfluss auf die Entwicklung der Mathematikleistung der Kinder haben (Ehmke et al., 2006).

Hypothese 5: *Die Entwicklung der Mathematikleistung bis zum Ende des zweiten Schuljahres wird durch mathematikspezifische familiäre Prozessmerkmale (elterliche mathematikbezogene Einstellungen, elterliche Einschätzungen der Kompetenz des Kindes, elterliche mathematikspezifische Verhaltensmerkmale) beeinflusst.*

6.3 Methode

6.3.1 Beschreibung der Elternstichprobe

Die Informationen der Eltern wurden anhand eines Elternfragebogens erfasst. Insgesamt wurde der Fragebogen von $N = 572$ Eltern beziehungsweise Erziehungsberechtigten ausgefüllt. Das entspricht einer Rücklaufquote von 78 %. Für die folgenden Analysen werden nur die Daten herangezogen, bei denen alle in diesem Kapitel einbezogenen Eltern- und Schülerdaten vorliegen. Somit ergibt sich eine Stichprobengröße von $N = 469$. Der größte Teil der Bögen (65 %) wurde von Müttern, 28 % der Bögen von beiden Elternteilen und 7 % von Vätern (bzw. anderen Personen) ausgefüllt. Die meisten Eltern waren zum Zeitpunkt der Bearbeitung des Fragebogens zwischen 31 und 40 Jahren alt (67 %), 13 % waren jünger, 28 % älter. In fast allen Familien wird zu Hause Deutsch gesprochen (97 %). In 2 % der Familien ist die Familiensprache überwiegend Russisch.

6.3.2 Variablen

Mathematikleistungen

Die Datenbasis der vorliegenden Teilstudie umfasst die Testdaten des ersten und des dritten Messzeitpunktes (Anfang erstes und Ende zweites Schuljahr). Als abhängige Variable wird der Zuwachs in den arithmetischen Kompetenzen vom Anfang des ersten bis zum Ende des zweiten Schuljahres betrachtet (Differenz zwischen den messzeitpunktspezifischen WLE-Personenparametern; t3-t1). Für die Erläuterung der Erfassung und Skalierung der Mathematikleistungsdaten wird auf Kapitel 3 verwiesen.

Elterndaten

Im Elternfragebogen wurden am Ende des ersten Schuljahres sowohl strukturelle als auch prozessuale Merkmale der Familie beziehungsweise des familiären Umfeldes erfasst, die für die Persönlichkeits- und Lernentwicklung des Kindes relevant sein können. Die Eltern wurden zu sozioökonomischen und kulturellen Voraussetzungen, zu ihren Einstellungen bezüglich Erziehung, Bildung, Schule und zu daraus resultierenden Verhaltensweisen im Umgang mit dem Kind befragt. Weitere Fragen bezogen sich auf mathematikspezifische Kognitionen und Einstellungen zum Fach Mathematik beziehungsweise zum Mathematikunterricht.

Um Informationen über den sozioökonomischen Status der Familien zu erhalten, wurde der *International Socio-Economic Index (ISEI)* nach Ganzeboom, De Graaf und Treiman (1992) bestimmt. Hierbei wird beiden Elternteilen – in Abhängigkeit von den Angaben zum Bildungsabschluss, zur beruflichen Ausbildung, zur Erwerbstätigkeit, zur beruflichen Stellung und zum jeweils ausgeübten Beruf – ein Wert zwischen 16 und 90 Punkten zugeordnet. Höhere Werte stehen für einen höheren Rangplatz in der sozialen Hierarchie. Der jeweils höhere ISEI beider Elternteile entspricht dem HISEI. Der HISEI in den Familien der Stichprobe beträgt im Mittel $M = 62.54$ Punkte ($SD = 15.34$).

Zur Selektivität der Stichprobe

An dieser Stelle muss darauf hingewiesen werden, dass es sich bei den Eltern, die den Fragebogen ausfüllten, um keine repräsentative Stichprobe handelt. Zum einen war das Ausfüllen des Fragebogens freiwillig. Die Eltern wurden zwar darauf hingewiesen, dass die Bögen anonym behandelt werden und ein Nichtausfüllen keine negativen Konsequenzen mit sich bringt, dennoch ist davon auszugehen, dass Informationen aus „problematischen" Elternhäusern teilweise nicht erfasst wurden, da die entsprechenden Eltern den Fragebogen überzufällig häufig nicht ausgefüllt haben dürften. Zum anderen haben auch die Eltern, die den Fragebogen ausgefüllt haben, die Möglichkeit genutzt, bestimmte Fragen nicht zu beantworten. Auch hier ist somit anzunehmen, dass Informationen gerade dann, wenn sie negativ ausgefallen wären, gar nicht erst angegeben wurden. In Bezug auf den HISEI fällt auf, dass die meisten Eltern, deren Angaben vorliegen, einen mittleren bis hohen Wert aufweisen. Im Vergleich liegt der mittlere HISEI für Deutschland in der PISA-Studie 2003 mit 49.2 Punkten (SD = 15.9; Prenzel et al., 2005) deutlich unter dem der PERLE-Stichprobe (s. o.). Somit muss von einer eingeschränkten Repräsentativität und Generalisierbarkeit ausgegangen werden. Dies sollte bei der Betrachtung der Resultate berücksichtigt werden.

Es besteht die Vermutung, dass die HISEI-Daten in Richtung des oberen Wertebereichs verzerrt sind, da es viele Elternfragebögen gibt, die zwar ausgefüllt zurückgesendet wurden, für die jedoch die Informationen fehlen, die zur Berechnung des HISEI notwendig gewesen wären. Um diese Annahme zu überprüfen, wurden bestimmte Variablen von Eltern, die alle notwendigen Angaben zur Berechnung des HISEI gemacht haben, und Eltern, die diese Angaben ausgelassen haben, verglichen. Es zeigen sich signifikante Unterschiede bezüglich des Erziehungsziels Grundtugenden vermitteln, des Bezugs zum Fach Mathematik, der Einschätzung der Rechenfähigkeit des eigenen Kindes und der gemeinsamen schulvorbereitenden mathematischen Aktivitäten mit dem Kind. Die Ausprägungen der Eltern, welche die entsprechenden Angaben gemacht haben, fallen jeweils positiver aus.

Demzufolge muss konstatiert werden, dass die hier berichteten Ergebnisse nicht ohne Weiteres Gültigkeit für die gesamte PERLE-Stichprobe beanspruchen können. Diese Information ist bei der Interpretation der Ergebnisse zu beachten.

6.3.3 Operationalisierung der familiären Status- und Prozessmerkmale

Die Operationalisierung der Status- und Prozessmerkmale ist in Abbildung 2 dargestellt. Das Statusmerkmal sozioökonomischer Status der Eltern wurde durch die Erfassung des *Highest Socio-Economic Index of Occupational Status (HISEI)* operationalisiert (vgl. Ganzeboom et al., 1992; siehe auch Kapitel 6.3.2). Es ist davon auszugehen, dass der HISEI mit einer bestimmten Ausprägung der Prozessmerkmale – entsprechende Einstellungen und Orientierungen sowie einem damit verbundenen Bildungsanspruch und Verhalten der Eltern – einhergeht und in Abhängigkeit der Ausprägungen der Prozessmerkmale die Leistungsentwicklung des Kindes beeinflusst.

Zur Erfassung des Prozessmerkmals *elterliche kulturelle und lernrelevante Besitztümer* wurden die Eltern nach ihrem Besitz an Kulturgütern gefragt (vgl. Ehmke et al., 2006). Ein hoher HISEI geht mit einem hohen Haushaltseinkommen und Bildungsabschluss einher (vgl. Ganzeboom et al., 1992). Somit ist es naheliegend, dass der Besitz an Kulturgütern entsprechend hoch ist.

Bezogen auf die elterliche Werteerziehung wurden die Eltern gefragt, wie wichtig sie die Vermittlung traditioneller Erziehungswerte, als Grundtugenden bezeichnet, beurteilen (vgl. Sturzbecher & Kalb, 1993). Die hier verwendeten Items können nach Paetzold (1988) auch unter der Skalenbezeichnung Konformität zusammengefasst werden. Die Vermittlung von Konformität geht wiederum einher mit einem tendenziell autoritären Erziehungsstil der Eltern. Es wird davon ausgegangen, dass die Vermittlung von Grundtugenden (bzw. Konformität) von Personen mit einem geringeren HISEI als wichtiger erachtet wird als von Personen mit einem hohen HISEI (vgl. Kohn, 1969).

Das Prozessmerkmal *elterliche mathematikbezogene Einstellungen* wird anhand des elterlichen Interesses am Mathematikunterricht des Kindes, der elterlichen Wertschätzung des Fachs Mathematik und des elterlichen Bezugs zum Fach Mathematik abgebildet (vgl. Ehmke et al., 2006). Es wird angenommen, dass ein hoher HISEI mit einem stärkeren Interesse am Mathematikunterricht, einer höheren Wertschätzung und einem stärkeren Bezug zum Fach Mathematik einhergeht. Angelehnt an die Theorie des Modelllernens von Bandura (1979) kann davon ausgegangen werden, dass Eltern, die einen starken Bezug zum Fach Mathematik haben sowie Interesse an und Wertschätzung gegenüber Mathematik äußern, die mathematikbezogenen Einstellungen ihres Kindes beeinflussen, was sich wiederum auf die mathematische Leistungsentwicklung des Kindes auswirken kann.

Abbildung 2: Die Einflüsse des Statusmerkmals HISEI und der familiären Prozessmerkmale auf die Entwicklung der Mathematikleistung des Kindes (in Anlehnung an Ehmke et al., 2006; Helmke & Weinert, 1997)

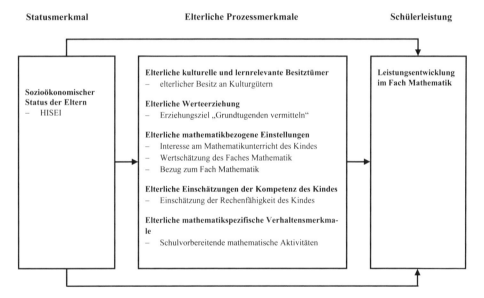

Ein weiteres Prozessmerkmal bezieht sich auf die elterliche Einschätzung der Rechenfähigkeit des Kindes. Eine hohe Ausprägung des HISEI führt vermutlich zu einer positiveren Einschätzung der Rechenfähigkeit des Kindes. Es ist naheliegend, dass diese elterlichen Einschätzungen des Kindes wiederum die Leistungsentwicklung des Kindes in Mathematik beeinflussen (vgl. Eccles et al., 1993).

Tabelle 1: Deskriptive Skalenkennwerte für die relevanten Elternskalen ($N = 469$) am Ende des ersten Schuljahres

	M	SD	Cronbachs α	N Items	Itembeispiel und Antwortformat
Elterlicher Besitz an Kulturgütern	0.77	0.25	.67	6	„Gibt es bei Ihnen zu Hause klassische Literatur (z. B. von Goethe)?" 0 = nein 1 = ja
Erziehungsziel Grundtugenden vermitteln	2.65	0.47	.78	6	„Mein Kind soll tüchtig sein." 1 = unwichtig 4 = sehr wichtig
Elterliches Interesse am Mathematikunterricht des Kindes	3.63	0.46	.80	3	„Wir interessieren uns dafür, was unser Kind im Mathematikunterricht lernt." 1 = trifft nicht zu 4 = trifft völlig zu
Elterliche Wertschätzung des Fachs Mathematik	3.77	0.31	.70	5	„In unserer Familie betrachten wir Mathematik als wichtiges Fach." 1 = trifft nicht zu 4 = trifft völlig zu
Elterlicher Bezug zum Fach Mathematik	3.33	0.47	.80	5	„Wir glauben, in Mathematik wissen wir so gut Bescheid wie der Lehrer unseres Kindes." 1 = trifft nicht zu 4 = trifft völlig zu
Elterliche Einschätzung der Rechenfähigkeit des Kindes	4.17	0.73	.87	3	„Im Rechnen ist mein Kind nicht gut / sehr gut." 1 = negative Einschätzung 5 = positive Einschätzung
Schulvorbereitende mathematische Aktivitäten	3.44	0.58	.73	6	„Ich spiele mit meinem Kind Zahlen- und Rechenspiele." 1 = nie 5 = täglich oder fast täglich

Zur Erhebung des Prozessmerkmals *elterliche mathematikspezifische Verhaltensmerkmale* wurde nach elterlichen schulvorbereitenden mathematischen Aktivitäten mit dem Kind gefragt (vgl. Neuenschwander et al., 2004). Es ist davon auszugehen, dass Eltern mit einem hohen HISEI häufiger schulvorbereitende mathematische Aktivitäten vornehmen als Eltern mit einem geringeren HISEI. Je häufiger schulvorbereitende mathematische Aktivitäten stattfinden, desto eher ist eine positive Leistungsentwicklung zu erwarten.

Zusammenfassend kann festgehalten werden, dass alle Skalen gute bis sehr gute Reliabilitäten (*Cronbachs alpha*) über $\alpha = .66$ aufweisen (vgl. Tabelle 1). Ausführliche Informationen zu den Einzelitems dieser Skalen und den entsprechenden Kennwerten können den Skalendokumentationen des PERLE-Projektes entnommen werden (Lipowsky, Faust & Greb, 2009; Lipowsky, Faust & Karst, 2011).

6.4 Ergebnisse

6.4.1 Effekte des sozioökonomischen Status

Hypothese 1: Der sozioökonomische Status hängt positiv mit der Ausprägung der familiären Prozessmerkmale (Umfang kultureller und lernrelevanter Besitztümer, Wichtigkeit elterlicher Werteerziehung, elterliche mathematikbezogene Einstellungen, Einschätzungen der Kompetenz des Kindes und elterliche mathematikspezifische Verhaltensmerkmale) zusammen.

Die Korrelationsanalysen (vgl. Tabelle 2) zeigen, dass eine hohe Ausprägung des Statusmerkmals HISEI mit einer positiven Ausprägung der Variablen Besitz an Kulturgütern und elterlicher Bezug zum Fach Mathematik zusammenhängt. Das bedeutet, dass eine hohe Ausprägung des HISEI mit einem höheren Besitz an Kulturgütern und einem stärkeren elterlichen Bezug zum Fach Mathematik einhergeht. Weiterhin besteht ein signifikant negativer Zusammenhang zwischen dem Statusmerkmal HISEI und dem Erziehungsziel Grundtugenden vermitteln. Das heißt: Je niedriger die Ausprägung des HISEI, desto eher setzen sich die Eltern die Vermittlung von Grundtugenden zum Ziel. Für alle weiteren untersuchten Prozessmerkmale ergeben sich keine signifikanten Zusammenhänge mit dem HISEI.

Tabelle 2: Korrelationen zwischen dem Statusmerkmal HISEI und den familiären Prozessmerkmalen

1)	2)	3)	4)	5)	6)	7)
.39**	-.18**	ns	ns	.35**	ns	ns

Anmerkungen: ** $p < .01$, * $p < .05$, ns = nicht signifikant; $N = 358$
1) Elterlicher Besitz an Kulturgütern, 2) Erziehungsziel Grundtugenden vermitteln, 3) Elterliches Interesse am Mathematikunterricht des Kindes, 4) Elterliche Wertschätzung des Fachs Mathematik, 5) Elterlicher Bezug zum Fach Mathematik, 6) Elterliche Einschätzung der Rechenfähigkeit des Kindes, 7) Gemeinsame schulvorbereitende mathematische Aktivitäten

Hypothese 2: Die BIP-Eltern weisen im Vergleich zu den staatlichen Eltern einen höheren sozioökonomischen Status auf.

Für die Analyse der Ausprägung des HISEI zeigt sich für die BIP-Eltern ein signifikant höherer Wert als für die staatlichen Eltern (vgl. Tabelle 3).

Tabelle 3: HISEI der BIP-Eltern und der staatlichen Eltern (Ergebnisse des T-Tests)

		N	M	SD	t	df	p	d
HISEI	BIP	155	65.53	14.03	3.26	356	<.01	.35
	staatlich	203	60.27	15.96				

Anmerkungen: Mittelwert (M) und Standardabweichung (SD), t = t-Wert, df = Freiheitsgrade, p = Irrtumswahrscheinlichkeit, d = Cohens d

<u>*Hypothese 3:*</u> *Auch nach Kontrolle des sozioökonomischen Status unterscheiden sich die Ausprägungen der Prozessmerkmale (Verfügbarkeit kultureller und lernrelevanter Besitztümer, Wichtigkeit elterlicher Werteerziehung, elterliche mathematikbezogene Einstellungen, Einschätzungen der Kompetenz des Kindes und elterliche mathematikspezifische Verhaltensmerkmale) zwischen staatlichen Eltern und BIP-Eltern.*

Da der HISEI mit einigen Elternvariablen korreliert, wird dieser für die folgenden Analysen, die sich auf einen Vergleich der Ausprägung der Prozessmerkmale bei staatlichen und BIP-Eltern beziehen, kontrolliert. Somit soll sichergestellt werden, dass nicht ausschließlich die unterschiedliche Ausprägung des sozioökonomischen Status zu Unterschieden in der Ausprägung der familiären Prozessmerkmale führt.

Für die familiären Prozessmerkmale *Interesse am Mathematikunterricht des Kindes* ($F_{(1;\ 355)} = 5.74$, $p < .05$, $\eta^2 = .02$), *Wertschätzung des Fachs Mathematik* ($F_{(1;\ 355)} = 11.39$, $p < .01$, $\eta^2 = .03$) und *Bezug zum Fach Mathematik* ($F_{(1;\ 355)} = 7.35$, $p < .01$, $\eta^2 = .02$) zeigt sich – unter Kontrolle des HISEI – wie erwartet ein signifikanter Unterschied zwischen den BIP-Eltern und den staatlichen Eltern. Die BIP-Eltern haben, unabhängig von ihrem sozioökonomischen Status, ein stärkeres Interesse am Mathematikunterricht des Kindes, sie schätzen das Fach Mathematik wichtiger, nützlicher und notwendiger ein und sie weisen einen stärkeren Bezug zum Fach Mathematik auf als staatliche Eltern. Allerdings klärt die Schulzugehörigkeit der Kinder nur zwischen 2–3 % der Unterschiede in den untersuchten Prozessmerkmalen auf. Für alle weiteren untersuchten familiären Prozessmerkmale zeigen sich keine signifikanten Unterschiede (vgl. Tabelle 4).

6. Der Einfluss familiärer Prozessmerkmale auf die Entwicklung der Mathematikleistung

Tabelle 4: Ausprägungen der familiären Prozessmerkmale bei BIP-Eltern und staatlichen Eltern (Ergebnisse der multivariaten Kovarianzanalyse mit Einbezug des HISEI als Kovariate)

		N	M	SD	$F_{(1;\,355)}$	p	η^2
Elterlicher Besitz an Kulturgütern	BIP	155	0.79	0.23	0.34	.56	.00
	staatlich	203	0.77	0.25			
Erziehungsziel Grundtugenden vermitteln	BIP	155	2.58	0.44	0.28	.59	.00
	staatlich	203	2.64	0.47			
Elterliches Interesse am Mathematikunterricht des Kindes	BIP	155	3.71	0.43	5.74	.02	.02
	staatlich	203	3.60	0.44			
Elterliche Wertschätzung des Fachs Mathematik	BIP	155	3.83	0.25	11.39	.00	.03
	staatlich	203	3.72	0.35			
Elterlicher Bezug zum Fach Mathematik	BIP	155	3.46	0.45	7.35	.01	.02
	staatlich	203	3.28	0.47			
Elterliche Einschätzung der Rechenfähigkeit des Kindes	BIP	155	4.25	0.73	1.94	.16	.01
	staatlich	203	4.14	0.75			
Schulvorbereitende mathematische Aktivitäten	BIP	155	3.40	0.61	0.00	.95	.00
	staatlich	203	3.41	0.59			

Anmerkungen: Mittelwert (*M*) und Standardabweichung (*SD*), F = F-Wert$_{(Freiheitsgrade)}$, p = Irrtumswahrscheinlichkeit, η^2 = partielles Eta-Quadrat

6.4.2 Homogenität elterlicher Einstellungen

Hypothese 4: Die Einstellungen der BIP-Eltern (Wichtigkeit der Werteerziehung und elterliche mathematikbezogene Einstellungen) sind homogener als die der staatlichen Eltern.

Es zeigt sich nur für die Wertschätzung des Fachs Mathematik ein signifikanter Unterschied zwischen den Standardabweichungen in der Gruppe der staatlichen Eltern und den Standardabweichungen in der Gruppe der BIP-Eltern ($F_{(1;\,467)}$ = 20.22, $p < .01$). Für die BIP-Eltern liegt die Standardabweichung bei $SD = 0.27$. Die staatlichen Eltern weisen eine Standardabweichung von $SD = 0.34$ auf. Die Antworten der BIP-Eltern fallen somit signifikant homogener aus als die der staatlichen Eltern (vgl. Tabelle 5). Für alle anderen Variablen weisen die Elterngruppen vergleichbare Standardabweichungen auf. Das heißt, dass die Werte innerhalb der Gruppe der staatlichen Eltern und innerhalb der Gruppe der BIP-Eltern vergleichbar stark streuen. Zusammenfassend handelt es sich bei den BIP-Eltern demnach nicht, was die hier untersuchten Merkmale anbelangt, um eine homogenere Gruppe.

Tabelle 5: Streuung der familiären Prozessmerkmale bei BIP-Eltern und staatlichen Eltern (Ergebnisse des Levenetests)

		N	M	SD	$F_{(1;\,467)}$	p
Erziehungsziel Grundtugenden vermitteln	BIP	206	2.62	0.44	2.59	.11
	staatlich	263	2.68	0.49		
Elterliches Interesse am Mathematikunterricht des Kindes	BIP	206	3.69	0.45	2.39	.12
	staatlich	263	3.58	0.45		
Elterliche Wertschätzung des Fachs Mathematik	BIP	206	3.82	0.27	20.22	<.01
	staatlich	263	3.73	0.34		
Elterlicher Bezug zum Fach Mathematik	BIP	206	3.42	0.46	0.74	.39
	staatlich	263	3.27	0.47		

Anmerkungen: Mittelwert (*M*) und Standardabweichung (*SD*), F = F-Wert$_{(Freiheitsgrade)}$, *p* = Irrtumswahrscheinlichkeit

6.4.3 Effekte elterlicher Einschätzungen

Hypothese 5: Die Entwicklung der Mathematikleistung bis zum Ende des zweiten Schuljahres wird durch mathematikspezifische Prozessmerkmale (elterliche mathematikbezogene Einstellungen, elterliche Einschätzungen der Kompetenz des Kindes, elterliche mathematikspezifische Verhaltensmerkmale) beeinflusst.

Zur Überprüfung der letzten Hypothese werden elterliche mathematikbezogene Einstellungen, elterliche mathematikspezifische Einschätzungen und elterliche mathematikspezifische Verhaltensmerkmale mittels Mehrebenenanalysen auf ihre Einflüsse geprüft. Anschließend werden alle Variablen simultan berücksichtigt. So kann überprüft werden, ob die mathematikspezifischen Prozessmerkmale einen gemeinsamen Einfluss auf die Entwicklung der Mathematikleistung des Kindes haben. Weiterhin werden die Modelle so aufgebaut, dass ein Vergleich der Einflüsse möglich ist. Auf der Schülerebene wird jeweils die Mathematikleistung zu Beginn des ersten Schuljahres kontrolliert. Auf der Klassenebene wird jeweils der Einfluss des Schultyps berücksichtigt.

Tabelle 6 beginnt mit den elterlichen mathematikbezogenen Einstellungen. In Modell 1 werden der Einfluss des elterlichen Interesses am Mathematikunterricht des Kindes und die Mathematikleistung zu Beginn des ersten Schuljahres auf den Lernzuwachs in Mathematik (Anfang des ersten Schuljahres bis Ende des zweiten Schuljahres) getestet. Modell 2 prüft ergänzend die Effekte der elterlichen Wertschätzung für das Fach Mathematik. In Modell 3 wird der Einfluss des elterlichen Bezugs zum Fach Mathematik geprüft. Auf der Klassenebene wurde jeweils der Schultyp kontrolliert.

6. Der Einfluss familiärer Prozessmerkmale auf die Entwicklung der Mathematikleistung

Tabelle 6: Einfluss elterlicher mathematikbezogener Einstellungen auf die Leistungsentwicklung der Kinder in Mathematik (Ergebnisse von Mehrebenenanalysen)

	Prädiktoren	AV Lernzuwachs in der arithmetischen Kompetenz (t1-t3)					
		Modell 1		Modell 2		Modell 3	
		Beta	SE	Beta	SE	Beta	SE
L-2	BIP[a]	.16ns	.11	.15ns	.11	.14ns	.11
L-1	Elterliches Interesse am Mathematikunterricht des Kindes	.06ns	.03	.04ns	.03	.04ns	.03
	Elterliche Wertschätzung des Fachs Mathematik			-.05ns	.03	.03ns	.03
	Elterlicher Bezug zum Fach Mathematik					.06ns	.05
	Mathematikleistung zu Beginn des ersten Schuljahres	-.52**	.04	-.52**	.04	-.53**	.04

Anmerkungen: Beta = z-standardisierter Regressionskoeffizient, SE = Standardfehler, ** $p < .01$, * $p < .05$,
[a]: dummy-kodiert, ns = nicht signifikant, 1 = BIP, 0 = staatlich; L-1 = Individualebene, L-2 = Klassenebene

Wie Tabelle 6 zu entnehmen ist, ergeben sich für den Schultyp keine signifikanten Effekte auf die Entwicklung der Mathematikleistung. In keinem der Modelle zeigt sich für die drei familiären Prozessmerkmale (Interesse am Mathematikunterricht, Wertschätzung des Fachs Mathematik, Bezug zum Fach Mathematik) ein signifikanter Einfluss auf die Entwicklung der Mathematikleistung des Kindes. Lediglich die Mathematikleistung zu Beginn des ersten Schuljahres hat einen signifikanten negativen Einfluss auf die Entwicklung der Mathematikleistung des Kindes. Das heißt: Schüler mit geringeren mathematischen Fähigkeiten zu Schulbeginn lernen mehr dazu als Schüler mit günstigeren mathematischen Eingangsvoraussetzungen (siehe auch Kapitel 3).

Für die elterliche Einschätzung der Rechenfähigkeit des Kindes (Modell 4) zeigt sich ein positiver Einfluss auf die Entwicklung der Mathematikleistung des Kindes auch nach Kontrolle des Schultyps (vgl. Tabelle 7). Das heißt: Je positiver die Eltern die Rechenfähigkeit des Kindes einschätzen, desto günstiger entwickelt sich die Mathematikleistung des Kindes, und zwar auch nach Kontrolle der mathematischen Leistung zu Beginn des ersten Schuljahres. Auch in diesem Modell zeigt sich kein signifikanter Unterschied in der Entwicklung der Mathematikleistung zwischen den Schülern der BIP-Schulen und der staatlichen Schulen.

Um den Einfluss der elterlichen Einschätzung der Rechenfähigkeit des Kindes auf die Entwicklung der Mathematikleistung genauer zu betrachten, wäre es hier wünschenswert gewesen, den HISEI der Eltern als eine wichtige Statusvariable zu kontrollieren, um ausschließen zu können, dass dieser Effekt auf den Unterschied in der Auspragung des HISEI zurückzuführen ist. Aus methodischen Gründen war dies jedoch nicht möglich, denn für einen erheblichen Teil der Eltern konnte aufgrund fehlender Daten der HISEI nicht gebildet werden.

Für die gemeinsamen schulvorbereitenden mathematischen Aktivitäten mit dem Kind weisen die Analysen keinen signifikanten Einfluss auf die Entwicklung der Mathematikleistung des Kindes auf (vgl. Tabelle 8). Die Schüler der BIP- und staatlichen Schulen zeigen auch in diesem Modell keine signifikanten Unterschiede in der Leistungsentwicklung in Mathematik von Beginn des ersten bis zum Ende des zweiten Schuljahres. Die Mathematikleistung zu Beginn des ersten Schuljahres hat, wie in den Modellen zuvor, einen signifikanten negativen Einfluss auf die Leistungsentwicklung in Mathematik.

Um abschließend zu überprüfen, ob die mathematikspezifischen Prozessmerkmale einen gemeinsamen Einfluss auf die Entwicklung der Mathematikleistung des Kindes haben, werden die in den bisherigen Modellen verwendeten Variablen bündelweise betrachtet. In Modell 6 wird der Einfluss der elterlichen mathematikbezogenen Einstellungen und Einschätzungen sowie der Mathematikleistung zu Beginn des ersten Schuljahres auf die Entwicklung der Mathematikleistung des Kindes bis zum Ende des zweiten Schuljahres getestet. In Modell 7 werden anstatt der elterlichen Einschätzung die schulvorbereitenden mathematischen Aktivitäten mit dem Kind einbezogen. Abschließend werden in Modell 8 alle in den vorherigen Modellen verwendeten mathematikspezifischen Prozessmerkmale gleichzeitig betrachtet, um zu überprüfen, ob diese einen gemeinsamen Einfluss auf die Entwicklung der Mathematikleistung des Kindes haben (vgl. Tabelle 9).

Tabelle 7: Einfluss elterlicher mathematikspezifischer Einschätzungen auf die Leistungsentwicklung der Kinder in Mathematik (Ergebnisse von Mehrebenenanalysen)

		AV Lernzuwachs in der arithmetischen Kompetenz (t1-t3)	
		Modell 4	
	Prädiktoren	Beta	SE
L-2	BIP[a]	.18ns	.10
L-1	Elterliche Einschätzung der Rechenfähigkeiten des Kindes	.15**	.05
	Mathematikleistung zu Beginn des ersten Schuljahres	-.60**	.05

Anmerkungen: *Beta* = z-standardisierter Regressionskoeffizient, *SE* = Standardfehler, ** $p < .01$, * $p < .05$,
[a]: dummy-kodiert, ns = nicht signifikant, 1 = BIP, 0 = staatlich; L-1 = Individualebene, L-2 = Klassenebene

6. Der Einfluss familiärer Prozessmerkmale auf die Entwicklung der Mathematikleistung

Tabelle 8: Einfluss elterlicher Verhaltensmerkmale auf die Leistungsentwicklung der Kinder in Mathematik (Ergebnisse von Mehrebenenanalysen)

	Prädiktoren	AV Lernzuwachs in der arithmetischen Kompetenz (t1-t3)	
		Modell 5	
		Beta	SE
L-2	BIP[a]	.18ns	.11
L-1	Gemeinsame schulvorbereitende mathematische Aktivitäten mit dem Kind	.03ns	.04
	Mathematikleistung zu Beginn des ersten Schuljahres	-.52**	.05

Anmerkungen: Beta = z-standardisierter Regressionskoeffizient, SE = Standardfehler, ** $p < .01$, * $p < .05$,
[a]: dummy-kodiert, ns = nicht signifikant, 1 = BIP, 0 = staatlich; L-1 = Individualebene, L-2 = Klassenebene

Tabelle 9: Einfluss aller elterlichen mathematikspezifischen Prozessmerkmale auf die Leistungsentwicklung der Kinder in Mathematik (Ergebnisse von Mehrebenenanalysen)

	Prädiktoren	AV Lernzuwachs in der arithmetischen Kompetenz (t1-t3)					
		Modell 6		Modell 7		Modell 8	
		Beta	SE	Beta	SE	Beta	SE
L-2	BIP[a]	.13ns	.11	.13ns	.11	.13ns	.11
L-1	Elterliches Interesse am Mathematikunterricht des Kindes	.04ns	.04	.04ns	.04	.04ns	.04
	Elterliche Wertschätzung des Fachs Mathematik	.01ns	.03	.03ns	.03	.01ns	.03
	Elterlicher Bezug zum Fach Mathematik	.04ns	.05	.06ns	.05	.05ns	.05
	Elterliche Einschätzung der Rechenfähigkeiten des Kindes	.14**	.05			.14**	.05
	Gemeinsame schulvorbereitende mathematische Aktivitäten mit dem Kind			.01ns	.04	.01ns	.04
	Mathematikleistung zu Beginn des ersten Schuljahres	-.60**	.05	-.54**	.04	-.60**	.05

Anmerkungen: Beta = z-standardisierter Regressionskoeffizient, SE = Standardfehler, ** $p < .01$, * $p < .05$,
[a]: dummy-kodiert, ns = nicht signifikant, 1 = BIP, 0 = staatlich; L-1 = Individualebene, L-2 = Klassenebene

Auch wenn mehrere oder alle Prädiktoren gleichzeitig berücksichtigt werden, zeigt sich nur ein Effekt der elterlichen mathematikspezifischen Einschätzungen und der Mathematikleistung zu Beginn des ersten Schuljahres auf die Entwicklung der Mathematikleistung. Das bedeutet: Je eher die Eltern davon überzeugt sind, dass ihr Kind über ausgeprägte mathematische Fähigkeiten verfügt, desto günstiger entwickelt sich das Kind, auch unabhängig von den tatsächlichen Leistungen. Die anderen Prozessmerkmale, wie beispielsweise die gemeinsamen schulvorbereitenden mathematischen Aktivitäten, haben keinen Einfluss auf die Mathematikleistung.

Die Betakoeffizienten der Einflussvariablen unterscheiden sich im Vergleich zu den zuvor vorgestellten Modellen kaum. Der Betakoeffizient der elterlichen mathematikspezifischen Einschätzungen liegt in den Modellen zwischen $\beta = .14$ und $\beta = .15$. Der Betakoeffizient der Mathematikleistung zu Beginn des ersten Schuljahres nimmt Werte von $\beta = -.52$ bis $\beta = -.60$ an. Für die elterlichen mathematikbezogenen Einstellungen (Interesse, Wertschätzung, Bezug) und die elterlichen mathematikspezifischen Verhaltensmerkmale zeigt sich unter Berücksichtigung der Mathematikleistung zu Beginn des ersten Schuljahres in keinem der Modelle ein signifikanter Einfluss auf die Entwicklung der Mathematikleistung des Kindes. Auf der Klassenebene wurde, wie in den Modellen zuvor, der Schultyp kontrolliert. Für alle Modelle ist dieser nicht signifikant. Für die hier herangezogene Teilstichprobe des PERLE 1-Datensatzes (gültige Schüler- und Elterndaten) ergibt sich somit kein Effekt des Schultyps auf die Leistungsentwicklung in Mathematik. Die berechneten Modelle für die Gesamtstichprobe (siehe Kapitel 3.4.4) kamen zu dem Ergebnis, dass es über die ersten beiden Schuljahre einen leichten Vorsprung für die BIP-Schüler gab.

6.5 Diskussion und Ausblick

Insgesamt konnte gezeigt werden, dass für einzelne Variablen signifikante Unterschiede zwischen den BIP-Eltern und den staatlichen Eltern bestehen. Die BIP-Eltern weisen einen höheren HISEI auf als die staatlichen Eltern. Die Korrelationsanalysen zeigen, dass eine hohe Ausprägung des HISEI mit einem größeren Besitz an Kulturgütern und einem positiveren elterlichen Bezug zum Fach Mathematik einhergeht. Des Weiteren beurteilen Eltern mit einem hohen HISEI das Erziehungsziel *Grundtugenden vermitteln* weniger wichtig als Eltern mit einem geringeren HISEI. Die BIP-Eltern zeigen unabhängig von der Ausprägung des HISEI ein stärkeres Interesse am Mathematikunterricht des Kindes, äußern eine höhere Wertschätzung für das Fach Mathematik und weisen einen positiveren Bezug zum Fach Mathematik auf. Für die Wertschätzung des Fachs Mathematik fallen die Antworten der BIP-Eltern signifikant homogener aus als die der staatlichen Eltern.

Es erweist sich jedoch nur eine einzige Prozessvariable als signifikanter elterlicher Einflussfaktor für die Leistungsentwicklung des Kindes in Mathematik: die elterliche Einschätzung der Rechenfähigkeit des Kindes. Je positiver die Eltern die Rechenfähigkeit des Kindes am Ende des ersten Schuljahres einschätzen, desto besser entwickelt sich die Mathematikleistung des Kindes. Für die elterliche Einschätzung der Rechenfähigkeit zeigte sich jedoch kein signifikanter Unterschied zwischen den BIP-Eltern und den staatlichen Eltern. Aus methodischen Gründen musste an dieser Stelle auf eine zusätzliche Analyse zur Kontrolle des HISEI verzichtet werden.

Einschränkend muss darauf hingewiesen werden, dass die einbezogene Stichprobe etwas verzerrt ist, sodass nicht auszuschließen ist, dass die geringen Unterschiede auch darauf zurückzuführen sind, dass einige Eltern einen Teil der Fragen nicht beantwortet oder gar nicht an der Befragung teilgenommen haben.

Zusammenfassend kann festgehalten werden, dass die vermuteten Unterschiede zwischen staatlichen und BIP-Eltern nur für einen Teil der Variablen bestätigt werden konnten. In zukünftigen Analysen wäre zu überprüfen, ob die hier nicht nachweisbaren Zusammenhänge zwischen den ausgewählten Prozessmerkmalen und dem Leistungszuwachs der Schüler auch für andere Domänen gelten. Offen ist beispielsweise, wie sich Prozessmerkmale familialer Lesesozialisation, wie zum Beispiel die elterliche Lesemotivation, auf den Leistungszuwachs im Lesen auswirken.

Literatur

Bandura, A. (1979). *Sozial-kognitive Lerntheorie.* Stuttgart: Klett.
Bildungsagentur der Mehlhornschulen (o. J.). *Grundprinzipien.* Zugriff am 28. Januar 2011, http://www.bip-mehlhornschulen.de/Grundprinzipien.40.0.html.
Boudon, R. (1974). *Education, opportunity, and social inequality.* New York: John Wiley Verlag.
Ditton, H. (1989). Determinanten für elterliche Bildungsaspirationen und für Bildungsempfehlungen des Lehrers. *Empirische Pädagogik, 3,* 215–231.
Ditton, H. (2008). Der Beitrag von Schule und Lehrern zur Reproduktion von Bildungsungleichheit. In R. Becker & W. Lauterbach (Hrsg.), *Bildung als Privileg. Erklärungen und Befunde zu den Ursachen der Bildungsungleichheit* (S. 247–275). Wiesbaden: Verlag für Sozialwissenschaften.
Eccles, J.S., Arbreton, A.J.A., Miller Buchanan, C., Jacobs, J.E., Flanagan, C., Harold, R.D. et al. (1993). School and family effects on the ontogeny of children's interests, self-perceptions, and activity choice. In J.E. Jacobs & R. Dienstbier (Eds.), *Developmental perspectives on motivation* (Vol. 40, pp. 145–208). Lincoln. NE: University of Nebraska Press.
Ehmke, T. (2008). Welche Bedeutung haben lernförderliche und naturwissenschaftsbezogene Einstellungen und Prozesse im Elternhaus für die Erklärung sozialer Disparitäten in der naturwissenschaftlichen Kompetenz? *Zeitschrift für Erziehungswissenschaft, Sonderheft 10,* 129–148.
Ehmke, T. & Siegle, T. (2005). Mathematikbezogene Selbsteinschätzung und Testbereitschaft von Erwachsenen. In G. Graumann (Hrsg.), *Beiträge zum Mathematikunterricht 2005. Vorträge auf der 39. Tagung für Didaktik der Mathematik vom 28.2. bis 4.3.2005 in Bielefeld* (S. 175–178.). Hildesheim: Franzbecker,
Ehmke, T. & Siegle, T. (2006). Mathematical Literacy bei Erwachsenen: Über welche Kompetenz verfügen die Eltern von PISA-Schülerinnen und Schülern? In M. Prenzel & L. Allolio-Näcke (Hrsg.), *Untersuchungen zur Bildungsqualität von Schule* (S. 84–99.). Münster: Waxmann.
Ehmke, T. & Siegle, T. (2007). How well do parents do on PISA? Results concerning the mathematical competency of parents and children in the German sample. In M. Prenzel

(Ed.), *Studies on the educational quality of schools. The final report on the DFG Priority Program* (pp. 61–77). Münster: Waxmann.

Ehmke, T., Hohensee, F., Siegle, T. & Prenzel, M. (2006). Soziale Herkunft, elterliche Unterstützungsprozesse und Kompetenzentwicklung. In M. Prenzel, J. Baumert, W. Blum, R. Lehmann, D. Leutner, M. Neubrand, R. Pekrun, J. Rost & U. Schiefele (Hrsg.), *PISA 2003: Untersuchungen zur Kompetenzentwicklung im Verlauf eines Schuljahres* (S. 225–248). Münster: Waxmann.

Ehmke, T., Siegle, T. & Hohensee, F. (2005). Soziale Herkunft im Ländervergleich. In M. Prenzel, J. Baumert, W. Blum, R. Lehmann, D. Leutner, M. Neubrand, R. Pekrun, J. Rost & U. Schiefele (Hrsg.), *PISA 2003. Der zweite Vergleich der Länder in Deutschland – Was wissen und können Jugendliche?* (S. 235–267). Münster: Waxmann.

Freie und Hansestadt Hamburg, Behörde für Schule und Berufsbildung & Institut für Bildungsmonitoring (Hrsg.). (2009). *Bildungsbericht Hamburg*. Zugriff am 09.01.2011 unter: http://www.bildungsmonitoring.hamburg.de/index.php/file/download/1359.

Ganzeboom, H.B., De Graaf, P.M. & Treiman, D.J. (1992). A standard international socio-economic index of occupational status. *Social Science Research, 21*, 1–56.

Helmke, A. (2009). *Unterrichtsqualität und Lehrerprofessionalität. Diagnose, Evaluation und Verbesserung des Unterrichts*. Seelze: Klett Kallmeyer.

Helmke, A. & Weinert, F.E. (1997). Bedingungsfaktoren schulischer Leistungen. In F.E. Weinert (Hrsg.), *Psychologie des Unterrichts und der Schule*. Enzyklopädie der Psychologie, Serie Pädagogische Psychologie (Bd. 3, S. 71–176). Göttingen: Hogrefe.

Helmke, A., Schrader, F.-W. & Lehneis-Klepper, G. (1991). Zur Rolle des Elternverhaltens für die Schulleistungsentwicklung ihrer Kinder. *Zeitschrift für Entwicklungspsychologie und Pädagogische Psychologie, 23*(1), 1–22.

Kohn, M.L. (1969). *Class and conformity. A study in values*. Homewood, IL: Dorsey Press.

Lehmann, R.H. & Peek, R. (1997). *Aspekte der Lernausgangslage von Schülerinnen und Schülern der fünften Klassen an Hamburger Schulen* (Bericht über die Untersuchung im September 1996). Berlin: Humboldt Universität.

Lipowsky, F., Faust, G. & Greb, K. (Hrsg.) (2009). *Dokumentation der Erhebungsinstrumente des Projekts „Persönlichkeits- und Lernentwicklung von Grundschulkindern" (PERLE) – Teil 1* (Materialien zur Bildungsforschung, Band 23/1). Frankfurt am Main: Gesellschaft zur Förderung Pädagogischer Forschung (GFPF).

Lipowsky, F., Faust, G. & Karst, K. (Hrsg.) (2011). *Dokumentation der Erhebungsinstrumente des Projekts „Persönlichkeits- und Lernentwicklung von Grundschulkindern" (PERLE) – Teil 2* (Materialien zur Bildungsforschung, Band 23/2). Frankfurt am Main: Gesellschaft zur Förderung Pädagogischer Forschung (GFPF).

Melhuish, E.C., Phan, M.B., Sylva, K., Sammond, P., Siraj-Blatchford, I. & Taggart, B. (2008). Effects of the home learning environment and preschool centre experience upon literacy and numeracy development in early primary school. *Journal of Social Issues, 64*(10), 95–114.

Neuenschwander, M.P., Balmer, T., Gasser, A., Goltz, S., Hirt, U., Ryser, U. & Wartenweiler, H. (2004). *Eltern, Lehrpersonen und Schülerleistungen (Schlussbericht)*. Stelle für Forschung und Entwicklung, Lehrerinnen- und Lehrerbildung Bern.

Paetzold, B. (1988). *Familie und Schulanfang. Eine Untersuchung des mütterlichen Erziehungsverhaltens*. Bad Heilbrunn: Klinkhardt.

Prenzel, M., Artelt, C., Baumert, J., Blum, W., Hammann, M., Klieme, E. & Pekrun, R. (Hrsg.). (2008). *PISA 2006 in Deutschland. Die Kompetenzen der Jugendlichen im dritten Ländervergleich. Zusammenfassung*. Zugriff am 03. September 2009, http://pisa.ipn.uni-kiel.de/Zusfsg_PISA2006_national.pdf.

Prenzel, M., Baumert, J., Blum, W., Lehmann, R., Leutner, D., Neubrand, M., Pekrun, R., Rost, J. & Schiefele, U. (Hrsg.) (2005). *PISA 2003. Der zweite Vergleich der Länder in Deutschland – Was wissen und können Jugendliche?* Münster: Waxmann.

Sturzbecher, D. & Kalb, K. (1993). Vergleichende Analyse elterlicher Erziehungsziele in der ehemaligen DDR und der alten Bundesrepublik. *Psychologie in Erziehung und Unterricht, 40*, 132–136.

Watermann, R. & Baumert, J. (2006). Entwicklung eines Strukturmodells zum Zusammenhang zwischen sozialer Herkunft und fachlichen und überfachlichen Kompetenzen. Befunde national und international vergleichender Analysen. In J. Baumert, P. Stanat & R. Watermann (Hrsg.), *Herkunftsbedingte Disparitäten im Bildungswesen: differenzielle Bildungsprozesse und Probleme der Verteilungsgerechtigkeit* (S. 61–94). Wiesbaden: VS Verlag für Sozialwissenschaften.

7. Professionelle Handlungskompetenz von Lehrpersonen

Swantje Post, Claudia Kastens und Frank Lipowsky

Einleitung

Im vorliegenden Kapitel wird untersucht, ob sich Lehrpersonen an den BIP-Kreativitätsgrundschulen und an den staatlichen Grundschulen in Bezug auf ausgewählte Dimensionen der professionellen Handlungskompetenz voneinander unterscheiden.

Neben den individuellen kognitiven und motivational-affektiven Merkmalen der Schüler gelten in der Schul- und Unterrichtsforschung verschiedene Merkmale der Klassenebene, wie beispielsweise die Qualität des Unterrichts, als wichtige Einflussgrößen für den Schulerfolg (Einsiedler, 1997; Hattie, 2009; Helmke, 2007a; Lipowsky, 2009). Dabei ist die Qualität des Unterrichts als ein Bedingungsfaktor für schulischen Lernerfolg im Gegensatz zu anderen Kontextmerkmalen (wie beispielsweise familiären Hintergrundmerkmalen) eher beeinflussbar (Bromme, 1997; Campbell, Kyriakidis, Muijs & Robinson, 2004; Rivkin, Hanushek & Kain, 2005; Santiago, 2002; Wenglinsky, 2000). Die Gestaltung des Unterrichts und somit auch die Qualität des Unterrichts sind wiederum abhängig von Merkmalen der Lehrperson (Bromme, 1997; Helmke, 2007b; Lipowsky, 2006).

7.1 Theoretischer Hintergrund

Ausgehend von diesen Befunden zur Lehrerexpertise (Bromme, 1997; Helmke & Weinert, 1997) haben Baumert und Kunter (2006) das Modell der professionellen Handlungskompetenz von Lehrern entwickelt, welches die theoretische Rahmung für das vorliegende Kapitel liefert. Die professionelle Handlungskompetenz von Lehrpersonen gilt als ein zentraler Aspekt professioneller Expertise. Durch die Einführung des Kompetenzbegriffs nach Weinert (2001) bestärken die Autoren die Annahme, dass die in der Lehrerforschung beschriebenen Merkmale der Handlungskompetenz von Lehrern Prädiktoren des Lehrerhandelns und der Unterrichtsqualität darstellen. Als kompetent gilt eine Lehrperson dann, wenn sie nicht nur über ein fundiertes theoretisches Wissen verfügt, sondern dieses auch umsetzen kann. Die professionelle Handlungskompetenz von Lehrpersonen entsteht nach Baumert und Kunter (2006) aus dem Zusammenwirken folgender für den Lehrerberuf spezifizierter Wissenskomponenten:
- Professionswissen: deklaratives und prozedurales Wissen
- Motivationale Orientierungen
- Professionelle Überzeugungen und Werthaltungen
- Fähigkeiten professioneller Selbstregulation

In Tabelle 1 sind den vier Wissenskomponenten der professionellen Handlungskompetenz die Wissensbereiche und -facetten zugeordnet, die im Rahmen der PERLE-Lehrerbefragung erfasst wurden.

Als ein Indikator der selbstregulativen Fähigkeiten von Lehrpersonen wurde die Selbstwirksamkeitserwartung, als Indikator für die motivationalen Orientierungen die Lernzielorientierung der Lehrpersonen erfasst.

Tabelle 1: Übersicht über die eingesetzten Skalen/erfassten Konstrukte

Komponenten der professionellen Handlungskompetenz von Lehrpersonen	
Professionswissen	Fachwissen
	Fachspezifisches pädagogisches Wissen
Selbstregulative Fähigkeiten	Selbstwirksamkeitserwartung
Motivationale Orientierungen	Zielorientierung (*mastery orientation*)
Überzeugungen und Werthaltungen	– Lehr- und Lernverständnis: Konstruktivistisches Lehr- und Lernverständnis (*constructivist view*) „Traditionelles" Lehr- und Lernverständnis (*transmission view*) Kausalattributionen
	– Bezugsnormorientierungen (BNO): Soziale BNO BNO mit Individualisierungstendenz
	– Epistemologische Überzeugungen – Mathematische Weltbilder: Prozessaspekt Formalismusaspekt Anwendungsaspekt
	– Konzept von Begabung: Statisches Konzept von Begabung Dynamisches Konzept von Begabung

Überzeugungen werden stärker handlungsleitende Funktionen zugeschrieben als dem Wissen. Sie gelten somit als besonders wichtige Prädiktoren des Unterrichtshandelns von Lehrern (Munby, Russel & Martin, 2001; Nespor, 1987; Pajares, 1992). Unter dem Begriff „Überzeugungen von Lehrkräften" werden sowohl deren subjektive Theorien (Mandl & Huber, 1982) und epistemologische Überzeugungen (Hofer & Pintrich, 1997; Hofer, 2001) als auch deren Überzeugungen vom Lehren und Lernen (Pajares, 1992) zusammengefasst. Im Rahmen der PERLE-Studie wurden das Lehr- und Lernverständnis, die Kausalattributionen, die Bezugsnormorientierungen, die epistemologischen Überzeugungen und die Konzepte der Begabung als Aspekte der Überzeugungen und Werthaltungen von Lehrern erhoben.

Außerdem wurden im Rahmen der PERLE-Studie das Fachwissen und das fachdidaktische Wissen der Lehrpersonen erfasst. Für die folgenden Analysen werden Aspekte des Professionswissens (Fachwissen und fachspezifisches pädagogisches Wissen) jedoch nicht berücksichtigt.

7.1.1 Komponenten der Handlungskompetenz von Lehrpersonen

Selbstregulative Fähigkeiten

Selbstregulative Fähigkeiten werden als entscheidende Bedingungen für den Unterrichts- und den Berufserfolg von Lehrpersonen bezeichnet (Helmke, 2007b). Sie werden als zentrale Merkmale der psychischen Funktionsfähigkeit von Lehrern betrachtet und gelten als bedeutsam für die Aufrechterhaltung von Intentionen, den Erhalt der psychischen Dynamik des Handelns sowie für die Überwachung und Regulation der Ausübung der beruflichen Tätigkeiten über eine lange Zeitspanne (Baumert & Kunter, 2006).

Besondere Aufmerksamkeit wird in der Forschungsliteratur den Selbstwirksamkeitserwartungen als einem Merkmal selbstregulativer Fähigkeiten von Lehrern gewidmet (Baumert & Kunter, 2006).

Selbstwirksamkeitsüberzeugungen

Selbstwirksamkeitsüberzeugungen (*personal teacher efficacy beliefs*) zählen zu den personenbezogenen Überzeugungen der Lehrperson und beschreiben deren Überzeugung von der eigenen Verfügbarkeit von Mitteln und Kompetenzen, die zur Umsetzung von notwendigen Handlungen zur Realisierung eines definierten Ziels benötigt werden, selbst wenn die Ausgangsbedingungen (z. B. die Klassensituation) schwierig sind (Bandura, 1997; Tschannen-Moran, Woolfolk Hoy & Hoy, 1998). Der Selbstwirksamkeitsüberzeugung einer Lehrperson wird ein Einfluss auf die Unterrichtsvorbereitung und das Instruktionsverhalten von Lehrkräften zugeschrieben. Angenommen wird ferner, dass sie als protektiver Faktor vor Burnout fungiert und mit höherer beruflicher Zufriedenheit einhergeht.

Während die Forschungslage zu den Effekten der Lehrerselbstwirksamkeit auf Lehrergesundheit, berufliche Zufriedenheit und der Tendenz zu Burnout einheitlich und überwiegend erwartungskonform ausfällt (Lipowsky, 2003; Lipowsky, Thußbas, Klieme, Reusser & Pauli, 2003; Schwarzer & Warner, 2011), ist die Forschungslage zu den Wirkungen von Selbstwirksamkeitsüberzeugungen auf unterrichtliches Handeln nicht ganz so eindeutig. Zwar finden sich einige Belege dafür, dass selbstwirksamere Lehrpersonen mehr Zeit auf die Planung von Unterricht verwenden, dass sie offener für neue Ideen sind und innovativer unterrichten, dass sie sich intensiver und ausdauernder um schwächere Schüler kümmern und Rückmeldungen ihrer Schüler eher für eine Weiterentwicklung ihres Unterrichts nutzen (zusammenfassend Baumert & Kunter, 2006; vgl. Ditton & Arnoldt, 2004; Kunter & Pohlmann, 2009; Lipowsky, 2006; Schwarzer & Warner, 2011; Tschannen-Moran et al., 1998). Die Wirkungsrichtung ist jedoch nicht immer klar (vgl. Kunter & Pohlmann, 2009): Wirkt sich ein Anstieg der Lehrerselbstwirksamkeit auf das unterrichtliche Handeln aus oder sind Unterschiede im veränderten unterrichtlichen Handeln der Grund für Unterschiede in der Selbstwirksamkeit? Unklar ist auch, ob man von direkten Effekten der Selbstwirksamkeitsüberzeugung der Lehrpersonen auf das Lernen der Schüler ausgehen kann. Vor allem ältere Studien zeigen zwar entsprechende Effekte auf die Leistungen (Ashton & Webb, 1986; Ross, 1995) und teilweise auch auf affektiv-motivationale Variablen der Lernenden (Anderson, Greene & Loewen, 1988; Midgley, Feldlaufer & Eccles, 1989), ob diese Ergebnisse jedoch generalisiert werden können, ist fraglich.

Motivationale Orientierungen

Motivationale Orientierungen gelten ebenfalls als ein zentrales Merkmal der Handlungskompetenz von Lehrpersonen. Die Zielorientierungen stellen eine zentrale Komponente der motivationalen Orientierungen dar (Ames & Ames, 1984; Ames, 1992), die sich im pädagogischen Kontext als subjektive Wertüberzeugung im Hinblick auf Lernen und Leistung charakterisieren lässt (Reiserer & Mandl, 2002).

Zielorientierungen

Zieltheorien *(goal theories)*, welche ihren Ursprung in der Forschung zur Lernmotivation haben, gehen der Frage nach, aus welchem Grund Menschen sich mit Lerninhalten auseinandersetzen (Wild, Hofer & Pekrun, 2006).

Zur Klassifikation von Zielorientierungen wird vielfach auf eine dichotome Gegenüberstellung zurückgegriffen: Die Leistungszielorientierung *(performance goal orientation)* bezieht sich hierbei auf die extrinsisch motivierte Orientierung der Person, welche sich durch das Streben nach positiven Folgen oder im Vermeiden negativer Konsequenzen ausdrücken kann. Die Lernzielorientierung *(mastery goal orientation)* zielt dagegen auf das Streben nach Kompetenzzuwachs ab (zusammenfassend Ames, 1992; Dweck, 1986; Köller, 1998; Nicholls, 1984; Reiserer & Mandl, 2002; Stiensmeier-Pelster, Balke & Schlangen, 1996).

Zielorientierungen sind in zweierlei Hinsicht von Bedeutung für die Unterrichtsqualität und den Lernerfolg von Schülern. Zum einen wird vermutet, dass sich die Zielorientierungen der Lehrer unterschiedlich auf deren Wahrnehmung unterrichtlicher Situationen, ihr Verhalten im Unterricht (Dickhäuser & Tönjes, 2008), den Unterrichtsstil und die gestaltete Unterrichtsstruktur auswirken (Ames, 1992). Zum anderen wird angenommen, dass die Zielorientierungen von Lehrpersonen mit den Zielorientierungen der Schüler zusammenhängen (Anderman & Midgley, 1997; Kaplan & Maehr, 1999; Wolters, 2004). Demnach sind Schüler in der Sekundarschule beispielsweise eher lernzielorientiert, wenn sie den Unterricht als lernzielorientiert erleben (Wolters, 2004). Demgegenüber beschreiben leistungszielorientierte Schüler die wahrgenommene Struktur des Unterrichts als eher leistungszielorientiert. Diese Zusammenhänge konnten Fischer und Rustemeyer (2007) zumindest tendenziell auch für Kinder im Grundschulalter replizieren. Zudem zeigte sich, dass die Zielorientierungen von Lehrpersonen bzw. die Zielorientierungen der wahrgenommenen Unterrichtsstruktur mit dem akademischen Selbstkonzept und der Selbstwirksamkeit der Schüler sowie teilweise auch mit deren Leistungen zusammenhängen. Dabei wird der Lernzielorientierung ein überwiegend positiver Einfluss zugesprochen: Schüler einer lernzielorientierten Lehrperson bzw. Schüler, die den Unterricht lernzielorientiert wahrnehmen, haben ein günstigeres akademisches Selbstkonzept, ein höheres Selbstwirksamkeitsempfinden und bessere (Mathematik-)Leistungen als Schüler von leistungszielorientierten Lehrpersonen (Fischer & Rustemeyer, 2007, Kaplan & Maehr, 1999; Wolters, 2004).

Insgesamt wird übereinstimmend die Ansicht vertreten, dass eine Lernzielorientierung von Lehrpersonen die Motivation, die Entwicklung einer Lernzielorientierung sowie den Lernerfolg von Schülern fördert, während eine Leistungszielorientierung die Motivation, die Entwicklung der Lernzielorientierung und das Lernen im Unterricht beeinträchtigen kann (Ames, 1992; Dweck, 1986; Elliot & Dweck, 1988; Lau & Nie, 2008; Stiensmeier-Pelster et al., 1996). Der förderliche Einfluss einer Lernzielorientierung seitens der Schüler auf deren Lernverhalten und Schulleistungen kann aufgrund empirischer Ergebnisse als abgesichert eingestuft werden (Elliot & McGregor, 2001; Lau & Nie, 2008; Pintrich, 2000).

Überzeugungen und Werthaltungen

Im Rahmen des Modells der professionellen Handlungskompetenz von Lehrpersonen (siehe Kapitel 7.1.1) stellen Werthaltungen *(value commitments)* und Überzeugungen *(beliefs)* weitere Kompetenzbereiche des professionellen Handelns von Lehrern dar.

Überzeugungen werden unter anderem auch synonym als Einstellungen, Werte und Wertvorstellungen bezeichnet (Pajares, 1992), international hat sich der Terminus *teacher beliefs* durchgesetzt. Auch wenn keine trennscharfen Begriffsbestimmungen existieren und die Auffassungen darüber, ob und wie Überzeugungen vom Professionswissen abzugrenzen sind, auseinandergehen, so besteht dennoch Konsens über Merkmale, die typischerweise zugeschrieben werden können. Demnach zeichnen sich Überzeugungen stets durch einen intentionalen Gegenstandsbezug, eine innere Ordnung im Zusammenspiel mit anderen Überzeugungen, affektive Aufladung und Wertbindung aus. Sie spiegeln einen individuell verinnerlichten Habitus wider, der teilweise kollektiv mit anderen Systemzugehörigen geteilt wird, und sind in Abhängigkeit von ihrer Position und Vernetzung im individuellen Überzeugungssystem vergleichsweise stabil und eher resistent gegenüber Umstrukturierungen (Reusser, Pauli & Elmer, 2011).

Als Überzeugungen und Werthaltungen lassen sich verschiedene Formen des fachspezifischen Lehr- und Lernverständnisses *(constructivist view/transmission view)*, des Begabungskonzepts *(statisch/dynamisch)*, der Bezugsnormorientierungen *(soziale/Individualisierungstendenz)* und der Kausalattributionen mit verschiedenen Ursachenzuschreibungen hinsichtlich Schülerleistungen unterscheiden. Zudem gelten Weltbilder über das Fach *(epistemologische Überzeugungen)* als bedeutsame fachspezifische Überzeugungen.

Aus dem Forschungsstand zu den Überzeugungen von Lehrern geht hervor, dass diese wichtige Prädiktoren der Planung und Gestaltung von Unterricht sowie des unterrichtlichen Handelns von Lehrern sind (Calderhead, 1996; Leder & Forgasz, 2002; Nespor, 1987; Richardson, 1996; Stipek, Givvin, Salmon & MacGyvers, 2001). Sie beeinflussen die Wahrnehmung und Interpretation von Situationen, das didaktische und kommunikative Handeln und Problemlösen im Unterricht sowie die Auswahl von Zielen und Handlungsplänen (Reusser et al., 2011).

Allerdings sind die Entwicklung von Überzeugungen sowie deren Effekte auf die Lernleistungen von Schülern noch sorgfältiger zu betrachten und zu erforschen (Baumert & Kunter, 2006; Pajares, 1992). Die Interpretation der empirischen Evidenz bisheriger Forschungen wird einerseits durch den fehlenden Konsens über das Konstrukt, andererseits durch die Heterogenität der Forschungsdesigns und der abhängigen Variablen, die für die Untersuchungen herangezogen wurden, erschwert. Die Untersuchung vollständiger Wirkungsketten, die von Lehrerüberzeugungen über die Unterrichtsqualität und -wahrnehmung bis zu Unterrichtswirkungen verlaufen, mit einer Berücksichtigung bedeutsamer Schülermerkmale, wurde bisher nur selten versucht (Reusser et al., 2011).

In der PERLE-Studie wurden die Bezugsnormorientierungen, Überzeugungen über das Lehren und Lernen, die epistemologischen Überzeugungen und die Kausalattributionen von Lehrpersonen als Merkmale der *teacher beliefs* erfasst.

Bezugsnormorientierungen

Die Bezugsnormorientierung (BNO) von Lehrern bezeichnet die Verwendung einer Bezugsnorm *(reference norm)* bei der Einschätzung/Bewertung von Schülerleistungen und gilt als ein relativ stabiles, schwer veränderbares Persönlichkeitsmerkmal (Rheinberg, 1982). Es kann unterschieden werden zwischen einer sozialen Bezugsnorm (SBNO = Vergleich der individuellen Leistung mit der Leistung des Umfeldes), einer individuellen Bezugsnorm (IBNO = Vergleich der erbrachten Leistung mit früheren erbrachten Leistungen derselben Person) und einer sachlichen Bezugsnorm (sBNO = Vergleich mit den Kriterien und Normen der Sache selbst, in der die Leistung erbracht wurde) (Rheinberg, 2006).[1]

Verschiedene nationale und internationale Studien weisen der IBNO im Vergleich zu der SBNO positive Effekte auf unterschiedlichste Schülervariablen nach: Die IBNO der Lehrpersonen wirkt sich beispielsweise auf eine realistischere Leistungszielsetzung der Schüler, auf eine günstigere Attribuierung sowie Bewertung und Einschätzung der eigenen Person, ein höheres Fähigkeitsselbstkonzept und eine höhere Selbstwirksamkeit der Lernenden aus. Positive Effekte der IBNO ließen sich auch für die Motivation zur Leis-

---

1   Die Bezugsnormorientierung lässt sich als die Konkretisierung von Lehrerüberzeugungen über die an Schüler zu stellenden Erwartungen begreifen. Die Überzeugung, dass ein Schüler immer nur an dem gemessen werden kann, was er leisten kann, dürfte zu einer ausgeprägten individuellen Bezugsnormorientierung beitragen. Die Überzeugung, dass er sich an dem zu orientieren habe, was die Mitschüler leisten, dürfte mit einer hohen sozialen Bezugsnormorientierung einhergehen, und die Überzeugung, dass er sich an dem zu messen habe, was gesetzte Kriterien beinhalten, dürfte zu einer höheren Ausprägung der kriterialen Bezugsnorm führen. Unklarheit herrscht allerdings über den Anlass und die Ursachen der Ausbildung dieser Überzeugungen (Rheinberg, 2006).

tungsverbesserung, für die Bereitschaft zur Mitarbeit und für die Ausprägung der Prüfungsängstlichkeit der Schüler nachweisen. Vereinzelt ließen sich positive Effekte der IBNO auch für die Schülerleistungen feststellen (zusammenfassend Köller, 2004; Lüdtke & Köller, 2002; Mischo & Rheinberg, 1995; Rheinberg, 2006). Einige dieser Effekte zeigten sich am deutlichsten bei den leistungsschwachen Schülern (Rheinberg, 2006).

Anzunehmen ist, dass eine höhere IBNO auch mit einer verstärkten Differenzierungspraxis (Individualisierungstendenz) im Unterricht einhergeht.

Überzeugungen über das Lehren und Lernen

Überzeugungen über das Lehren und Lernen beinhalten Annahmen über den Zweck, die Natur und die Bedeutung von Lehr- und Lernprozessen. Ihnen werden sowohl in theoretischen als auch in empirischen Arbeiten eine bedeutsame Rolle für die Wahrnehmung, Interpretation, Planung und Gestaltung von Unterricht sowie für die Festsetzung und Verfolgung von allgemeinen Unterrichtszielen zugeschrieben (Hartinger, Kleickmann & Hawelka, 2006; Pauli, Reusser & Grob, 2007; Stipek et al., 2001).

Insbesondere konstruktivistischen Überzeugungen von Lehrern *(constructivist view)* wird in der pädagogisch-psychologischen Lehr- und Lernforschung eine günstig beeinflussende Stellung eingeräumt (Duit, 1995; Hartinger et al., 2006). Konstruktivistisch orientierte Lehrpersonen sind der Ansicht, dass der Erwerb und Aufbau von Wissen eine aktive, weitgehend selbst gesteuerte Konstruktionsleistung des Lernenden darstellt, bei der es durch Verknüpfungen neu erworbener mit bestehenden Wissenselementen zu einer vertieften Verarbeitung, Organisation und Interpretation der neuen Wissensbestände kommt (de Corte, 2000; Duit, 1995; Hartinger et al., 2006; Lipowsky, 2006). Der Lehrer versteht sich in erster Linie als Lernbegleiter und Impulsgeber, weniger als Wissensvermittler. Da das Lernen als sozialer Prozess verstanden wird, spielen offenere Aufgabenstellungen und kooperative Lernformen, bei denen die Rückmeldungen, Vorschläge und Fragen der Schüler Berücksichtigung finden, eine wichtige Rolle (Brophy, 1999; Jürgen-Lohmann, Borsch & Giesen, 2002; Pauli, Reusser, Waldis & Grob, 2003; Weinert, 1997).

Dem konstruktivistischen Lehr- und Lernverständnis steht ein eher traditionelles Lehr- und Lernverständnis *(transmission view)* gegenüber, aus dessen Sicht der Prozess des Wissenserwerbs ein streng regelhaft ablaufender Prozess der Informationsvermittlung und -verarbeitung ist. Lernen wird somit als vorrangig rezeptiver Prozess betrachtet, der durch systematisch und organisiert dargebotene Lerninhalte (Instruktionen) in einer gegenstandszentrierten Lernumgebung angeleitet wird (Reinmann & Mandl, 2006).

In verschiedenen Studien konnten positive Einflüsse konstruktivistisch geprägter Überzeugungen von Lehrpersonen auf die Leistungszuwächse der Schüler im Primar- und Sekundarbereich (Pauli, Reusser, Grob & Waldis, 2005; Pauli et al., 2007; Peterson, Fennema, Carpenter & Loef, 1989; Staub & Stern, 2002) sowie auf die kognitive Aktivierung und Selbstständigkeit der Schüler (Brunner et al., 2006) nachgewiesen werden. Umgekehrt finden sich aber auch Hinweise darauf, dass konstruktivistisch geprägte Überzeugungen nicht mit Leistungszuwächsen einhergehen (Seidel, Schwindt, Rimmele & Prenzel, 2008).

Weiterhin werden systematische Zusammenhänge zwischen einem konstruktivistisch orientierten Lern- und Lehrverständnis der Lehrpersonen einerseits sowie dem Fachwissen und dem fachdidaktischen Wissen (Brunner et al., 2006; Peterson et al., 1989), dem Aufgabeneinsatz im Unterricht (Staub & Stern, 2002) und der sozialen Unterstützung (Brunner et al., 2006) andererseits berichtet.

Für das transmissive Lehr- und Lernverständnis zeigen Untersuchungen gegenläufige Befunde. In einer Untersuchung zum transmissiven Verständnis konnte gezeigt werden, dass der Unterricht bei Mathematiklehrern mit starken transmissiven Überzeugungen wenig kognitiv aktivierend und herausfordernd war. Zudem wirkten sich diese transmissiven Überzeugungen auch negativ auf die mathematischen Schülerleistungen aus (Dubberke, Kunter, McElvany, Brunner & Baumert, 2008; siehe auch Kapitel 3.1.3).

Epistemologische Überzeugungen

Bei epistemologischen Überzeugungen *(epistemological beliefs)* handelt es sich um subjektive, wertbezogene Annahmen und Einstellungen über das Wesen des Wissens sowie die Charakteristiken des Lernens generell oder innerhalb einer spezifischen Domäne (Törner, 2005). Epistemologische Weltbilder *(epistemological world views)*, wie die mathematischen Weltbilder, bezeichnen die übergeordneten Systeme dieser Überzeugungen (Törner, 2005).

Bei der strukturierenden Ordnung der Überzeugungen über das Wesen der Mathematik kann zwischen zwei grundsätzlichen Leitvorstellungen unterschieden werden: Die statische Sicht von Mathematik als System und im Kontrast dazu die dynamische Sicht der Mathematik als Prozess/Tätigkeit (Grigutsch, Raatz & Törner, 1998; Törner, 2002).

Mathematik wird in der *statischen Sicht* als ein (abstraktes) System beziehungsweise eine (abstrakte) Struktur verstanden, die nicht primär auf die Lösung von Problemen der Wirklichkeit ausgerichtet ist. Mathematik drückt sich demnach in reiner Theorie aus, die aus Axiomen, Begriffen und Zusammenhängen dieser Begriffe besteht und bereits vollständig interpretiert ist. In dieser fertig interpretierten mathematischen Theorie sind die angesammelten Wissensbestände in Form von Formeln, Begriffen, Regeln und Algorithmen mit den Regeln zur Festsetzung dieser Theorie verbunden (Grigutsch et al., 1998).

Diese statische Sichtweise von Mathematik innerhalb des *Systemaspekts* wird als *Schemaaspekt* bezeichnet, aus dessen Sicht die Mathematik aus einer Sammlung von Rechenverfahren und Algorithmen besteht sowie eine bloße Anwendung mathematischer Routinen ist. Der zweite Teilaspekt der statischen Sichtweise über die Exaktheit und Genauigkeit des mathematischen Denkens, Anwendens und Arbeitens nach festgelegten Regeln wird *Formalismusaspekt* genannt. Mathematik wird hier als ein in sich geschlossenes System gesehen, das weitgehend auf sich selbst bezogen ist. Als eine weitere Dimension der statischen Sicht lässt sich die *rigide Schemaorientierung* aufführen, der zufolge ausschließlich ein einziger richtiger Weg zum Lösen von Mathematikaufgaben existiert. Dieser Lösungsweg muss nach dieser Orientierung nur auswendig gelernt werden (Grigutsch et al., 1998; Törner, 2002).

Im Mathematikunterricht aus statischer Sichtweise werden das Formalisierungs- und das Abstraktionsvermögen der Schüler stärker betont als die Intuition und das Nachdenken der Schüler über mathematische Inhalte. Es wird die Vermittlung von Wissen aus dem System der Mathematik angestrebt. Weiterhin soll die Fähigkeit vermittelt werden, dieses Wissen logisch zur Überprüfung der Hypothesen einzusetzen und aus ihm eine Systematisierung der Erkenntnisse abzuleiten. Der Umgang mit der Mathematik dieser Art zeichnet sich dementsprechend durch das Lernen und Anwenden von Definitionen, mathematischen Fakten und Prozeduren sowie durch die formlogische Deduktion aus (Grigutsch et al., 1998).

Der *dynamischen Leitvorstellung* von Mathematik als einer prozesshaften Tätigkeit ist der *Prozessaspekt* zugeordnet, unter dem Mathematik als Tätigkeit des Nachdenkens über mathematische Probleme und Fragen beschrieben wird, deren Ziel die Erkenntnisgewinnung durch das Lösen dieser Probleme und Fragestellungen ist. Mathematische Tätigkeit beschreibt das Erfinden beziehungsweise Nacherfinden von Mathematik sowie das Ordnen von Erfahrungsfeldern und Prinzipien des Tuns. Das bedeutet, dass durch mathematische Tätigkeit Sachverhalte verstanden und die Zusammenhänge zwischen ihnen aufgeklärt werden. Mathematische Tätigkeit unterstützt das Sammeln von Erfahrungen im Umgang mit der Mathematik und das Entdecken von Prinzipien, die zu Aussagen über die Mathematik auf verschiedenen Stufenniveaus geordnet werden. Der Mathematik wird in dieser Sichtweise ein starker Prozesscharakter zugeschrieben, denn in ihrem Entstehen durch die Entwicklung neuer Erkenntnisse und mathematischer Theorien ist sie im Wesentlichen ein Forschungs-, Erkenntnis- und Theoriebildungsprozess unter menschlichem Einfluss (Grigutsch et al., 1998).

Ein weiterer Aspekt der dynamischen Sicht von Mathematik ist der *Anwendungsaspekt*: Dieser zielt auf die Relevanz der Mathematik in vielen angewandten Bereichen ab, beispielsweise auf ihren praktischen Nutzen oder Anwendungsbezug. Mathematik wird hier als konkrete Anwendung und Problemlösung in der Wirklichkeit ausgelegt (Grigutsch et al., 1998; Törner, 2002). Im Mathematikunterricht und im Umgang mit Mathematik rücken in dieser Sichtweise der Erkenntnis entwickelnde Prozesscharakter der Mathematik – das Nacherfinden von Mathematik – sowie das inhaltsbezogene Denken und Argumentieren, die mathematische Intuition sowie das eigenständige Vermuten und Ausprobieren für das erfolgreiche Lösen mathematischer Aufgaben in den Vordergrund (Grigutsch et al., 1998).

Die vier beschriebenen Aspekte mathematischer Weltbilder können als analytisch trennbare epistemologische Dimensionen sowohl bei Lehrern als auch bei Schülern erfasst werden (Diedrich, Thußbas & Klieme, 2002; Grigutsch et al., 1998; Reiss, Hellmich & Thomas, 2002).

Nationale und internationale Studien verweisen auf Zusammenhänge zwischen epistemologischen Überzeugungen von Lehrern über Mathematik und der Unterrichtspraxis. Diese zeigten sich zugunsten der prozesshaften Sicht von Mathematik im Unterricht, beispielsweise in der Ergebnisorientierung, Geschwindigkeit, Autonomie und Verständnisorientierung (Stipek et al., 2001). Als Konzeptionsaspekt für den Umgang mit Mathematik und den Mathematikunterricht kann dem Prozessaspekt somit ein größeres

Gewicht eingeräumt werden als dem Schemaaspekt der statischen Sicht von Mathematik (Grigutsch et al., 1998).

Weitere Zusammenhänge zeigten sich zwischen einem dynamischen mathematischen Weltbild der Lehrpersonen unter Betonung des Prozessaspekts, einem konstruktivistischen Lehr- und Lernverständnis sowie einer hohen Bewertung der Aktivierung der Schüler. Dieser Zusammenhang wird als dynamisches Syndrom der pädagogischen Überzeugung bezeichnet, welches die Betonung des dynamischen Verständnisses von Mathematik mit einem schüleraktivierenden, konstruktivistischen Lehr- und Lernverständnis vereint (Diedrich et al., 2002) und dabei die Eigenverantwortlichkeit im Sinne der Selbstbestimmungstheorie von Deci und Ryan (1985) für den Unterrichtserfolg hervorhebt. Den Schülern soll in dieser Sichtweise durch die selbstständige Wissensaneignung ein tiefer gehendes Verständnis von Mathematik ermöglicht werden. Demgegenüber wird in der statischen Sichtweise die reine Wissensvermittlung aus dem System der Mathematik fokussiert.

Kausalattributionen

Als Kausalattributionen werden subjektive Ursachenzuschreibungen für wahrgenommene Ereignisse bezeichnet. Das prominenteste Klassifikationsschema für Ursachenzuschreibungen von Erfolg und Misserfolg ist das Vier-Felder-Schema von Weiner et al. (1971). In diesem werden die Kausalfaktoren, die zur Attribuierung herangezogen werden, nach ihrer zeitlichen Stabilität (stabil vs. variabel) und nach ihrer Verankerung in der Person (internal) oder in der Umwelt (external) eingestuft (zusammenfassend Stiensmeier-Pelster & Heckhausen, 2006).

Nach diesem Schema können nicht nur Attributionsmuster differenziert werden, die Schüler zur Beurteilung eigener Leistungen heranziehen (*„Was glaubst du, woran es lag, dass du in der letzten Mathematikarbeit eine Fünf geschrieben hast?"*). Auch Lehrpersonen beurteilen regelmäßig die Leistungen von Schülern und können dabei vielfältige Ursachen mit unterschiedlicher Gewichtung heranziehen. Erfolge und Misserfolge seitens der Schüler werden von Lehrern eher auf stabile Schülereigenschaften, wie deren Begabung und Anstrengung oder deren Familienherkunft, zurückgeführt (zusammenfassend Hofer, 1997; Stiensmeier-Pelster & Heckhausen, 2006). Die Lehrer stützen sich bei der Ursachenzuschreibung für Schülerleistungen auf Informationen, die sie aus dem Vergleich mit anderen Schülern in der Klasse entnehmen (Hofer, 1997).

Lehrer sind für die Attribuierung der Schüler eine wichtige Informationsquelle, da sie ihnen direkt oder indirekt, beabsichtigt oder unbeabsichtigt ihre eigenen Attributionen für ihre Leistungen mitteilen. Wenn sich Lehrpersonen beispielsweise über die mangelnde Anstrengung ihrer Schüler ärgern, Mitleid gegenüber schwächeren Schülern zeigen oder mit Lob oder Tadel auf die wahrgenommene Anstrengungsbereitschaft der Schüler antworten, drücken sie Attributionen aus (Schlangen & Stiensmeier-Pelster, 1997). Die Attributionen, mit denen Lehrer Schülerleistungen und unterrichtsrelevanten Schülerverhaltensweisen Ursachen zuschreiben, dürften sich somit auch in der Lehrer-Schüler-Interaktion ausdrücken und darüber Einfluss auf die Schüler nehmen.

Studien haben gezeigt, dass der Attributionsstil von Lehrern mit deren Bezugsnormorientierung zusammenhängt: Eine individuelle Bezugsnormorientierung trägt hier zu einem günstigeren Attributionsstil der Lehrer bei, da mit ihr die Bereitschaft zur variablen Ursachenerklärung von Schülerleistungen steigt (Schlangen & Stiensmeier-Pelster, 1997).

Darüber hinaus ist anzunehmen, dass die Vorstellungen von Lehrkräften über die Veränderbarkeit von Begabung und Intelligenz die Ursachenzuschreibungen für Erfolg und Misserfolg beeinflussen (Schlangen & Stiensmeier-Pelster, 1997). Demnach ziehen Lehrpersonen, die Begabung und Intelligenz als ein stabiles und nicht beeinflussbares Persönlichkeitsmerkmal der Schüler betrachten, diese Persönlichkeitsmerkmale als internal-stabile Ursachenfaktoren für Erfolge und Misserfolge heran und vermitteln den Schülern damit diese Stabilität und Unveränderlichkeit der Begabung. Hingegen führen Lehrer mit der Vorstellung von Intelligenz und Begabung als veränderbare und beeinflussbare Schülermerkmale Erfolge und Misserfolge eher auf internal-variable Ursachenfaktoren zurück und vermitteln dies auch durch die Interaktion an die Schüler.

7.1.2 Besonderheiten der Lehrer an BIP-Kreativitätsgrundschulen

Aufgrund genereller Bemühungen von Reformschulen um Innovation und Weiterentwicklung von Schule und Unterricht lässt sich einerseits annehmen, dass Schulen wie die BIP-Kreativitätsgrundschulen bestrebt sind, besonders motivierte, engagierte und kompetente Lehrer zu beschäftigen. Andererseits bieten sie ein besonderes Arbeitsumfeld (siehe Kapitel 1.3), welches seinerseits Auswirkungen auf die Handlungskompetenz der Lehrpersonen haben könnte.

So wird beispielsweise von den Lehrern der BIP-Schulen eine Identifikation mit den Werten und Zielen des Schulkonzepts erwartet, um dieses entsprechend in ihrem Unterricht umsetzen und einbringen zu können. Zu diesen Zielen zählen unter anderem die intensive Förderung der Begabung, Intelligenz und Persönlichkeit (siehe dazu auch Kapitel 1.3). Diese individuellen Merkmale der Schüler werden somit an den BIP-Schulen als veränderbare und beeinflussbare Merkmale betrachtet (Mehlhorn, 2001), auf die durch die Schule und die Lehrpersonen eingewirkt werden kann. An den BIP-Schulen wird von den Lehrern die Gestaltung besonderer Lehr- und Lernbedingungen erwartet – wie zum Beispiel der Unterricht im Team und eine verstärkte Berücksichtigung jedes Schülers – unter dem Ziel einer optimalen individuellen Förderung durch unterschiedliche Differenzierungsmaßnahmen.[2]

Dadurch, dass den Lehrern viel Verantwortung übertragen wird, aber auch entsprechende Strukturen zur optimalen Förderung der Schüler bereitgestellt werden (u. a. Teilungsunterricht, Teamteaching, Ganztagsbetrieb, vielfältige zusätzliche Förderangebote) und die Lehrpersonen vermutlich von dem Bewusstsein geprägt sind, dass die selektierte Schülerschaft der BIP-Schulen überwiegend aus einem familiären Umfeld mit erhöhter

---

2 Weitere Informationen online verfügbar unter: http://www.mehlhornschulen.de/grund konzept.pdf [letzter Zugriff am 03.03.2010]

Bildungsaspiration stammt, wären positive Effekte der BIP-Konzeption auf die untersuchten Merkmale der Handlungskompetenz der Lehrpersonen zu erwarten.

Im Interesse einer Identifikation mit den Zielen und Sichtweisen der Schulen, wie beispielsweise der Betrachtung von Begabung, Intelligenz und Persönlichkeit als veränderbare Persönlichkeitsmerkmale und der Gewährleistung einer individuellen Förderung der Schüler, sollten die BIP-Lehrer verstärkt ein dynamischeres Konzept der Begabung aufweisen, eher über eine ausgeprägtere Differenzierungspraxis berichten und über eine hohe Selbstwirksamkeitserwartung verfügen. Aufgrund der selektierten Schülerschaft dürften die Lehrpersonen als Ursachen für Leistungsprobleme und verfehlte Lernziele dann auch weniger familiäre Merkmale oder Versäumnisse im Elternhaus heranziehen.

Inwiefern die Arbeit an den BIP-Schulen mit einer konstruktivistischen Überzeugung zum Lehren und Lernen und einer höheren Lernzielorientierung einhergeht und ob die Mathematiklehrer über statische oder dynamische epistemologische Überzeugungen verfügen, lässt sich nicht ohne Weiteres aus den Besonderheiten der BIP-Konzeption ableiten. Einerseits fordern die Schulen eine starke Schülerorientierung und Individualisierung, die vermuten lässt, dass auch der Unterricht vermehrt auf den selbstständigen Wissenserwerb ausgelegt ist und die Mathematiklehrer eher über ein dynamisches Verständnis der Mathematik verfügen. Andererseits formulieren die BIP-Schulen hohe Leistungsansprüche an die Schüler und legen viel Wert auf regelmäßige Leistungsrückmeldungen, auch in Form von Noten. Dies könnte dazu führen, dass auch der Unterricht stärker lehrerzentriert ist und auf den Erwerb von Wissen fokussiert, um zu gewährleisten, dass die Leistungsziele erreicht werden.

Insgesamt ist dennoch anzunehmen, dass sich das Zusammenspiel sämtlicher spezieller Merkmale und Bedingungen der Schulen in der Wahrnehmung schulischer und unterrichtlicher Prozesse, in der Sicht auf die Schüler als Lernende und deren Lernprozesse sowie auch im eigenen Rollenverständnis der BIP-Lehrer widerspiegelt.

7.2 Fragestellungen und Hypothesen

Da die BIP-Konzeption und die Arbeitsbedingungen an den BIP-Kreativitätsgrundschulen für die Lehrpersonen besondere Anforderungen darstellen, soll in diesem Kapitel untersucht werden, inwieweit sich die Lehrpersonen der BIP-Schulen von denen der staatlichen Schulen in der Ausprägung von Merkmalen der professionellen Handlungskompetenz unterscheiden.

Wie in Kapitel 7.1.2 beschrieben, könnte mit einer Identifikation der BIP-Lehrer mit den Sichtweisen und Zielen der Schulen wie zum Beispiel der Betrachtung von Begabung, Intelligenz und Persönlichkeit als veränderbare Persönlichkeitsmerkmale sowie der Realisierung dieser Ziele im Sinne einer positiven Beeinflussung dieser Merkmale im Unterricht einhergehen, dass die Lehrer der BIP-Schulen eine höhere Selbstwirksamkeitserwartung und Lernzielorientierung aufweisen als die Lehrpersonen der staatlichen Grundschulen. Ursache hierfür könnte sein, dass den BIP-Lehrern ihre Rolle als bedeutsamer Einflussfaktor auf veränderbare Schülermerkmale im schulischen und unterrichtlichen Alltag bewusster ist. Zudem unterrichten sie an einer Schule, an der viele Schüler erfolgreich sind.

Lassen sich Unterschiede zwischen den Lehrern der BIP-Kreativitätsgrundschulen und den Lehrern der staatlichen Grundschulen in Hinblick auf ihre selbstregulativen Fähigkeiten (Selbstwirksamkeitserwartung) finden?

Hypothese 1: Die BIP-Lehrer berichten über eine höhere Selbstwirksamkeitserwartung als die Lehrer an staatlichen Schulen.

Lassen sich Unterschiede zwischen den Lehrern der BIP-Kreativitätsgrundschulen und den Lehrern der staatlichen Grundschulen in Hinblick auf ihre motivationale Orientierung (Zielorientierung) finden?

Hypothese 2: Die BIP-Lehrer berichten über eine höhere Lernzielorientierung als die Lehrer an staatlichen Schulen.

Lassen sich Unterschiede zwischen den Lehrern der BIP-Kreativitätsgrundschulen und den Lehrern der staatlichen Grundschulen in Hinblick auf ihre Überzeugungen und Werthaltungen (Lehr- und Lernverständnis, Kausalattributionen, Bezugsnormorientierungen, Begabungskonzept, epistemologische Überzeugungen) finden?

Mit der Betrachtung von Persönlichkeitsmerkmalen als veränderbare Merkmale sowie dem erhöhten Leistungsanspruch der Schule könnte ebenfalls einhergehen, dass die BIP-Lehrer als Ursachen für im Unterricht nicht erreichte Lernziele vermutlich seltener als die Lehrer der staatlichen Grundschulen Merkmale der Kinder, wie mangelnde Begabung, angeben und demzufolge auch ein dynamisches Konzept der Begabung haben.

Durch das Bewusstsein einer selektierten Schülerschaft der BIP-Schulen, die überwiegend aus einem familiären Umfeld mit erhöhter Bildungsaspiration stammt, kann zudem vermutet werden, dass die BIP-Lehrpersonen nicht erreichte Lernziele weniger als die staatlichen Lehrer auf familiäre Merkmale oder Versäumnisse im Elternhaus zurückführen.

Hypothese 3a: Die BIP-Lehrer berichten im Gegensatz zu den Lehrern an staatlichen Schulen verstärkt über ein dynamisches Konzept der Begabung.

Hypothese 3b: Die BIP-Lehrer attribuieren im Gegensatz zu den Lehrern an staatlichen Schulen verfehlte Lernziele eher auf sich selbst und weniger auf das Kind oder die Umwelt/ das Elternhaus.

Eine verstärkt angestrebte individuelle Berücksichtigung jedes Schülers bei der Leistungsbeurteilung (siehe Kapitel 1.1.2) sowie die im Unterrichts- und Schulgeschehen fokussierte individuelle Förderung könnten dazu beitragen, dass die BIP-Lehrer eher zu binnendifferenzierenden Maßnahmen neigen als die Lehrer an den staatlichen Grundschulen.

Hypothese 3c: Die BIP-Lehrer berichten im Gegensatz zu den Lehrern an staatlichen Schulen häufiger von binnendifferenzierenden Maßnahmen in ihrem Unterricht und legen seltener eine soziale Bezugsnormorientierung an.

Im Hinblick auf die anderen hier einbezogenen Variablen, das Lehr- und Lernverständnis und die epistemologischen Überzeugungen, lässt sich a priori kein Unterschied zwischen beiden Lehrergruppen annehmen. Daher werden hier keine gerichteten Hypothesen formuliert.

7.3 Methode

7.3.1 Durchführung der Befragung

Die Lehrpersonen an den staatlichen und den BIP-Schulen, die sich zur Projektteilnahme bereit erklärt hatten, erhielten den Lehrerfragebogen 1 der Lehrerbefragung im Oktober/November 2006 per Post.

Die Bestandteile des Fragebogens waren zum einen ein allgemeiner fachunspezifischer Teil, den die gesamte Stichprobe der Lehrer unabhängig von ihren Unterrichtsfächern vorgelegt bekam, sowie zum anderen drei fachspezifische Teile für die Fächer Deutsch, Mathematik und Bildende Kunst, die nur von den Lehrern zu beantworten waren, die die jeweiligen Fächer unterrichteten. In Rahmen einer weiteren Befragung im Juli/August 2007 wurden unter anderem die soziale und die individuelle Bezugsnormorientierung der Deutsch- und Mathematiklehrer erfasst.

7.3.2 Stichprobenbeschreibung

In die vorliegenden Analysen mit dem Datensatz des allgemeinen fachunspezifischen Lehrerfragebogenteils wurden die Daten von insgesamt 64 Lehrpersonen (BIP = 30, staatlich = 34) einbezogen. Für den Datensatz des mathematikspezifischen Teils konnten Daten von 45 Mathematiklehrern in die Analysen einbezogen werden, für den des deutschspezifischen Fragebogenteils Daten von 47 Deutschlehrern und für den Datensatz des kunstspezifischen Teils Daten von 24 Kunstlehrern (vgl. Tabelle 2).

Die höhere Anzahl der Lehrpersonen in Deutsch und Mathematik ergibt sich daraus, dass die 21 Klassen der BIP-Kreativitätsgrundschulen in den Fächern Mathematik und Deutsch jeweils in zwei Gruppen geteilt und somit von zwei Lehrern unterrichtet werden (siehe Kapitel 1.1.3). Einige Lehrpersonen unterrichteten in einer Klasse nur ein Fach, andere zwei und wenige sogar alle drei Fächer. An der Befragung nahmen unabhängig von der Schulzugehörigkeit überwiegend weibliche Lehrpersonen teil (über 95 %), von denen ca. 57 % zwischen 35 und 45 Jahren alt waren. Aus Tabelle 2 wird ersichtlich, dass die BIP-Lehrer in der Stichprobe tendenziell eher jünger waren als die Lehrer der staatlichen Grundschulen. Das durchschnittlich höhere Alter der Lehrpersonen an staatlichen Schulen zeigt sich auch in der Berufserfahrung: Die Berufserfahrung der BIP-Lehrer liegt weit unter der der staatlichen Lehrer.

Tabelle 2: Stichprobenbeschreibung BIP – staatlich

		BIP	staatlich
Deutschlehrer N		26	21
Mathematiklehrer N		25	20
Kunstlehrer N		11	13
Alter	jünger als 35 Jahre	21.20 %	8.60 %
	35 bis 45 Jahre	57.60 %	57.10 %
	45 bis 55 Jahre	18.20 %	22.90 %
	älter als 55 Jahre	3.00 %	11.40 %
Berufserfahrung Ø		M = 8.82 Jahre SD = 9.37	M = 22.2 Jahre SD = 9.03

Anmerkungen: M = Mittelwert, SD = Standardabweichung

Der verwendete Datensatz der zweiten Lehrerbefragung zur Erfassung der sozialen Bezugsnormorientierung und Leistungsbeurteilung mit Individualisierungstendenz enthält die Daten von jeweils 26 Deutsch- und Mathematiklehrern der BIP-Schulen sowie von 18 Deutsch- und 17 Mathematiklehrern, die an den staatlichen Grundschulen der Stichprobe unterrichteten.

7.3.3 Instrumente

Der eingesetzte Fragebogen erfasste fachunabhängige und fachspezifische Überzeugungen und Werthaltungen, motivationale Orientierungen und selbstregulative Fähigkeiten der Lehrpersonen. Bei den Skalen und Items handelt es sich zum Teil um Eigenkonstruktionen, zum Teil stammen sie aus verschiedenen anderen Untersuchungen, in denen sie sich für die Erfassung des jeweiligen Konstrukts bewährt haben. Meist wurden die Lehrpersonen nach dem Grad ihrer Zustimmung befragt. Als Antwortformat der verwendeten Items wurde in der Regel, wenn nicht anders dargestellt, eine vierstufige Likert-Skala von 1 = *stimmt gar nicht* bis 4 = *stimmt genau* eingesetzt.

Im Rahmen des allgemeinen Teils des Lehrerfragebogens 1 wurden unter anderem die Selbstwirksamkeitserwartungen sowie die Zielorientierung der Lehrpersonen erhoben. In den fachspezifischen Teilen des Lehrerfragebogens 1 wurden bei den Lehrern jeweils für Deutsch, Mathematik und Kunst die Kausalattributionen von Schülerleistungen – auf die eigene Person (Lehrer), auf das Umfeld und auf das Kind – erfasst. Weiterhin wurde in allen drei fachspezifischen Fragebogenteilen jeweils das konstruktivistische Unterrichtsverständnis (*constructivist view*) mit dem Gegenpart „*transmission view*" erfragt. Darüber hinaus wurden im mathematikspezifischen Fragebogenteil die mathematischen Weltbilder als epistemologische Überzeugungen der Mathematiklehrer und die Begabungskonzepte, welche die Lehrer tendenziell vertreten (statisch vs. dynamisch), erhoben. Im Rahmen der zweiten Lehrerbefragung wurde bei den Mathematik- und Deutschlehrern neben der sozialen Bezugsnormorientierung auch die Individualisierungstendenz erfasst. Als Antwortformat wurde zur Erfassung dieser beiden Konstrukte eine sechsstufige Likert-Skala von 1 = *völlig unzutreffend* bis 6 = *völlig zutreffend* eingesetzt. Ein Itembeispiel zu jeder Skala findet sich in Tabelle 3.

Tabelle 3: Erfasste Konstrukte mit Itembeispiel; allgemein und fachspezifisch

	Itembeispiele
Selbstwirksamkeitserwartung	„Ich bin mir sicher, dass ich auch mit den problematischen Schülern in guten Kontakt kommen kann, wenn ich mich darum bemühe."
Lernzielorientierung	„Wenn im Unterricht etwas schief läuft, setze ich alles daran, es beim nächsten Mal besser zu machen."
Prozessaspekt	„Jeder Mensch kann Mathematik erfinden oder nacherfinden."
Formalismusaspekt	„Kennzeichen von Mathematik sind Klarheit, Exaktheit und Eindeutigkeit."
Anwendungsaspekt	„Viele Teile der Mathematik haben einen praktischen Nutzen oder einen direkten Anwendungsbezug."
Statisches Begabungskonzept	„An den mathematischen Fähigkeiten einer Person lässt sich kaum etwas ändern."
Dynamisches Begabungskonzept	„Wenn der Unterricht gut genug ist, sollte es für alle Schüler möglich sein, die Lernziele in Mathematik zu erreichen."
Soziale Bezugsnormorientierung	„Ehe ich von einer ‚Leistungsverbesserung' sprechen kann, muss der Schüler wiederholt Leistungen zeigen, die über dem Klassendurchschnitt liegen."
Individualisierungstendenz	„Bei der Unterrichtsvorbereitung überlege ich mir häufig, welche Aufgabenschwierigkeit für welchen Schüler gerade richtig ist."
Kausalattributionen	Prompt: Wenn Schüler die Lernziele des Mathematikunterrichts nicht erreichen/ besondere Schwierigkeiten mit dem Erwerb der Schriftsprache haben/ geringe künstlerische bzw. kreative Fähigkeiten haben, liegt das vor allem an:
Attribution auf die eigene Person (Lehrer)	„den didaktischen Fähigkeiten des Lehrers."
Attribution auf das Umfeld	„mangelnder häuslicher Unterstützung des Kindes."
Attribution auf das Kind	„mangelndem Interesse des Kindes."
Lehr- und Lernverständnis – *Constructivist View*	
Mathematik	„Schüler lernen Mathematik am besten, indem sie selbst Wege zur Lösung von Problemen entdecken."
Deutsch	„Ich lasse Rechtschreibfehler zu, weil sie mir zeigen, auf welchem Stand sich die Kinder beim Erwerb der Schriftsprache befinden."
Kunst	„Es hilft Schülern, bildnerische Probleme im Kunstunterricht zu begreifen, wenn man sie ihre eigenen Lösungsideen diskutieren lässt."

Lehr- und Lernverständnis – *Transmission View*	
Mathematik	„Man sollte von Schülern verlangen, Aufgaben in der Regel so zu lösen, wie es im Unterricht gelehrt wurde."
Deutsch	„Rechtschreibfehler lasse ich die Kinder unmittelbar verbessern, damit sie sich nicht einprägen."
Kunst	„Schüler können Kunstwerke in der Regel nicht ohne Hilfe verstehen."

7.3.4 Skalenbildung

Die anhand der schriftlichen Befragung erhobenen Daten wurden nach dem Ansatz der klassischen Testtheorie faktorenanalytisch überprüft und zu Skalen zusammengefasst (Bildung eines Summenscores). Die Skalierung der Lehrerfragebogendaten 1 erfolgte mittels einer explorativen Faktorenanalyse mit einer Hauptkomponentenanalyse (Principle Component Analysis) als Extraktionsmethode der Faktoren und dem Screen-Test als Abbruchkriterium. Zusätzlich wurde bei der Skalierung der Fragebogendaten als obliques Rotationsverfahren die Oblimin-Rotation als Rotationsmethode gewählt, wenn eine Faktorenlösung mit mehr als einem Faktor vorlag oder diese aus theoretischen Gründen angenommen wurde. Bei der Berechnung der Skalenwerte wurde spezifiziert, dass mindestens die Hälfte der Items, die zu einer Skala gehören, gültige Werte aufweisen mussten, damit einer Person ein Skalenwert zugewiesen werden konnte. Wenn mehr als die Hälfte der zugehörigen Items nicht beantwortet waren, wurde dem Probanden auf dieser Skala ein fehlender Wert zugeordnet. Die deskriptiven Skalenkennwerte sind in Tabelle 4 dargestellt.

Tabelle 4: Deskriptive Skalenkennwerte (Mittelwert (M), Standardabweichung (SD) und *Cronbachs alpha*) und Anzahl der Items pro Skala

		M	SD	Cronbachs alpha	N (Items)
Selbstreg.-Fähigkeiten	Selbstwirksamkeit	3.22	.39	.77	8
Motivationale Orientierungen	Lernzielorientierung	3.30	.39	.82	11
Fachspezifische Überzeugungen	Soziale Bezugsnormorientierung	2.26/ 2.42/ –	.57/ .67/ –	.68/ .83/ –	7/ 10/ –
	Individualisierungstendenz	4.54/ 4.61/ –	.64/ .79/ –	.71/ .78/ –	7/ 7/ –
	Prozessaspekt	3.13/ – / –	.55/ – / –	.66/ – / –	5/ – /–
	Formalismusaspekt	3.04/ – / –	.55/ – / –	.77/ – / –	4/ – / –
	Anwendungsaspekt	3.63/ – / –	.47/ – / –	.72/ – / –	3/ – / –
	Statisches Begabungskonzept	1.73/ – / –	.56/ – / –	.72/ – / –	3/ – / –
	Dynamisches Begabungskonzept	2.35/ – / –	.45/ – / –	.61/ – / –	4/ – / –

		M	SD	Cronbachs alpha	N (Items)
	Constructivist View	3.32/ – / -	.44/ – / -	.71/ – / -	6/ – / -
	Transmission View	2.20/ – / -	.44/ – / -	.85/ – / -	10/ – / -
Fachspezifische Überzeugungen	Attribution auf die eigene Person (Lehrer)	2.49/ 2.10/ 2.76	.57/ .61/ .56	.88/ .91/ .91	7/ 6 / 7
	Attribution auf das Umfeld	2.11/ 1.93/ 1.98	.59/ .51/ .56	.85/ .75/ .68	5/ 5 / 5
	Attribution auf das Kind	2.49/ 2.28/ 2.27	.43/ .43/ .42	.69/ .75/ .84	5/ 7 / 8

Anmerkungen: Reihenfolge der Darstellung der fachspezifischen Überzeugungen: Mathematik/Deutsch/Kunst. Die Selbstwirksamkeitserwartung und Lernzielorientierung wurden fächerübergreifend erhoben. Die Werte für Cronbachs alpha ergeben sich für diese beiden Skalen sich aus der Skalierung über die Gesamtstichprobe.

7.3.5 Analysen

Um die Daten auf Unterschiede zwischen den Schultypen zu prüfen, wurden für alle drei Bereiche der Handlungskompetenz (selbstregulative Fähigkeiten, motivationale Orientierungen und fachspezifische Überzeugungen) Varianzanalysen durchgeführt.

Die Skalen, mit denen die fachspezifischen Überzeugungen (Mathematik/Deutsch/ Kunst: Lehr- und Lernverständnis; Mathematik/Deutsch/Kunst: Kausalattributionen; Mathematik: Weltbilder; Mathematik: Begabungskonzept) gemessen wurden, wurden in einer multivariaten Varianzanalyse auf Schulformunterschiede geprüft. Da die Bezugsnormorientierungen (soziale Bezugsnormorientierung; Individualisierungstendenz) zu einem späteren Messzeitpunkt gemessen wurden, wurde für diese beiden Skalen eine separate multivariate Varianzanalyse durchgeführt. In jenen Bereichen der Handlungskompetenz, die jeweils nur über eine Skala operationalisiert wurden (selbstregulative Fähigkeiten: Skala Selbstwirksamkeit; motivationale Orientierungen: Skala Lernzielorientierung) erfolgte die Analyse der Unterschiede ausschließlich über eine univariate Varianzanalyse.

Um einer Alpha-Fehler-Kumulierung (α-Fehler-Inflation) entgegenzuwirken, wird das Signifikanzniveau im Sinne einer Bonferronikorrektur von $\alpha = .05$ auf $\alpha = .01$ abgesenkt. Zu beachten ist, dass durch die Absenkung des Signifikanzniveaus und durch die geringere Stichprobengröße der Nachweis von signifikanten Unterschieden zwischen beiden Lehrergruppen erschwert wird. Entsprechend können Unterschiede, die signifikant werden, als bedeutsam betrachtet werden.

Zusätzlich wird für alle Analysen die Effektstärke η^2 berichtet. Das η^2 gibt an, wie hoch der Anteil an aufgeklärter Varianz des Gruppenfaktors (hier der Schultyp) ist. Bei einem Wert von $\eta^2 = .01$ spricht man dabei von einer kleinen, bei $\eta^2 = .06$ von einer mittleren und bei $\eta^2 = .14$ von einer großen Effektstärke (Bortz & Döring, 2006). Je größer die Effektstärke, umso größer ist die praktische Bedeutsamkeit des Unterschieds in den Ausprägungen der abhängigen Variablen zwischen den Schultypen.

7.4 Ergebnisse

Die Darstellung der Ergebnisse für die drei untersuchten Bereiche (selbstregulative Fähigkeiten, motivationale Orientierungen, fachbezogene Überzeugungen und Wertvorstellungen) basiert auf folgender Struktur: Zunächst werden die Ergebnisse der univariaten Varianzanalysen für die Bereiche „Selbstregulative Fähigkeiten" und „motivationale Orientierungen" berichtet. Im Anschluss erfolgt jeweils getrennt für die Mathematik-, Deutsch- und Kunstlehrer die Ergebnisdarstellung der multivariaten Varianzanalysen für die fachbezogenen Überzeugungen (Kausalattributionen, mathematische Weltbilder, Lehr- und Lernverständnis, Begabungskonzept) und die Bezugsnormorientierungen.

7.4.1 Selbstregulative Fähigkeiten

Die univariate Varianzanalyse zeigt, dass sich die Lehrer an den staatlichen Schulen in der Ausprägung der Selbstwirksamkeit von den Lehrern an BIP-Schulen signifikant unterscheiden. Der F-Wert beträgt $F_{(1;64)} = 11.76, p < .01$ (vgl. Tabelle 5).

Der Eta-Koeffizient von $\eta^2 = .16$ bedeutet, dass 16 % der Varianz der Selbstwirksamkeit durch die Schultypzugehörigkeit (BIP vs. staatlich) erklärt werden kann, was einem bedeutsamen Effekt entspricht.

Tabelle 5: Unterschiede zwischen Lehrern an staatlichen Grundschulen und BIP-Schulen in der Selbstwirksamkeit

		M	SD	$F_{(1;64)}$	p	η^2
Selbstwirksamkeit	BIP	3.37	.37	11.76	<.01	.16
	staatlich	3.07	.36			

Anmerkungen: M = Mittelwert, SD = Standardabweichung, F = F-Wert$_{(Freiheitsgrade)}$, p = Irrtumswahrscheinlichkeit, η^2 = partielles Eta-Quadrat

Die Lehrpersonen an den BIP-Schulen ($M = 3.37$) nehmen sich, wie in Hypothese 1 erwartet, im Vergleich zu den Lehrern der staatlichen Schulen ($M = 3.07$) bei der Ausübung ihrer beruflichen Tätigkeit als wirksamer in der Umsetzung schulischer Ziele wahr.

7.4.2 Motivationale Orientierungen

Auch für die Skala „Lernzielorientierung" (*mastery orientation*) zeigt die univariate Varianzanalyse, dass sich die Lehrpersonen beider Gruppen signifikant voneinander unterscheiden. Für die Schultypzugehörigkeit ergibt sich ein bedeutsamer Eta-Koeffizient von $\eta^2 = .13$ ($F_{(1;65)} = 10.03; p < .01$). Dies bedeutet, dass 13 % der Varianz der Lernzielorientierung durch die Schultypzugehörigkeit (BIP vs. staatlich) als festem Faktor erklärt werden kann (vgl. Tabelle 6).

Tabelle 6: Unterschiede zwischen Lehrern an staatlichen Grundschulen und BIP-Schulen in der Lernzielorientierung

		M	SD	$F_{(1;65)}$	p	η^2
Lernzielorientierung	BIP	3.45	.37	10.03	<.01	.13
	staatlich	3.16	.36			

Anmerkungen: M = Mittelwert, SD = Standardabweichung, F = F-Wert$_{(Freiheitsgrade)}$, p = Irrtumswahrscheinlichkeit, η^2 = partielles Eta-Quadrat

Die Lehrer an den BIP-Schulen (M = 3.45) scheinen demnach, wie in Hypothese 2 postuliert, in ihrer beruflichen Tätigkeit sowie in der Gestaltung und Durchführung von Unterricht stärker als die Lehrer an den staatlichen Grundschulen (M = 3.16) für sich selbst den Erwerb neuer Kompetenzen sowie die Verbesserung bestehender Kompetenzen anzustreben.

7.4.3 Fachbezogene Überzeugungen und Werthaltungen

Mathematiklehrer

Die folgenden Ergebnisse beziehen sich nur auf die Mathematiklehrer der Stichprobe. Der multivariate Test mit den Skalenwerten der Kausalattributionen, der mathematischen Weltbilder, des Lehr- und Lernverständnisses und des Begabungskonzeptes als abhängige Variablen sowie der Schultypzugehörigkeit (BIP vs. staatlich) als festem Faktor zeigt deutliche Unterschiede zwischen den Mathematiklehrern an den staatlichen und denen der BIP-Schulen. Für die Schulzugehörigkeit ergibt sich ein Eta-Koeffizient von $\eta^2 = .63$ (Pillai Spur = 0.63; $F_{(1;31)} = 4.00$; $p < .01$), das heißt, 63 % der Varianz von allen einbezogenen abhängigen Variablen können simultan durch die Schultypzugehörigkeit (BIP vs. staatlich) als festem Faktor erklärt werden.

Kausalattributionen

Für die verschiedenen Attributionsskalen ergeben die der multivariaten Varianzanalyse nachgeschalteten Tests auf Zwischensubjekteffekte (univarate Varianzanalysen) keine signifikanten Unterschiede zwischen den Mathematiklehrern an den staatlichen Grundschulen und denen an den BIP-Kreativitätsgrundschulen (vgl. Tabelle 7).

Tabelle 7: Unterschiede zwischen Mathematiklehrern an staatlichen Grundschulen und BIP-Schulen in den Kausalattributionen bei nicht erreichten Lernzielen – Zwischensubjekteffekte (univariate Varianzanalysen)

		M	SD	$F_{(1;45)}$	p	η^2
Attribution auf Lehrer	BIP	2.58	.40	2.32	.14	.05
	staatlich	2.33	.71			
Attribution auf Umfeld	BIP	1.98	.66	2.37	.13	.05
	staatlich	2.25	.49			
Attribution auf Kind	BIP	2.42	.41	1.66	.21	.04
	staatlich	2.59	.45			

Anmerkungen: M = Mittelwert, SD = Standardabweichung, F = F-Wert$_{(Freiheitsgrade)}$, p = Irrtumswahrscheinlichkeit, η^2 = partielles Eta-Quadrat

Die deskriptiven Unterschiede deuten an, dass beide Lehrergruppen dem Umfeld der Schüler die geringste Bedeutung für das Verfehlen von Leistungszielen im Mathematikunterricht zuschreiben. Demgegenüber führen die BIP-Mathematiklehrer im Vergleich zu den staatlichen Lehrkräften nicht erreichte Lernziele im Mathematikunterricht eher auf sich als Lehrperson zurück, während die Mathematiklehrer an den staatlichen Schulen dem Kind eine größere Bedeutung für Misserfolge beimessen. Allerdings werden die Unterschiede zwischen den Lehrergruppen nicht signifikant.

Mathematische Weltbilder

Auf den Skalen, die mathematische Weltbilder erfassen, zeigen die Tests der Zwischensubjekteffekte keine nennenswerten Unterschiede zwischen den Schultypen (vgl. Tabelle 8). Sowohl die Mathematiklehrer an den staatlichen Schulen (M = 3.68) als auch die an den BIP-Schulen (M = 3.61) vertreten die Meinung, dass Mathematik ein Fach ist, das bedeutsam ist und im Leben eine wichtige Funktion erfüllt (Anwendungsaspekt). Demgegenüber schreiben beide Lehrergruppen dem Prozessaspekt und dem Formalismusaspekt eine geringere Bedeutung zu. Vergleicht man beide Lehrergruppen miteinander, betrachten die BIP-Lehrer Mathematik eher als ein in sich geschlossenes System, das aus einer Sammlung von Rechenverfahren und Algorithmen besteht und die Anwendung mathematischer Routinen erforderlich macht (Formalismusaspekt) als die staatlichen Lehrer, wobei der Unterschied jedoch nicht signifikant ist. Die staatlichen Mathematiklehrer tendieren dagegen stärker zu einer Sicht von Mathematik, bei der kreative und entdeckende Prozesse eine bedeutsame Rolle spielen (Prozessaspekt). Die entsprechenden Unterschiede lassen sich allerdings nicht empirisch absichern, sie werden auf dem 1 %-Niveau nicht signifikant.

Lehr- und Lernverständnis

Für das Lehr- und Lernverständnis der Mathematiklehrer, operationalisiert durch die Skalen *constructivist view* und *transmission view*, können keine signifikanten Unterschiede zwischen den Lehrergruppen nachgewiesen werden (vgl. Tabelle 8): Staatliche und BIP-Lehrer sind insgesamt in ähnlicher Weise davon überzeugt, dass Wissenserwerb und -aufbau eine aktive, weitgehend selbst gesteuerte Konstruktionsleistung des Lernenden ist (*constructivist view*). Die Sicht, dass Wissenserwerb und -aufbau ein passiver, rezeptiver Prozess ist, der durch systematisch und organisiert dargebotene Lerninhalte in einer gegenstandszentrierten Lernumgebung durch den Lehrer angeleitet wird, lehnen die Lehrpersonen beider Gruppen insgesamt stärker ab (*transmission view*). Es deutet sich zwar an, dass sich die staatlichen Mathematiklehrer nach den Befunden konstruktivistischer und weniger rezeptiv einschätzen als die BIP-Lehrer. Dieser Unterschied ist jedoch nicht statistisch bedeutsam.

Tabelle 8: Unterschiede zwischen Mathematiklehrern an staatlichen Grundschulen und BIP-Schulen in fachbezogenen Werthaltungen und Überzeugungen – Zwischensubjekteffekte (univariate Varianzanalysen)

		M	SD	$F_{(1;45)}$	p	η^2
Prozessaspekt	BIP	3.05	.48	0.91	.35	.02
	staatlich	3.19	.48			
Formalismusaspekt	BIP	3.11	.51	1.63	.21	.04
	staatlich	2.91	.56			
Anwendungsaspekt	BIP	3.68	.49	0.34	.57	.01
	staatlich	3.61	.29			
Constructivist view	BIP	3.21	.49	2.47	.12	.05
	staatlich	3.41	.34			
Transmission view	BIP	2.30	.48	2.72	.11	.06
	staatlich	2.08	.39			
Statisches Begabungskonzept	BIP	1.63	.53	3.19	.08	.07
	staatlich	1.93	.59			
Dynamisches Begabungskonzept	BIP	2.29	.44	0.42	.52	.01
	staatlich	2.38	.47			

Anmerkungen: M = Mittelwert, SD = Standardabweichung, F = F-Wert$_{(Freiheitsgrade)}$, p = Irrtumswahrscheinlichkeit, η^2 = partielles Eta-Quadrat

Begabungskonzept

Entgegen den Erwartungen können die Tests der Zwischensubjekteffekte keine signifikanten Unterschiede für das dynamische Begabungskonzept ermitteln (vgl. Tabelle 8). Beide Lehrergruppen unterscheiden sich nicht in ihrem berichteten Begabungskonzept. Sowohl die BIP-Lehrer als auch die staatlichen Lehrer scheinen insgesamt stärker die Ansicht zu vertreten, dass die mathematischen Fähigkeiten eines Menschen und dessen Begabung für Mathematik durch guten Unterricht sowie herausfordernde, interessante Aufgaben verändert werden können (dynamisches Begabungskonzept) und dass es sich bei diesen Fähigkeiten nicht um stabile Persönlichkeitsmerkmale eines Menschen handelt (statisches Begabungskonzept). Die BIP-Lehrer lehnen ein statisches Begabungskonzept zwar eher ab als die Mathematiklehrer der staatlichen Grundschulen. Dieser Unterschied ist jedoch statistisch nicht bedeutsam.

Bezugsnormorientierungen

Für die Skalen der Bezugsnormorientierungen (soziale Bezugsnormorientierung; Individualisierungstendenz) wurde für die Mathematiklehrer eine getrennte multivariate Varianzanalyse durchgeführt, in die ausschließlich diese beiden Skalen einbezogen wurden. Der multivariate Test mit den Skalenwerten der sozialen Bezugsnormorientierung und der Individualisierungstendenz als abhängige Variablen sowie der Schulzugehörigkeit (BIP vs. staatlich) als festem Faktor zeigt globale Unterschiede zwischen den Mathematiklehrern an den staatlichen und denen an den BIP-Schulen. Für die Schulzugehörigkeit ergibt sich ein Eta-Koeffizient von $\eta^2 = .24$ (*Pillai Spur* = 0.24; $F_{(1;40)} = 6.35$; $p < .01$), das heißt 24 % der Varianz von den beiden einbezogenen abhängigen Variablen können simultan durch die Schultypzugehörigkeit (BIP vs. staatlich) als festem Faktor erklärt werden.

Wie die Befunde der anschließenden Tests der Zwischensubjekteffekte für beide Skalen zeigen, unterscheiden sich beide Lehrergruppen insbesondere in der sozialen Bezugsnormorientierung ($F_{(1;43)} = 6.90$; $p = .01$). Die Effektstärke $\eta^2 = 0.14$ deutet hier auf einen sehr bedeutsamen Unterschied hin. Die staatlichen Mathematiklehrer scheinen die individuellen Schülerleistungen stärker als die BIP-Lehrer mit den Leistungen der Mitschüler zu vergleichen. Insgesamt überwiegt aber bei beiden die Zustimmung zur Individualisierungstendenz, während der interindividuelle Leistungsvergleich (soziale Bezugsnormorientierung) weniger Zustimmung findet.

Für die Skala „Individualisierungstendenz" ergibt sich zwar kein signifikanter Unterschied zwischen den Schultypen, die Unterschiede gehen allerdings in die erwartete Richtung. Die BIP-Lehrer scheinen stärker als die staatlichen Lehrer eine differenzierte Unterrichtspraxis zu bevorzugen (vgl. Tabelle 9).

Tabelle 9: Unterschiede zwischen Mathematiklehrern an BIP-Schulen und staatlichen Grundschulen in der sozialen Bezugsnormorientierung und der Individualisierungstendenz – Zwischensubjekteffekte (univariate Varianzanalysen)

		M^3	SD	$F_{(1;43)}$	p	η^2
Soziale Bezugsnormorientierung	BIP	2.45	.47	6.90	.01	.14
	staatlich	2.88	.62			
Individualisierungstendenz	BIP	4.66	.60	1.99	.17	.05
	staatlich	4.38	.69			

Anmerkungen: M = Mittelwert, SD = Standardabweichung, F = F-Wert$_{(Freiheitsgrade)}$, p = Irrtumswahrscheinlichkeit, η^2 = partielles Eta-Quadrat

Deutschlehrer

Die folgenden Ergebnisse beziehen sich auf die Deutschlehrer der Stichprobe. Die multivariate Varianzanalyse mit den Skalenwerten der Kausalattributionen und des Lehr- und Lernverständnisses als abhängige Variablen sowie der Schultypzugehörigkeit (BIP vs. staatlich) als festem Faktor ermittelte zwischen den Lehrern an den staatlichen und denen an den privaten BIP-Schulen keine globalen signifikanten Unterschiede. Für die Schultypzugehörigkeit ergibt sich ein Eta-Koeffizient von $\eta^2 = .25$ (*Pillai Spur* = 0.25; $F_{(1;47)} = 1.89$; $p = .10$). Im Folgenden werden die Ergebnisse der Tests der Zwischensubjekteffekte berichtet. Auch hier gilt ein korrigiertes Signifikanzniveau von $p = .01$.

Attributionen

Wie zuvor für die Mathematiklehrer finden sich auch für die Deutschlehrer bei den Kausalattributionen keine signifikanten Unterschiede zwischen den beiden Lehrergruppen. Allerdings deutet sich an, dass die Lehrer an den staatlichen Grundschulen ($M = 2.11$) im Vergleich zu den Lehrpersonen an den BIP-Schulen ($M = 1.79$) die von Schülern im Deutschunterricht nicht erreichten Lernziele stärker auf Versäumnisse im Umfeld zurückführen. Dieser Unterschied wird allerdings aufgrund des strengen Signifikanzniveaus von $p = .01$ nicht signifikant. Für die weiteren Attributionsskalen zeigen sich ebenfalls keine empirisch abgesicherten Unterschiede zwischen den Lehrergruppen (vgl. Tabelle 10).

---

3 Zur Erfassung dieser beiden Skalen wurde abweichend statt einer vierstufigen eine sechsstufige Likert-Skala eingesetzt.

Tabelle 10: Unterschiede zwischen Deutschlehrern an BIP-Schulen und staatlichen Grundschulen in den Kausalattributionen – Zwischensubjekteffekte (univariate Varianzanalysen)

		M	SD	$F_{(1;47)}$	p	η^2
Attribution auf Lehrer	BIP	2.15	.60	0.46	.50	.01
	staatlich	2.02	.64			
Attribution auf Umfeld	BIP	1.79	.39	5.20	.03	.10
	staatlich	2.11	.59			
Attribution auf Kind	BIP	2.24	.46	0.58	.45	.01
	staatlich	2.34	.40			

Anmerkungen: M = Mittelwert, SD = Standardabweichung, F = F-Wert$_{(Freiheitsgrade)}$, p = Irrtumswahrscheinlichkeit, η^2 = partielles Eta-Quadrat

Lehr- und Lernverständnis

Wie bei den Mathematiklehrern zeigen sich auch bei den Deutschlehrern im Lehr- und Lernverständnis, operationalisiert durch die Skalen *constructivist view* und *transmission view*, keine signifikanten Unterschiede zwischen den Lehrergruppen (vgl. Tabelle 11). Allerdings deuten sich der Tendenz nach Unterschiede an: Die Lehrer an den staatlichen Grundschulen vertreten eine konstruktivistischere und eine weniger transmissive Überzeugung als die BIP-Lehrer. Gemeinsam ist beiden Lehrergruppen, dass der konstruktivistischen Sichtweise auf das Lernen stärker zugestimmt wird als der transmissiven Sichtweise.

Tabelle 11: Unterschiede zwischen Deutschlehrern an BIP-Schulen und staatlichen Grundschulen im Lehr- und Lernverständnis – Zwischensubjekteffekte (univariate Varianzanalysen)

		M	SD	$F_{(1;47)}$	p	η^2
Constructivist view	BIP	2.92	.44	3.54	.07	.07
	staatlich	3.23	.66			
Transmission view	BIP	2.39	.53	2.77	.10	.06
	staatlich	2.13	.54			

Anmerkungen: M = Mittelwert, SD = Standardabweichung, F = F-Wert$_{(Freiheitsgrade)}$, p = Irrtumswahrscheinlichkeit, η^2 = partielles Eta-Quadrat

Nimmt man die Unterschiede zwischen den Mathematiklehrern an BIP-Schulen und an staatlichen Grundschulen hinzu (s. o.), schätzen sich die staatlichen Lehrer (Deutsch-

und Mathematiklehrer) insgesamt etwas konstruktivistischer und weniger rezeptiv ein als die BIP-Lehrer, jedoch werden diese Unterschiede nicht signifikant.

Bezugsnormorientierungen

Für die Skalen der sozialen Bezugsnormorientierung und der Individualisierungstendenz wurde auch für die Deutschlehrer eine getrennte multivariate Varianzanalyse durchgeführt, in die ausschließlich diese beiden Skalen einbezogen wurden. Der multivariate Test ermittelte zwischen den Deutschlehrern an den staatlichen und denen an den BIP-Kreativitätsgrundschulen Unterschiede. Für die Schultypzugehörigkeit ergibt sich ein Eta-Koeffizient von $\eta^2 = .24$ (Pillai Spur = 0.24; $F_{(1;41)} = 6.53$; p < .01. Dies bedeutet, dass 24 % der Varianz der beiden einbezogenen abhängigen Variablen durch die Schultypzugehörigkeit (BIP vs. staatlich) als festem Faktor erklärt werden können (vgl. Tabelle 12).

Tabelle 12: Unterschiede zwischen Deutschlehrern an BIP-Schulen und staatlichen Grundschulen in der sozialen Bezugsnormorientierung und der Individualisierungstendenz – Zwischensubjekteffekte (univariate Varianzanalysen)

		M	SD	$F_{(1;44)}$	p	η^2
Soziale Bezugsnormorientierung	BIP	2.21	.57	6.91	.01	.14
	staatlich	2.72	.71			
Individualisierungstendenz	BIP	4.86	.56	7.33	.01	.15
	staatlich	4.25	.93			

Anmerkungen: *M* = Mittelwert, *SD* = Standardabweichung, *F* = F-Wert(Freiheitsgrade), *p* = Irrtumswahrscheinlichkeit, η^2 = partielles Eta-Quadrat

Die anschließenden Tests der Zwischensubjekteffekte zeigen sowohl für die Skala „Individualisierungstendenz" als auch für die Skala „soziale Bezugsnormorientierung" einen signifikanten Unterschied zwischen den beiden Lehrergruppen auf dem 1%-Niveau.

Beide Lehrergruppen stimmen einer differenzierten Unterrichtspraxis stärker zu als dem interindividuellen Leistungsvergleich (soziale Bezugsnormorientierung). Allerdings lehnen die BIP-Lehrer einen interindividuellen Leistungsvergleich, wie erwartet, stärker ab als die staatlichen Lehrer ($F_{(1;44)} = 6.91$; $p = .01$; $\eta^2 = .14$), während sie einer differenzierten Unterrichtspraxis stärker zustimmen ($F_{(1;44)} = 7.33$; $p = .01$; $\eta^2 = .15$).

Kunstlehrer

Die folgenden Ergebnisse beziehen sich ausschließlich auf die Kunstlehrer. Die multivariate Varianzanalyse mit den Skalenwerten der fachspezifischen Überzeugungen (Kausalattributionen und Lehr- und Lernverständnis) als abhängige Variablen sowie der Schultypzugehörigkeit (BIP vs. staatlich) als festem Faktor zeigt, dass zwischen den Kunstlehrern der staatlichen Schulen und denen der BIP-Schulen global betrachtet keine signifikanten Unterschiede bestehen (*Pillai Spur* = 0.24; $F_{(1;16)}$ = .72; p = .66; η^2 = .24).

Attributionen

Auf sämtlichen Attributionsskalen lassen sich keine schultypspezifischen Unterschiede statistisch absichern, was auf einen vergleichbaren Attributionsstil der beiden Lehrergruppen hindeutet (vgl. Tabelle 13). Demnach führen sowohl die Kunstlehrer der staatlichen Schulen als auch die der BIP-Schulen nicht erreichte Lernziele im Kunstunterricht überwiegend auf Versäumnisse der eigenen Person, geringe Kompetenz und auf die Art der Unterrichtsgestaltung zurück. An zweiter Stelle attribuieren sie Misserfolge auf Merkmale der Schülerpersönlichkeit, auf deren mangelndes Interesse, auf Aufmerksamkeitsprobleme und fehlenden Sinn für Farbgestaltung und Proportionen. Die geringste Bedeutung für das Nichterreichen von Lernzielen im Kunstunterricht sprechen die Lehrpersonen dem Umfeld des Kindes zu.

Tabelle 13: Unterschiede zwischen Kunstlehrern an BIP-Schulen und staatlichen Grundschulen in den Kausalattributionen – Zwischensubjekteffekte (univariate Varianzanalysen)

		M	SD	$F_{(1;24)}$	p	η^2
Attribution auf Lehrer	BIP	2.91	.60	0.62	.44	.03
	staatlich	2.73	.50			
Attribution auf Umfeld	BIP	2.01	.49	0.06	.81	.00
	staatlich	1.95	.63			
Attribution auf Kind	BIP	2.21	.41	0.42	.53	.02
	staatlich	2.33	.44			

Anmerkungen: M = Mittelwert, SD = Standardabweichung, F = F-Wert$_{(Freiheitsgrade)}$, p = Irrtumswahrscheinlichkeit, η^2 = partielles Eta-Quadrat

Lehr- und Lernverständnis

Auch beim Lehr- und Lernverständnis, operationalisiert durch die Skalen *constructivist view* und *transmission view*, können die Tests der Zwischensubjekteffekte im Rahmen der multivariaten Varianzanalyse keine schultypspezifischen Unterschiede zwischen den beiden Lehrergruppen ermitteln (vgl. Tabelle 14).

Tabelle 14: Unterschiede zwischen Kunstlehrern an BIP-Schulen und staatlichen Grundschulen im Lehr- und Lernverständnis – Zwischensubjekteffekte (univariate Varianzanalysen)

		M	SD	$F_{(1;24)}$	p	η^2
Constructivist view	BIP	3.07	.53	0.41	.53	.02
	staatlich	2.93	.53			
Transmission view	BIP	2.07	.65	1.67	.21	.07
	staatlich	1.81	.31			

Anmerkungen: M = Mittelwert, SD = Standardabweichung, F = F-Wert$_{(Freiheitsgrade)}$, p = Irrtumswahrscheinlichkeit, η^2 = partielles Eta-Quadrat

Anhand der Mittelwerte ist jedoch zu erkennen, dass sich beide Lehrergruppen als stärker konstruktivistisch orientiert einschätzen (*constructivist view*) und eher der Überzeugung sind, dass Wissenserwerb und -aufbau im Kunstunterricht (z. B. Umgang mit bildnerischen Problemen/Darstellungsproblemen; Kenntnis von künstlerischen Verfahren und Techniken, Auseinandersetzung mit und Verständnis von Kunstwerken) aktive, weitgehend selbst gesteuerte Konstruktionsleistungen des Lernenden sind. Schüler sollen beispielsweise eigene Lösungsideen entwickeln und diskutieren, eigene Gestaltungen auf Grundlage von Kunstwerken schaffen und diese umgestalten. Zudem lehnen die Lehrpersonen beider Gruppen in ähnlicher Weise die Sicht ab, dass Wissenserwerb und -aufbau im Kunstunterricht ein passiver, rezeptiver Prozess ist, der durch systematisch und organisiert dargebotene Lerninhalte in einer gegenstandszentrierten Lernumgebung durch den Lehrer angeleitet wird, indem er den Schülern beispielsweise hilft und sie anleitet sowie ihnen Musterlösungen und detailliertere Vorgehensweisen für künstlerische Verfahren/Techniken präsentiert und vermittelt (*transmission view*).

7.5 Diskussion

In diesem Kapitel wurden die Lehrpersonen der BIP-Kreativitätsgrundschulen und die der staatlichen Grundschulen in der Ausprägung ihrer selbstregulativen Fähigkeiten, ihrer motivationalen Orientierungen und ihrer fachbezogenen Überzeugungen miteinander verglichen.

Dabei konnten mittels multi- und univariater Varianzanalysen Unterschiede in der Ausprägung einzelner Dimensionen ermittelt werden. Die Anzahl der signifikanten Unterschiede fällt aber insgesamt, im Vergleich zu der Anzahl der einbezogenen Dimensionen, verhältnismäßig gering aus, was aber teilweise auch mit den eher konservativ angelegten Grenzen (Absenkung des Signifikanzniveaus) und mit der geringen Stichprobengröße zu erklären ist. Jene Unterschiede, die trotz dieser Einschränkungen statistisch abgesichert werden konnten, lassen sich demzufolge als bedeutsam einstufen.

7.5.1 Selbstwirksamkeitserwartung und Lernzielorientierung

Die Ergebnisse der durchgeführten Analysen zeigen wie erwartet (siehe Kapitel 7.2), dass sich die Lehrpersonen der BIP-Schulen in der Ausprägung der Selbstwirksamkeitserwartung deutlich von den Lehrern der staatlichen Grundschulen unterscheiden: Die BIP-Lehrer nehmen sich im Vergleich zu den staatlichen Lehrern bei der Ausübung ihrer beruflichen Tätigkeit als wirksamer in der Umsetzung schulischer Ziele wahr.

Ein signifikanter Unterschied zwischen den Lehrergruppen zeigt sich, wie postuliert, auch bei der Lernzielorientierung, einem Indikator für die motivationalen Orientierungen der Lehrer: Die BIP-Lehrer streben den eigenen Angaben zufolge stärker als die staatlichen Lehrer den Erwerb neuer Kompetenzen und die Verbesserung bestehender Kompetenzen an.

Ob sich hinter diesen Unterschieden tatsächlich, wie erwartet, ein Sozialisationseffekt oder/und doch ein Selektionseffekt verbirgt, lässt sich nicht mit Sicherheit feststellen, da es sich hier um querschnittliche Daten handelt. Ein Sozialisationseffekt läge dann vor, wenn das Arbeitsumfeld und die Kultur an den BIP-Schulen dazu beitragen, dass Lehrer eine höhere Selbstwirksamkeitserwartung und eine höhere Lernzielorientierung entwickeln als Lehrer an staatlichen Schulen. Aber auch ein Selektionseffekt lässt sich nicht vollkommen ausschließen. Ein Selektionseffekt läge dann vor, wenn die BIP-Schulen mehrheitlich Lehrpersonen auswählen, die sich von sich aus bereits für besonders selbstwirksam halten und die von sich aus eine höhere Bereitschaft zur Weiterentwicklung eigener Kompetenzen erkennen lassen.

Gegen einen Selektionseffekt spricht allerdings, dass die Lehrpersonen an den BIP-Schulen im Durchschnitt jünger sind als die Lehrpersonen der staatlichen Grundschulen (siehe Kapitel 7.3.2) und damit einhergehend weniger Berufserfahrung ($M = 8.82$ Jahre) aufweisen als die staatlichen Lehrer ($M = 22.2$ Jahre). Nach Bandura (1997) ist die direkte Erfahrung (*mastery experience*) eine zentrale Grundlage für die Entstehung der Selbstwirksamkeitserwartung. Aus der Forschung ist bekannt, dass erfahrene Lehrpersonen über eine höhere allgemeine Lehrerselbstwirksamkeitserwartung verfügen als unerfahrenere Lehrpersonen (Schmitz, 1998; Schulte, Bögeholz & Watermann, 2008; Tschannen-Moran & Woolfolk Hoy, 2007). In der vorliegenden Untersuchung weisen die BIP-Lehrer mit weniger Berufserfahrung allerdings eine höhere Selbstwirksamkeitserwartung auf als die berufserfahreneren Lehrer der staatlichen Grundschulen. Dementsprechend lässt sich die Vermutung aufstellen, dass die BIP-Schulen im Vergleich zu den staatlichen Schulen ein Arbeitsumfeld für die Lehrer bieten und schaffen, in dem den Lehrern der Aufbau und Erhalt der Selbstwirksamkeitserwartung leichter gelingen kann und sie scheinbar stärker dazu angeregt sowie darin bestärkt werden, ihre auf die Ausübung ihrer beruflichen Tätigkeit bezogenen Kompetenzen zu verbessern.

Eine Zusammenfassung der Befunde verschiedener Studien, die sich mit den Antezedenzien, Korrelaten und der Entwicklung der allgemeinen Lehrerselbstwirksamkeitserwartung beschäftigt haben, zeigt, dass die Klassenstufe, die Fähigkeiten und der sozioökonomische Status der Schülerschaft, die Klassengröße, der Workload der Lehrpersonen, die Unterstützung durch die Schulleitung, die Kooperation im Kollegium und der erlebte Gestaltungsspielraum bedeutsame Zusammenhänge mit der Ausprägung der

Lehrerselbstwirksamkeitserwartung aufweisen (Ross, 1998). Einige der genannten Merkmale des Arbeitsplatzes, die positiv mit der Selbstwirksamkeitserwartung zusammenhängen, sind in ihrer Ausprägung an den BIP-Schulen tendenziell positiver zu bewerten als an den staatlichen Grundschulen. Beispielsweise zählen hierzu die Klassengröße von maximal 22 Kindern und der überdurchschnittliche sozioökonomische Hintergrund der Schülerschaft (siehe Kapitel 6).

Eine Untersuchung der Berufsbelastung und -zufriedenheit der BIP-Lehrer und der Lehrer der staatlichen Grundschulen wäre eine Fragestellung, der zukünftig auf Basis der PERLE-Daten noch nachgegangen werden könnte. Tragen die erhöhten selbstregulativen Fähigkeiten der BIP-Lehrer zu einer geringeren Berufsbelastung und einer erhöhten beruflichen Zufriedenheit bei?

7.5.2 Fachspezifische Überzeugungen und Werthaltungen

Für die fachbezogenen Überzeugungen und Werthaltungen konnte die multivariate Varianzanalyse bei den *Kunstlehrern* keine schultypspezifischen Unterschiede zwischen den BIP-Lehrern und den staatlichen Lehrern empirisch absichern.

Zwischen den *Deutschlehrern* der staatlichen Schulen und der BIP-Schulen konnten die Analysen in Bezug auf die fachbezogenen Überzeugungen ausschließlich für die Bezugsnormorientierungen signifikante Unterschiede nachweisen. Für die anderen einbezogenen Überzeugungen ließen sich keine schulspezifischen Unterschiede bestätigen.

Die schulspezifischen Unterschiede in den Bezugsnormorientierungen zeigen an, dass die Lehrer an den staatlichen Schulen zur Beurteilung der Leistungen der Schüler häufiger die Leistungen der Mitschüler heranziehen als die Lehrer an den BIP-Schulen (soziale Bezugsnormorientierung). Gleichzeitig berichten die BIP-Deutschlehrer über eine ausgeprägtere Differenzierungspraxis als die Deutschlehrer an den staatlichen Grundschulen (Individualisierungstendenz). Diese Befunde liefern weitere Hinweise für interessante Fragestellungen. So bleibt zu untersuchen, inwieweit eine unterschiedlich stark ausgeprägte soziale Bezugsnormorientierung und Individualisierungstendenz über das unterrichtliche Handeln der Lehrpersonen die kognitive und motivational-affektive Entwicklung der Schüler beeinflusst.

Unter Berücksichtigung der fehlenden Signifikanz deuten die deskriptiven Daten zur Attribuierung insgesamt an, dass die Deutschlehrer sowohl der BIP-Schulen als auch der staatlichen Schulen überwiegend dem Kind selbst die größte Bedeutung für die Erklärung von Leistungsschwierigkeiten zuschreiben. Darüber hinaus attribuieren die Deutschlehrer an den staatlichen Grundschulen Misserfolge der Lernenden etwa gleichwertig auf die eigene Person und auf das Umfeld der Lernenden, während die BIP-Lehrer sich selbst eine höhere Verantwortlichkeit für Misserfolge zuschreiben als dem Umfeld der Kinder.

Betrachtet man die *Mathematiklehrer*, konnten die durchgeführten Analysen zu den fachbezogenen Überzeugungen und Werthaltungen erneut lediglich bei der sozialen Bezugsnormorientierung einen Unterschied zwischen BIP-Lehrern und Lehrern an den staatlichen Grundschulen feststellen. Bei den anderen einbezogenen Überzeugungen ließen sich keine schulspezifischen Unterschiede nachweisen, auch wenn die vorgeschaltete multivariate Analyse ermittelte, dass die Varianz aller einbezogenen abhängigen Variablen zu einem erheblichen Anteil durch die Schultypzugehörigkeit aufgeklärt werden kann.

Abgesichert werden konnte allerdings ein signifikanter Unterschied in der sozialen Bezugsnormorientierung der Mathematiklehrer: Die staatlichen Lehrer ziehen – nach eigenen Angaben – zur Leistungsbeurteilung häufiger als die BIP-Lehrer den interindividuellen Vergleich der Leistungen der Schüler einer Klasse heran. Ein analoger Befund ergab sich auch für die Deutschlehrer (s. o.).

Unterschiede auf den Attributionsskalen können für die Mathematiklehrer empirisch nicht abgesichert werden. Die deskriptiven Befunde deuten aber an, dass die BIP-Lehrer sich selbst eine größere Verantwortung und dem Umfeld eine geringere Verantwortung für verfehlte Lernziele der Schüler zuschreiben als die staatlichen Lehrpersonen. Ähnliche Befunde hatten sich für die Deutschlehrer ergeben (s.o.).

Ähnlich denken BIP-Lehrer und staatliche Lehrer über das Lehren und Lernen von Deutsch und Mathematik. Es zeigen sich keine signifikanten Unterschiede auf den beiden Skalen *constructivist view* und *transmission view*, wenngleich die staatlichen Mathematik- und Deutschlehrer im Vergleich zu den BIP-Lehrern höhere Werte auf der Skala *constructivist view* und geringere Werte auf der Skala *transmission view* haben.

In der Sichtweise auf das Fach Mathematik („Mathematische Weltbilder") und in der Ausprägung des Begabungskonzepts (Deutsch und Mathematik) ähneln sich die BIP-Lehrer und die staatlichen Lehrer ebenfalls. Weder für die Deutsch- noch für die Mathematiklehrer zeigen sich signifikante Unterschiede zwischen den beiden Schultypen.

7.6 Ausblick

Zusammenfassend zeigen die Befunde, dass sich die Lehrer an den staatlichen Schulen und an den BIP-Schulen auf einzelnen Dimensionen der selbstregulativen Fähigkeiten, der motivationalen Orientierungen und der fachbezogenen Überzeugungen voneinander unterscheiden.

Fraglich bleibt, inwieweit sich diese Unterschiede zwischen den Lehrergruppen auf deren unterrichtliches Handeln auswirken und somit über den Unterricht Einfluss auf die Entwicklung der Schüler nehmen können. Bei einigen der untersuchten Dimensionen, bei denen Unterschiede zwischen den Lehrergruppen zugunsten der BIP-Lehrer ermittelt werden konnten, lassen sich aufgrund der bisherigen Forschungslage positive Einflüsse auf Schülerleistungen annehmen. Dies trifft beispielsweise auf die höhere Individualisierungstendenz, die höhere Selbstwirksamkeitserwartung und die höhere Lernzielorientierung der BIP-Lehrer zu. Über die Ursachen der bestehenden Unterschiede zwischen den Lehrern der BIP-Schulen und denen der staatlichen Grundschulen kann man nur Vermutungen anstellen. Fraglich ist, ob die Unterschiede aus einem Selektionseffekt resultieren, der darin zum Ausdruck kommt, dass die privaten BIP-Schulen Lehrer mit bestimmten Eigenschaften „anziehen". Denkbar ist aber auch, dass die Unterschiede zwischen den Lehrergruppen auch eine Folge eines Sozialisationseffekts sind, der beinhaltet, dass die BIP-Schulen durch ihre Bedingungen und Merkmale ein Arbeitsumfeld erzeugen, das die Lehrer bei der Aufrechterhaltung oder dem Aufbau gewisser Überzeugungen, selbstregulativer Fähigkeiten und motivationaler Orientierungen unterstützt und beeinflusst.

Literatur

Ames, C. & Ames, R. (1984). *Systems of student and teacher motivation. Toward a qualitative definition. Journal of Educational Psychology, 76*, 535–556.

Ames, C. (1992). Classrooms. Goals, structures and student motivation. *Journal of Educational Psychology, 84*, 261–271.

Anderman, E.M. & Midgley, C. (1997). Changes in achievement goal orientations, perceived academic competence, and grades across the transition to middle level schools. *Contemporary Educational Psychology, 22*, 269–298.

Anderson, R., Greene, M. & Loewen, P. (1988). Relationships among teachers' and students' thinking skills, sense of efficacy, and student achievement. *Alberta Journal of Educational Research, 34*(2), 148–165.

Ashton, P.T. & Webb, R.B. (1986). *Making a difference. Teachers' sense of efficacy and student achievement.* New York: Longman, Inc.

Bandura, A. (1997). *Self-efficacy: The exercise of control.* New York: Freeman.

Baumert, J. & Kunter, M. (2006). Stichwort: Professionelle Kompetenz von Lehrkräften. *Zeitschrift für Erziehungswissenschaft, 9*(4), 469–520.

Bortz, J. & Döring, N. (2006). *Forschungsmethoden und Evaluation für Human- und Sozialwissenschaftler* (4. Auflage). Berlin: Springer.

Bromme, R. (1997). Kompetenzen, Funktionen und unterrichtliches Handeln des Lehrers. In F.E. Weinert (Hrsg.), *Enzyklopädie der Psychologie. Psychologie des Unterrichts und der Schule* (S. 177–212). Göttingen: Hogrefe.

Brophy, J.E. (1999). *Teaching* (Educational practices series No. 1). Brüssel, from http://www.ibe.unesco.org/fileadmin/user_upload/archive/publications/EducationalPracticesSeriesPdf/prac01e.pdf.

Brunner, M., Kunter, M., Krauss, S., Klusmann, U., Baumert, J., Blum, W., Neubrand, M., Dubberke, T., Jordan, A., Löwen, K. & Tsai, Y.-M. (2006). Die professionelle Kompetenz von Mathematiklehrkräften: Konzeptualisierung, Erfassung und Bedeutung für den Unterricht. Eine Zwischenbilanz des COACTIV-Projekts. In M. Prenzel & L. Allolio-Näcke (Hrsg.), *Untersuchungen zur Bildungsqualität von Schule: Abschlussbericht des DFG-Schwerpunktprogramms* (S.54–82). Münster: Waxmann.

Calderhead, J. (1996). Teachers: Beliefs and knowledge. In D.C. Berliner & R.C. Calfee (Eds.), *Handbook of educational psychology* (pp. 709–725). New York: Macmillan Library Reference USA.

Campbell, J., Kyriakidis, L., Muijs, D. & Robinson, W. (2004). *Assessing teacher effectiveness. Developing a differentiated model.* London: Routledge.

Deci, E.L. & Ryan, R.M. (1985). *Intrinsic motivation and self-determination in human behavior.* New York: Plenum Publishing Co.

De Corte, E. (2000). Marrying theory building and the improvement of school practice: a permanent challenge for instructional psychology. *Learning and Instruction, 10*, 249–266.

Dickhäuser, O. & Tönjes, B. (2008). Lern- und Leistungsziele von Lehrkräften. Ein neuer Blick auf das, was Lehrer antreibt. In U. Stadler-Altmann, J. Schindele & A. Schraut (Hrsg.), *Neue Lernkultur – neue Leistungskultur* (S. 284–291). Bad Heilbrunn: Klinkhardt.

Ditton, H. & Arnoldt, B. (2004). Wirksamkeit von Schülerfeedback zum Fachunterricht. In J. Doll & M. Prenzel (Hrsg.), *Bildungsqualität von Schule. Lehrerprofessionalisierung, Unterrichts-entwicklung und Schülerförderung als Strategien der Qualitätsverbesserung* (S. 152–170). Münster: Waxmann.

Diedrich, M., Thußbas, C. & Klieme, E. (2002). Professionelles Lehrerwissen und selbstberichtete Unterrichtspraxis im Fach Mathematik. *Zeitschrift für Pädagogik, 45*. Beiheft, 107–123.

Dubberke, T., Kunter, M., McElvany, N., Brunner, M. & Baumert, J. (2008). Lerntheoretische Überzeugungen von Mathematiklehrkräften: Einflüsse auf die Unterrichtsgestaltung und den Lernerfolg von Schülerinnen und Schülern. *Zeitschrift für Pädagogische Psychologie, 22* (3-4), 193–206.

Duit, R. (1995). Zur Rolle der konstruktivistischen Sichtweise in der naturwissenschaftsdidaktischen Lehr- und Lernforschung. *Zeitschrift für Pädagogik, 41*(6), 905–923.

Dweck, C.S. (1986). Motivational processes affecting learning. *American Psychologist, 41*(10), 1040–1047.

Einsiedler, W. (1997). Unterrichtsqualität und Leistungsentwicklung: Literaturüberblick. In F.E. Weinert & A. Helmke (Hrsg.), *Entwicklung im Grundschulalter* (S. 225–240). Weinheim: Beltz, Psychologie-Verlags-Union.

Elliot, E.S. & Dweck, C.S. (1988). Goals: An approach to motivation and achievement. *Journal of Personality and Social Psychology, 54*(1), 5–12.

Elliot, A.J. & McGregor, H.A. (2001). A 2 x 2 achievement goal framework. *Journal of Personality and Social Psychology, 80*(3), 501–519.

Fischer, N. & Rustemeyer, R. (2007). Motivationsentwicklung und schülerperzipiertes Lehrkraftverhalten im Mathematikunterricht. *Zeitschrift für Pädagogische Psychologie, 21*(2), 135–144.

Grigutsch, S., Raatz, U. & Törner, G. (1998). Einstellungen gegenüber Mathematik bei Mathematiklehrern. *Journal für Mathematik-Didaktik, 19*(1), 3–45.

Hattie, H. (2009). *Visible learning. A synthesis of over 800 meta-analyses relating to achievement.* London: Routledge.

Hartinger, A., Kleickmann, T. & Hawelka, B. (2006). Der Einfluss von Lehrervorstellungen zum Lernen und Lehren auf die Gestaltung des Unterrichts und auf motivationale Schülervariablen. *Zeitschrift für Erziehungswissenschaft, 9*(1), 109–126.

Helmke, A. (2007a). Was wissen wir über guten Unterricht? Wissenschaftliche Erkenntnisse zur Unterrichtsforschung und Konsequenzen für die Unterrichtsentwicklung. *IQES online – Instrumente für die Qualitätsentwicklung und Evaluation in Schule.* Zugriff am 16. August 2009 unter https://www.iqesonline.net/index.cfm?id=9491f280-e0c6-b4e6-2380-a76ecce798c7&qd=1.

Helmke, A. (2007b). *Unterrichtsqualität erfassen, bewerten, verbessern* (6. Aufl.). Seelze: Klett Kallmeyer.

Helmke, A. & Weinert, F.E. (1997). Bedingungsfaktoren schulischer Leistung. In F.E. Weinert (Hrsg.), *Enzyklopädie der Psychologie: Psychologie des Unterrichts und der Schule* (S. 71–176). Göttingen: Hogrefe.

Hofer, M. (1997). Lehrer-Schüler-Interaktion. In F.E.Weinert (Hrsg.), *Enzyklopädie der Psychologie: Psychologie des Unterrichts und der Schule* (S. 213–252). Göttingen: Hogrefe.

Hofer, B. (2001). Personal Epistemology Research: Implications for Learning and Teaching. *Journal of Educational Psychology Review, 13*(4), 353–383.

Hofer, B. & Pintrich, P. (1997). The Development of Epistemological Theories: Beliefs about knowledge and knowing and their relation to learning. *Review of Educational Research, 67*(1), 88–140.

Jürgen-Lohmann, J., Borsch, F. & Giesen, H. (2002). Kooperativer Unterricht in unterschiedlichen schulischen Lernumgebungen. *Unterrichtswissenschaft, 30*(3), 367–383.

Kaplan, A. & Maehr, M.L. (1999). Achievement goals and student well-being. *Contemporary Educational Psychology, 24*, 330–358.

Köller, O. (1998). *Zielorientierungen und schulisches Lernen*. Münster: Waxmann.

Köller, O. (2004). *Konsequenzen von Leistungsgruppierungen*. Münster: Waxmann.

Kunter, M. & Pohlmann, B. (2009). Lehrerinnen und Lehrer. In E. Wild & J. Möller (Hrsg.), *Pädagogische Psychologie* (S. 261–282). Heidelberg: Springer.

Lau, S. & Nie, Y. (2008). Interplay between personal goals and classroom goal structures in predicting student outcomes. A multilevel analysis of person-context interactions. *Journal of Educational Psychology, 100*(1), 15–29.

Leder, G.C. & Forgasz, H.J. (2002). Measuring mathematical beliefs and their impact on the learning of mathematics. A new approach. In G. Leder, E. Pehkonen & G. Törner (Eds.), *Beliefs: A hidden variable in mathematics education?* (pp. 73–94). Dordrecht, Boston, London: Kluwer Academic Publishers.

Lipowsky, F., Thußbas, C., Klieme, E., Reusser, K. & Pauli, C. (2003). Professionelles Lehrerwissen, selbstbezogene Kognitionen und wahrgenommene Schulumwelt. Ergebnisse einer kulturvergleichenden Studie deutscher und Schweizer Mathematiklehrkräfte. *Unterrichtswissenschaft, 31*(3), 206–237.

Lipowsky, F. (2003), *Wege von der Hochschule in den Beruf. Eine empirische Studie zum beruflichen Erfolg von Lehramtsabsolventen in der Berufseinstiegsphase*. Bad Heilbrunn: Klinkhardt.

Lipowsky, F. (2006). Auf den Lehrer kommt es an. Empirische Evidenz für Zusammenhänge zwischen Lehrerkompetenzen, Lehrerhandeln und dem Lernen der Schüler. *Zeitschrift für Pädagogik,* 51. Beiheft, 47–70.

Lipowsky, F. (2009). Unterricht. In E. Wild & J. Möller (Hrsg.), *Pädagogische Psychologie* (S. 73–102). Berlin: Springer.

Lüdtke, O. & Köller, O. (2002). Individuelle Bezugsnormorientierung und soziale Vergleiche im Mathematikunterricht. Einfluss unterschiedlicher Referenzrahmen auf das fachspezifische Selbstkonzept der Begabung. *Zeitschrift für Entwicklungspsychologie und Pädagogische Psychologie, 34*(3), 156–166.

Mandl, H., & Huber, G.L. (1982). *Subjektive Theorien von Lehrern*. Tübingen: Deutsches Institut für Fernstudien an der Universität Tübingen.

Mehlhorn, H.-G. (2001). Begabungsentwicklung durch Kreativitätsförderung in Kindergarten und Schule. *Materialien des Forum Bildung*, 22–44.

Midgley, C., Feldlaufer, H. & Eccles, J. (1989). Change in teacher efficacy and student self- and taskrelated beliefs in mathematics during the transition to junior high school. *Journal of Educational Psychology, 81*(2), 247–258.

Mischo, C. & Rheinberg, F. (1995). Erziehungsziele von Lehrern und individuelle Bezugsnormen der Leistungsbewertung. *Zeitschrift für Pädagogische Psychologie, 9*, 139–152.

Munby, H., Russell, T. & Martin, A.K. (2001). Teachers' knowledge and how it develops. In V. Richardson (Ed.), *Handbook of Research on Teaching* (4th ed., pp. 877–904). Washington D.C.: American Educational Research Association.

Nespor, J. (1987). The role of beliefs in the practice of teaching. *Journal of Curriculum Studies, 19*(4), 317–328.

Nicholls, J.G. (1984). Achievement motivation. Conception of ability, subjective experience, task choice, and performance. *Psychological Review, 91*(3), 328–346.

Pajares, M.F. (1992). Teachers' beliefs and educational research. Cleaning up a messy construct. *Review of Educational Research, 62*(3), 307–332.

Pauli, C., Reusser, K., Waldis, M. & Grob, U. (2003). „Erweiterte Lehr- und Lernformen" im Mathematikunterricht der Deutschschweiz. *Unterrichtswissenschaft, 31*(2), 291–321.

Pauli, C., Reusser, K., Grob, U. & Waldis, M. (2005). *Teaching for understanding and/or self-directed learning? A video-based analysis of reform-oriented approaches of mathematics instruction at lower secondary level in Switzerland.* Paper presented at the Annual Meeting of the American Educational Research Association (AERA), Montreal, April 2005.

Pauli, C., Reusser, K. & Grob, U. (2007). Teaching for understanding and/or selfregulated learning? A videobased analysis of reformoriented mathematics instruction in Switzerland. *International Journal of Educational Research, 46*(5), 294–305.

Peterson, P.L., Fennema, E., Carpenter, T.P. & Loef, M. (1989). Teachers' pedagogical content beliefs in mathematics. *Cognition and Instruction, 6*(1), 1–40.

Pintrich, P.R. (2000). The role of goal orientation in self-regulated learning. In M. Boekaerts, P.R. Pintrich & M. Zeidner (Eds.), *Handbook of self-regulation* (pp. 451–502). San Diego, Calif.: Academic Press.

Reinmann, G. & Mandl, H. (2006). Unterrichten und Lernumgebungen gestalten. In A. Krapp & B. Weidenmann (Eds.), *Pädagogische Psychologie: Ein Lehrbuch* (5. Aufl., S. 615–658). Weinheim: Beltz.

Reiss, K., Hellmich, F. & Thomas, J. (2002). Individuelle und schulische Bedingungsfaktoren für Argumentationen und Beweise im Mathematikunterricht. *Zeitschrift für Pädagogik,* 45. Beiheft, 51–64.

Reiserer, M. & Mandl, H. (2002). Individuelle Bedingungen lebensbegleitenden Lernens. In R. Oerter & L. Montada (Hrsg.), *Entwicklungspsychologie: Lehrbuch* (S. 923–939). Weinheim: Beltz PVU.

Reusser, K., Pauli, C. & Elmer, A. (2011). Berufsbezogene Überzeugungen von Lehrerinnen und Lehrern. In E. Terhart, H. Bennewitz & M. Rothland (Hrsg.), *Handbuch der Forschung zum Lehrerberuf* (S. 478–495). Münster: Waxmann.

Rheinberg, F. (1982). Bezugsnormorientierung von Lehramtsanwärtern im Verlauf ihrer praktischen Ausbildung. In F. Rheinberg (Hrsg.), *Bezugsnormen zur Schulleistungsbewertung. Analyse und Intervention. Jahrbuch für Empirische Erziehungswissenschaft 1982* (S. 235–248). Düsseldorf: Schwann.

Rheinberg, F. (2006). Bezugsnormorientierung. In D.H. Rost (Hrsg.), *Schlüsselbegriffe: Handwörterbuch Pädagogische Psychologie* (S. 55–62). Weinheim: Beltz PVU.

Richardson, V. (1996). The role of attitudes and beliefs in learning to teach. In J.P. Sikula, T.J. Buttery & E. Guyton (Eds.), *Handbook of research on teacher education. A project of the Association of Teacher Educators* (pp. 102–119). New York: Macmillan Library Reference USA.

Rivkin, S., Hanushek, E. & Kain, J.F. (2005). Teachers, schools, and academic achievement. *Econometria, 73*(2), 417–458.

Ross, J.A. (1995). Strategies for enhancing teachers' beliefs in their effectiveness: Research on a school improvement hypothesis. *Teachers College Record, 97,* 227–251.

Ross, J.A. (1998). The Antecedents and Consequences of Teacher Efficacy. In J.E. Brophy (Eds.), *Expectations in the Classroom. Advances in Research on Teaching* (Vol. 7, pp. 49–73). Greenwich: JAI Press.

Santiago, P. (2002). *Teacher demand and supply. Improving teacher quality and addressing teacher shortages. A literature review and a conceptual framework for future work* (Education Working Paper No. 1). Paris: Organization for Economic Co-Operation and Development.

Schlangen, B. & Stiensmeier-Pelster, J. (1997). Implizite Theorien über die Veränderbarkeit von Intelligenz als Determinanten von Leistungsmotivation. *Zeitschrift für Pädagogische Psychologie, 11*, 167–176.

Schmitz, G. (1998). Entwicklung der Selbstwirksamkeitserwartung von Lehrern. *Unterrichtswissenschaft, 26*(2), 140–157.

Schwarzer, R. & Warner, L.M. (2011). Forschung zur Selbstwirksamkeit bei Lehrerinnen und Lehrern. In E. Terhart, H. Bennewitz & M. Rothland (Hrsg.), *Handbuch der Forschung zum Lehrerberuf* (S. 496–510). Münster: Waxmann.

Schulte, K., Bögeholz, S. & Watermann, R. (2008). Selbstwirksamkeitserwartung und Pädagogisches Professionswissen im Verlauf des Lehramtstudiums. *Zeitschrift für Erziehungswissenschaft, 11*(2), 268–287.

Seidel, T., Schwindt, K., Rimmele, R. & Prenzel, M. (2008). Konstruktivistische Überzeugungen von Lehrpersonen. Was bedeuten sie für den Unterricht? In M.A. Meyer, M. Prenzel & S. Hellekamp (Hrsg.), *Perspektiven der Didaktik: Zeitschrift für Erziehungswissenschaft.* Sonderheft 9 (S. 259–276). Wiesbaden: VS Verlag für Sozialwissenschaften.

Staub, F.C. & Stern, E. (2002). The nature of teachers' pedagogical content beliefs matters for students' achievement gains: quasi-experimental evidence from elementary mathematics. *Journal of Educational Psychology, 94*(2), 344–355.

Stiensmeier-Pelster, J., Balke, S. & Schlangen, B. (1996). Lern- versus Leistungszielorientierung als Bedingung des Lernfortschritts. *Zeitschrift für Entwicklungspsychologie und Pädagogische Psychologie, 28*, 169–187.

Stiensmeier-Pelster, J. & Heckhausen, H. (2006). Kausalattribution von Verhalten und Leistung. In J. Heckhausen & H. Heckhausen (Hrsg.), *Motivation und Handeln* (S. 355–389). Heidelberg: Springer.

Stipek, D.J., Givvin, K.B., Salmon, J.M. & MacGyvers, V.L. (2001). Teachers' beliefs and practices related to mathematics instruction. *Teaching and Teacher Education, 17*, 213–216.

Törner, G. (2002). Epistemologische Grundüberzeugungen: Verborgene Variable beim Lehren und Lernen. *Der Mathematikunterricht, 4/5*, 103–128.

Törner, G. (2005). Epistemologische Beliefs. State-of-Art-Bemerkungen zu einem aktuellen mathematikdidaktischen Forschungsthema vor dem Hintergrund der Schraw-Olafson-Debatte. In H.-W. Henn, G. Kaiser & W. Blum (Hrsg.), *Mathematikunterricht im Spannungsfeld von Evolution und Evaluation: Festschrift für Werner Blum* (S. 308–323). Hildesheim: Div-Verl. Franzbecker.

Tschannen-Moran, M., Woolfolk Hoy, A. & Hoy, W.K. (1998). Teacher Efficacy. Its meaning and measure. *Review of Educational Research, 68*(2), 202–248.

Tschannen-Moran, M. & Woolfolk Hoy, A. (2007). The Differential Antecedents of Self-Efficacy Beliefs of Novice and Experienced Teachers. *Teaching and Teacher Education, 23*, 944–956.

Wenglinsky, H. (2000). *How teaching matters: Bringing the classroom back into discussion of teacher quality. A policy information center report.* New Jersey: The Milken Family Foundation/Educational Testing Service.

Weiner, B., Frieze, I.H., Kukla, A., Reed, L., Rest, S. & Rosenbaum, R.M. (1971). Perceiving the causes of success and failure. In E.E. Jones, D.E. Kanouse, H.H. Kelley, R.E. Nisbett, S. Valins & B. Weiner (Eds.), *Attribution. Perceiving the causes of behavior* (pp. 95–120). Morristown, NJ: General Learning Press.

Weinert, F.E. (1997). Lerntheorien und Instruktionsmodelle. In F.E. Weinert (Hrsg.), *Psychologie des Lernens und der Instruktion.* Enzyklopädie der Psychologie, Band 2, Themenbereich D, Praxisgebiete; Serie I, Pädagogische Psychologie. Göttingen: Hogrefe.

Weinert, F.E. (2001). Concept of competence. A conceptual clarification. In D.S. Rychen & L.H. Salgan (Eds.), *Defining and selecting key competencies, defining, and selecting key competencies* (pp.45–66). Seattle: Hogrefe & Huber.

Wild, E., Hofer, M. & Pekrun, R. (2006). Psychologie des Lerners. In A. Krapp & B. Weidenmann (Hrsg.), *Pädagogische Psychologie: Ein Lehrbuch* (S. 203–268). Weinheim: Beltz.

Wolters, C.A. (2004). Advancing goal theory. Using goal structures and goal orientations to predict students' motivation, cognition, and achievement. *Journal of Educational Psychology, 96,* 236–250.

8. PERLE 1: Zusammenfassung und Ausblick

Frank Lipowsky, Gabriele Faust und Claudia Kastens

Die PERLE 1-Studie verfolgte zwei Ziele: Zunächst sollte die Studie prüfen, ob Schüler an BIP-Schulen tatsächlich erfolgreicher lernen und sich positiver entwickeln als Schüler an staatlichen Schulen. Außerdem sollte die Studie einen Beitrag zu einer anwendungs- und grundlagenorientierten Grundschulforschung leisten, indem sie theoriebasiert und orientiert am bisherigen Forschungsstand der Frage nachging, welchen Einfluss schulische und unterrichtliche, lehrer- und klassenbezogene und familiäre Merkmale – auch nach Kontrolle der Schulzugehörigkeit – auf die Lern- und Persönlichkeitsentwicklung von Grundschulkindern im Anfangsunterricht haben und wie sich Lehrerkompetenzen und Unterrichtsqualität beschreiben und erklären lassen.

Dieser Abschlussbericht fasst die wichtigsten Ergebnisse zur ersten Fragestellung zusammen, indem geprüft wurde, ob die BIP-Schulen ihren Anspruch einer besonderen Förderung der Begabung, Intelligenz und Kreativität von Grundschulkindern, auch bei einem Vergleich mit einer vergleichsweise leistungsstarken Kontrollgruppe, einlösen können.

Hierzu wurde untersucht, inwiefern die Zugehörigkeit zu einer BIP-Schule oder einer staatlichen Schule von Beginn des ersten Schuljahres bis zum Ende des zweiten Schuljahres einen Effekt auf die Kreativitätsentwicklung (Kapitel 2), die Lernentwicklung in Mathematik (Kapitel 3) und im Lesen und Rechtschreiben (Kapitel 4) sowie die Selbstkonzeptentwicklung (Kapitel 5) der Schüler hat.

Die vorgelegten Kapitel dieses Abschlussberichts gehen jedoch über einen bloßen Vergleich der Entwicklung der beiden Substichproben hinaus, da sie auch Fragen untersuchen, die für die Forschung mit Grundschulkindern und Grundschullehrern insgesamt relevant sind. Insofern leistet jedes Kapitel dieses Abschlussberichts auch einen Beitrag zur Einlösung des zweiten Projektziels.

Während die genannten Kapitel 2 bis 5 den Einfluss schul- und lehrerbezogener Einflussfaktoren prüften, wurde in Kapitel 6 analysiert, inwieweit familiäre und elterliche Merkmale das schulische Fortkommen der untersuchten Grundschulkinder beeinflussen und welche Unterschiede es hier zwischen Eltern von Kindern an BIP-Schulen und Eltern von Kindern an staatlichen Schulen gibt. Das Kapitel 7 beleuchtete mit den Lehrpersonen den wichtigsten schulbezogenen Einflussfaktor für die Lernentwicklung der Kinder und fragte systematisch und gezielt nach Unterschieden zwischen BIP-Lehrern und Lehrern der untersuchten staatlichen Klassen.

Kapitel 3 macht deutlich, dass sich die arithmetischen Kompetenzen der BIP-Schüler in den ersten beiden Schuljahren nicht wesentlich günstiger entwickeln als die der Schüler der untersuchten staatlichen Grundschulklassen. Zwar zeigen die BIP-Schüler im ersten Schuljahr größere Leistungszuwächse als die Kinder der staatlichen Grundschulklassen, im zweiten Schuljahr holen die Kinder der staatlichen Grundschulklassen aber etwas auf, sodass über beide Schuljahre betrachtet die Unterschiede in der Entwicklung nur tendenziell signifikant werden. Damit bestätigen sich die Erwartungen einer günstigeren Entwicklung an den BIP-Schulen (siehe Kapitel 1.1) im Bereich der Arithmetik bis zum Ende des zweiten Schuljahres nicht bzw. nicht durchgängig.

Ähnliches gilt für das Lesen: Die Schulzugehörigkeit hat nach Kontrolle der etwas günstigeren Lesevoraussetzungen der BIP-Schüler keinen Einfluss auf das Leseverständnis Ende des ersten Schuljahres und auch keinen Einfluss auf die Entwicklung des Leseverständnisses im zweiten Schuljahr (Kapitel 4).

Interessanterweise zeigt sich jedoch, was die längsschnittliche Entwicklung der Schüler anbelangt, ein Unterschied in der Entwicklung der Rechtschreibleistungen. Hier offenbart sich auch nach Kontrolle der bestehenden Voraussetzungen auf Schülerseite ein Vorsprung der BIP-Schüler (Kapitel 4): Im zweiten Schuljahr entwickeln sich die Rechtschreibleistungen der BIP-Kinder signifikant positiver als die Rechtschreibleistungen der Kinder aus den staatlichen Grundschulklassen, auch dann, wenn man die Rechtschreibleistungen am Ende des ersten Schuljahres kontrolliert. In weiteren Auswertungen werden wir prüfen, ob für diese Unterschiede erfasste Merkmale des Unterrichts oder/und der Lehrpersonen in Frage kommen.

Die Förderung der Kreativität ist ein zentrales Anliegen der BIP-Schulen. Wir haben daher auch dieses Konstrukt längsschnittlich einer vergleichenden Analyse unterzogen. Hierbei ergab sich entgegen unserer Erwartungen kein signifikanter Unterschied zwischen BIP-Kindern und Kindern der staatlichen Grundschulklassen (Kapitel 2). Einschränkend muss jedoch festgehalten werden, dass die Stabilität der Kreativität insgesamt sehr gering ist, d. h., die zu Beginn des ersten Schuljahres gemessene Kreativität vermag die Kreativität am Ende des zweiten Schuljahres kaum vorherzusagen. Hinzu kommt, dass wir die verbale Kreativität in PERLE 1 noch nicht gemessen haben, sie wurde erstmals im dritten Schuljahr erfasst.

Als ein weiteres relevantes Merkmal der Schülerpersönlichkeit haben wir die schulischen Selbstkonzepte der Schüler in den Facetten Lesen, Schreiben, Rechnen und Kreativität längsschnittlich untersucht und geprüft, ob der Big-Fish-Little-Pond-Effekt (BFLPE) an den BIP-Schulen stärker (oder schwächer) ausfällt als an den staatlichen Schulen. Für die Selbstkonzeptentwicklungen im Schreiben und Rechnen offenbaren sich keine Unterschiede zwischen den Kindern an BIP-Schulen und an staatlichen Grundschulen. Zwar berichten die BIP-Schüler zu Beginn der Grundschulzeit über höhere Selbstkonzepte im Lesen, dieser Unterschied verringert sich jedoch im Laufe der ersten beiden Schuljahre und ist am Ende des zweiten Schuljahres nicht mehr bedeutsam. Für das Selbstkonzept kreativer Tätigkeiten deutet sich ein Einfluss des Schultyps an. Die Kinder an den BIP-Schulen berichten am Ende des zweiten Schuljahres über ein etwas günstigeres Selbstkonzept bezogen auf ihre kreativen Tätigkeiten als die Schüler an den staatlichen Grundschulen. Je nach Analyseverfahren und Modellspezifikation wird der Unterschied signifikant oder bleibt knapp unter der Signifikanzgrenze.

Für keine der untersuchten Domänen zeigten sich bedeutsame Effekte des Schultyps auf die Stärke des BFLPE. Die Zugehörigkeit zu einer BIP-Schule hat somit keine verstärkenden negativen Effekte auf das Selbstkonzept der Schüler am Ende des ersten und zweiten Schuljahres.

8. PERLE 1: Zusammenfassung und Ausblick

Das Kapitel 6 prüft, ob Familien von BIP-Kindern positivere Einstellungen gegenüber dem Fach Mathematik haben und darüber die mathematische Leistungsentwicklung ihrer Kinder positiver beeinflussen als die Familien der untersuchten Kinder an staatlichen Grundschulen. Zwar zeigen sich tatsächlich einige Unterschiede zwischen den Eltern von BIP-Kindern und denen von Kindern an staatlichen Schulen: Eltern von BIP-Kindern messen dem Fach Mathematik eine höhere Bedeutung bei, haben selbst ein günstigeres mathematisches Selbstkonzept und interessieren sich stärker für Mathematik. Diese günstigeren Einstellungen wirken sich jedoch nicht auf die Leistungsentwicklung der Kinder aus, wenn man die Leistungen der Kinder zu Beginn der Schulzeit kontrolliert.

Unterrichten an BIP-Schulen Lehrer mit anderen Einstellungen, Überzeugungen, Haltungen und Motivationen als an staatlichen Grundschulen? Der Vergleich in Kapitel 7 verdeutlicht, dass es trotz der geringen Stichprobengröße einige Unterschiede zwischen beiden Lehrergruppen zu geben scheint. Diese drücken sich vor allem in unterschiedlichen selbstregulativen Fähigkeiten, motivationalen Orientierungen, Bezugsnormorientierungen und Attributionstendenzen aus. Die Lehrer an BIP-Schulen berichten über höhere Selbstwirksamkeitserwartungen und Lernzielorientierungen, tendieren eigenen Berichten zufolge zu einer intensiveren Individualisierung im Unterricht, neigen bei der Beurteilung der Leistungen nach eigenen Angaben weniger zu sozialen Vergleichen und führen Misserfolge der Schüler in Mathematik und Deutsch weniger auf die mangelnde Begabung des Kindes und das Umfeld, sondern stärker auf sich und den Unterricht zurück als die Lehrpersonen an den staatlichen Grundschulklassen. In unseren bisherigen Analysen konnten wir jedoch noch nicht nachweisen, dass diese günstigeren Ausprägungen direkte Effekte auf die Qualität des Unterrichts oder auf die Lernentwicklung der Schüler haben.

Zusammenfassend zeigen die Ergebnisse zum Vergleich der beiden Schultypen, dass es zwar einige empirische Evidenzen für unterschiedliche Entwicklungen der Schüler gibt, dass diese aber bis zum Ende des zweiten Schuljahres noch nicht so deutlich ausfallen, wie es zu erwarten gewesen wäre. Ob sich die Schere in den Entwicklungen im dritten und vierten Schuljahr bei steigenden curricularen Anforderungen (weiter) öffnet oder ob sich weiterhin weitgehend parallele Entwicklungen zeigen, werden die Auswertungen des Längsschnitts über vier Schuljahre (PERLE 1 und PERLE 2) zeigen.

Darüber hinaus stellt sich die Frage, ob es größere Unterschiede in den Entwicklungen der Schüler beider Schultypen gibt, wenn man Schüler mit spezifischen Lernvoraussetzungen betrachtet und vergleicht, also z. B. Schüler mit geringeren Vorläuferfähigkeiten oder mit ungünstigeren kognitiven Voraussetzungen. Damit sind differentielle Effekte angesprochen. Die ATI-Forschung (Corno & Snow, 1986) untersucht, ob Lernumgebungen auf Schüler mit unterschiedlichen Voraussetzungen unterschiedliche Effekte haben. Grundsätzlich ist es vorstellbar, dass die Lernumwelten an den BIP-Schulen insbesondere für bestimmte Gruppen von Schülern, z. B. für leistungsschwächere Schüler, Vorteile bringen. Diesen differentiellen Fragestellungen werden wir in nachfolgenden Analysen nachgehen.

Was die eingesetzten Analyseverfahren anbelangt, ermöglichte das hier angewandte regressions- und mehrebenenanalytische Verfahren die Kontrolle relevanter individueller Lernvoraussetzungen zum Zeitpunkt der Einschulung sowie die Kontrolle der Klassenzugehörigkeit und stellt insofern ein angemessenes Verfahren dar, um Unterschiede zwischen Schülern und Unterschiede zwischen Klassen angemessen zu berücksichtigen und Lernentwicklungen zu untersuchen. Für weitergehende kausale Interpretationen bieten sich Matchingverfahren an, wobei das Propensity-Score-Matching zurzeit als die Methode der Wahl gilt (Stuart, 2010). Matchingverfahren eignen sich insbesondere dann, wenn sich Experimentalgruppe und Kontrollgruppe (hier: BIP-Schüler und Schüler an öffentlichen Schulen) in ihren Voraussetzungen und in ihren Stichprobengrößen deutlich unterscheiden. In unserer Studie ist dies nur bedingt der Fall. Die einbezogenen Klassen öffentlicher Schulen stellen keine repräsentative, sondern eine positiv selegierte Stichprobe dar. Somit sind die Schüler der staatlichen Schulen in dieser Stichprobe den BIP-Schülern sehr viel ähnlicher, als dies bei einer repräsentativen Stichprobe staatlicher Schulen zu erwarten wäre. Diese Ähnlichkeit macht sich auch in vergleichsweise geringen Unterschieden zwischen beiden Schülergruppen zu Beginn des ersten Schuljahres bemerkbar (siehe Kapitel 2 bis 5). Ergänzend zu den hier vorgelegten Analysen werden wir in einem nächsten Schritt zusätzlich Matchingverfahren anwenden, um die Lernentwicklungen der BIP-Schüler mit denen der Schüler an den einbezogenen öffentlichen Schulen zu vergleichen.

Das zweite Ziel der PERLE-Studie bestand darin, die Lern- und Persönlichkeitsentwicklung von Grundschulkindern, unabhängig von ihrer Zugehörigkeit zu einem der beiden Schulsysteme, zu beschreiben und zu erklären sowie grundsätzlichen Fragen der Ausprägung und Entwicklung von Lehrerkompetenzen nachzugehen (s. o.). Auf der Basis der erhobenen Daten aus der PERLE-Studie 1 wurden hierzu bereits einige Aufsätze publiziert (vgl. z. B. Berner, Lotz, Faust & Lipowsky, 2010; Gabriel, Kastens, Poloczek, Schoreit & Lipowsky, 2010; Künsting, Post, Greb, Faust & Lipowsky, 2010; Praetorius, Greb, Lipowsky & Gollwitzer, 2010, vgl. auch die Liste der Publikationen des PERLE-Projekts am Ende des Bands). Zahlreiche Vorträge auf nationalen und internationalen Tagungen sowie vier abgeschlossene Promotionen (Berner, 2013; Corvacho del Toro, 2012; Karst, 2012; Mösko, 2011) und mehrere kurz vor Abschluss stehende Promotionen (Gabriel, i.V.; Lotz, i.V.; Post, i.V.; Theurer, i.V.) unterstreichen, dass die PERLE-Studie nicht nur die Frage des Schultypvergleichs fokussiert, sondern auch einer Reihe für die Forschung mit Grundschulkindern und Grundschullehrern grundsätzlich relevanter Fragestellungen nachgeht. Auch in den hier vorliegenden Kapiteln des Abschlussberichts wurden weitere dieser grundsätzlichen Fragen aufgegriffen und untersucht.

So untersuchte das Kapitel 3 zusätzlich zum Einfluss des Schulsystems, inwieweit Überzeugungen, selbstregulative Fähigkeiten und motivationale Orientierungen von Lehrpersonen die arithmetische Leistungsentwicklung der PERLE-Kinder erklären können. Es zeigte sich ein positiver und stabiler Effekt des Formalismusaspekts, also der Lehrerüberzeugung, dass Mathematik eine Disziplin ist, die sich durch Klarheit, Exaktheit und Eindeutigkeit auszeichnet. Dieser Befund fällt auf den ersten Blick eher erwartungswidrig aus, denn bisherige Ergebnisse ließen die Vermutung zu, dass eine solche statische Sicht auf Mathematik mit geringeren Leistungszuwächsen auf Schülerseite einhergeht. Erklärt wird der positive Effekt des Formalismus hier damit, dass die abhängige

8. PERLE 1: Zusammenfassung und Ausblick

Variable mit einem Mathematiktest erfasst wurde, der insbesondere die arithmetischen Basiskompetenzen und das schnelle und korrekte Abrufen von Aufgabenlösungen erfasste. Es kann angenommen werden, dass Lehrpersonen mit hohen Werten auf dem Formalismusaspekt auf gründliches Durcharbeiten der Operationen und auf exaktes mathematisches Arbeiten Wert legen, was sich insbesondere dann, wenn es um den Erwerb und das sichere Beherrschen arithmetischer Operationen und um die das Arbeitsgedächtnis entlastende Automatisierung basaler Rechenoperationen geht, förderlich auf die Entwicklung der Schüler auswirken kann.

Im Kapitel 4, das die Entwicklung des Leseverständnisses und der Rechtschreibleistungen untersuchte, konnte unabhängig vom Schultypvergleich zum einen nachgewiesen werden, dass Vorläuferfähigkeiten, wie Anlaute hören und Laute sprechen, eine prädiktive Kraft für das Leseverständnis und die Rechtschreibleistungen am Ende des ersten Schuljahres haben und dass zum Zweiten die Vorhersagekraft von Anlaute hören für die Rechtschreibleistungen auch dann erhalten bleibt, wenn man mit der Buchstabenkenntnis der PERLE-Kinder zum Schuleintritt curriculare Fähigkeiten kontrollierend berücksichtigt.

Das Kapitel 2 untersuchte zusätzlich zum Schultypvergleich die längsschnittliche Beziehung zwischen Intelligenz und Kreativität. Entgegen der Erwartungen zeigten sich keine substantiellen Beziehungen zwischen diesen beiden Schülermerkmalen, weder für die Gesamtstichprobe aller Schüler noch für die beiden Substichproben. Darüber hinaus erwies sich die durchschnittliche kreative Leistung der Klasse zu Beginn des ersten Schuljahres als bedeutsamer für die Kreativitätsentwicklung des einzelnen PERLE-Schülers als seine individuelle Kreativität zum Schuleintritt.

Einer Fülle erweiterter Fragestellungen ging auch das Kapitel zur Selbstkonzeptentwicklung nach (Kapitel 5). Unter anderem zeigte sich, dass es nicht in allen Domänen zu einem Abwärtstrend in der Selbstkonzeptentwicklung von Schulanfängern kommen muss, wie dies häufig mit der Formel „*Vom Optimisten zum Realisten*" beschrieben und erklärt wird. Im Lesen steigt das Selbstkonzept der PERLE-Kinder nach Schuleintritt sogar noch an, während es im Rechnen, im Schreiben und im Bereich kreativer Tätigkeiten leicht zurückgeht. Mittels sophistizierter Latent-Growth-Curve-Modelle wurde darüber hinaus geprüft, ob man in den einzelnen Domänen tatsächlich, wie vielfach angenommen, von gleichförmigen linearen Verläufen ausgehen kann oder ob nicht vielmehr kurvenartige Entwicklungen vorliegen. Tatsächlich lässt sich für die Domänen Rechnen, Lesen und kreative Tätigkeiten zeigen, dass Modelle, in denen nicht-lineare Entwicklungen über die Zeit angenommen werden, besser zu den empirischen Daten passen als lineare Modelle. Lediglich für das Schreiben erweist sich ein lineares Modell als passender. Das bedeutet: In den ersten beiden Schuljahren verläuft die Selbstkonzeptentwicklung im Rechnen, Lesen und im Bereich der kreativen Tätigkeiten nicht gleichmäßig. Genaue Analysen zeigen, dass es insbesondere im ersten Schuljahr zu deutlicheren Veränderungen kommt, während die Veränderungen im zweiten Schuljahr geringer ausfallen. Durch die Berücksichtigung der letzten beiden Messzeitpunkte (Ende drittes und viertes Schuljahr), die im Rahmen von PERLE 2 erhoben wurden, wird es möglich sein, spezifischere Verläufe zu modellieren und zu prüfen. So wäre beispielsweise denkbar, dass die Selbstkonzeptentwicklung über die untersuchten Schuljahre hinweg in Etappen verläuft (piecewise-growth).

Nahezu alle in diesem Abschlussbericht und in den bisherigen Veröffentlichungen untersuchten Fragen wurden in Deutschland bislang nicht über einen vierjährigen Längsschnitt untersucht. Insofern versprechen künftige Analysen im Rahmen von PERLE 2 eine Reihe weiterer interessanter und neuartiger Erkenntnisse.

Literatur

Berner, N. (2013). *Bildnerische Kreativität im Grundschulalter – Eine empirische Studie zu deren Bestimmung anhand der Beurteilung plastischer Schülerarbeiten.* Dissertation Universität Augsburg.

Berner, N., Lotz, M. & Faust, G. & Lipowsky, F. (2010). Die Entwicklung der Kreativität und ihre Determinanten in den ersten beiden Grundschuljahren. *Zeitschrift für Grundschulforschung, 3*(2), 72–84.

Corvacho del Toro, I.M. (2012). *Fachwissen von Grundschullehrkräften und dessen Effekt auf die Rechtschreibleistung von Grundschülern.* Dissertation Universität Frankfurt am Main.

Corno, L. & Snow, R.E. (1986). Adapting teaching to individual differences among learners. In M. Wittrock (Ed.), *Handbook of research on teaching* (pp. 605–629). New York: MacMillan.

Gabriel, K. (in Vorbereitung). *Videobasierte Erfassung von Unterrichtsqualität in der Grundschule – Eine Teilstudie des PERLE-Projekts zur Erfassung der Klassenführung und des Unterrichtsklimas im Anfangsunterricht.* Dissertation Universität Kassel.

Gabriel, K., Kastens, C., Poloczek, S., Schoreit, E. & Lipowsky, F. (2010). Entwicklung des mathematischen Selbstkonzepts im Anfangsunterricht – Der Einfluss des Klassenkontextes. *Zeitschrift für Grundschulforschung, 3*(1), 65–82.

Karst, K. (2012). *Kompetenzmodellierung des diagnostischen Urteils von Grundschullehrern.* Empirische Erziehungswissenschaft, Bd. 35. Münster: Waxmann.

Künsting, J., Post, S., Greb, K., Faust, G. & Lipowsky, F. (2010). Leistungsheterogenität im mathematischen Anfangsunterricht. Ein Risiko für die Leistungsentwicklung? *Zeitschrift für Grundschulforschung, 3*(1), 46–64.

Lotz, M. (in Vorbereitung). *Kognitive Aktivierung im Leseunterricht der Grundschule – Eine Videostudie zur Gestaltung und Qualität von Leseübungen im ersten Schuljahr.* Dissertation Universität Bamberg.

Mösko, E. (2011). *Elterliche Geschlechtsstereotype und deren Einfluss auf das mathematische Selbstkonzept von Grundschulkindern.* Dissertation Universität Kassel. Online verfügbar unter: https://kobra.bibliothek.uni-kassel.de/handle/urn:nbn:de:hebis:34-2011102139419.

Praetorius, A.-K., Greb, K., Lipowsky, F. & Gollwitzer, M. (2010). Lehrkräfte als Diagnostiker. Welche Rolle spielt die Schülerleistung bei der Einschätzung von Fähigkeitsselbstkonzepten? *Journal for Educational Research Online, 2*(1), 121–144.

Post, S. (in Vorbereitung). *Fordern und Fördern – Leistungsanforderungen und Differenzierung in der Lern- und Förderumwelt privater Grundschulen: Eine qualitative Untersuchung.* Dissertation Universität Kassel.

Stuart, E.A. (2010). Matching methods for causal inference: A review and a look forward. *Statistical Science, 25*(1), 1–21.

Theurer, C. (in Vorbereitung). *Kreativitätsförderndes Klassenklima als Determinante der Kreativitätsentwicklung im Grundschulalter.* Dissertation Universität Kassel.

Autoren und Autorinnen

Berner, Nicole E., M.A., Jg. 1981, Wissenschaftliche Mitarbeiterin im PERLE-Projekt 2007–2011, derzeit Wissenschaftliche Assistentin am Lehrstuhl für Kunstpädagogik (Prof. Dr. C. Kirchner), Universität Augsburg, Universitätsstr. 26, 86169 Augsburg, nicole.berner@phil.uni-augsburg.de

Faust, Gabriele, Prof.'in Dr., Jg. 1950, PERLE-Projektleiterin am Standort Bamberg 2005–2012, Lehrstuhlinhaberin für Grundschulpädagogik und -didaktik der Otto-Friedrich-Universität, 96045 Bamberg, gabriele.faust@uni-bamberg.de

Gabriel, Katrin, M.A., Jg. 1983, Wissenschaftliche Mitarbeiterin im PERLE-Projekt 2009–2012, derzeit Wissenschaftliche Mitarbeiterin an der Universität Frankfurt, Fachbereich Erziehungswissenschaften, Institut für Pädagogik der Elementar- und Primarstufe, Senckenberganlage 15, 60054 Frankfurt am Main, gabriel@em.uni-frankfurt.de

Karst, Karina, Dr., geb. Greb, Jg. 1979, PERLE-Projektkoordinatorin 2006–2009 und Wissenschaftliche Mitarbeiterin 2010–2011, seit 2012 akademische Mitarbeiterin am Lehrstuhl Pädagogische Psychologie (Prof. Dr. O. Dickhäuser), Universität Mannheim, karina.karst@uni-mannheim.de

Kastens, Claudia Pereira, Dr. phil, Diplompsychologin, Jg. 1979, seit 2008 Wissenschaftliche Mitarbeiterin und PERLE-Projektkoordinatorin, Universität Kassel, Mönchebergstr. 21a, 34117 Kassel, kastens@uni-kassel.de

Kempter, Iris, Diplompädagogin, Jg. 1979, Hilfskraft im Projekt PERLE 2009–2010, derzeit Wissenschaftliche Mitarbeiterin am Lehrstuhl- für Elementar- und Familienpädagogik der Otto-Friedrich-Universität Bamberg (Prof. Dr. H.-G. Roßbach), 96045 Bamberg, iris.kempter@uni-bamberg.de

Lipowsky, Frank, Prof. Dr., Jg. 1964, PERLE-Projektleiter am Standort Kassel 2005–2012, Professor für Empirische Schul- und Unterrichtsforschung, Universität Kassel, Nora-Platiel-Str. 1, 34109 Kassel, lipowsky@uni-kassel.de

Lotz, Miriam, Jg. 1984, Wissenschaftliche Mitarbeiterin im PERLE-Projekt 2009–2011, derzeit Wissenschaftliche Mitarbeiterin am Lehrstuhl für Grundschulpädagogik und -didaktik der Otto-Friedrich-Universität Bamberg (Prof. Dr. G. Faust), 96045 Bamberg, miriam.lotz@uni-bamberg.de

Mösko, Emely, Dr., Diplompsychologin, Jg. 1981, Wissenschaftliche Mitarbeiterin im PERLE-Projekt 2007–2011, derzeit Trainerin und Beraterin in der freien Wirtschaft.

Post, Swantje, M.A., Jg. 1984, Wissenschaftliche Mitarbeiterin im PERLE-Projekt 2009–2012, derzeit Wissenschaftliche Mitarbeiterin an der Universität Bremen, Fachbereich Erziehungs- und Bildungswissenschaften, Arbeitsbereich Deutschdidaktik, s.post@uni-bremen.de

Schoreit, Edgar, Diplompsychologe, Jg. 1967, Wissenschaftlicher Mitarbeiter im PERLE-Projekt 2008–2012, derzeit Wissenschaftlicher Mitarbeiter an der Professur für Empirische Bildungsforschung (Prof. Dr. H.P. Kuhn), Universität Kassel, Institut für Erziehungswissenschaft, Nora-Platiel-Str. 1, 34109 Kassel, schoreit@uni-kassel.de

Theurer, Caroline, M.A., Jg. 1984, Promotionsstipendiatin im PERLE-Projekt 2010–2013, Fachgebiet Empirische Schul- und Unterrichtsforschung (Prof. Dr. F. Lipowsky), Universität Kassel, Institut für Erziehungswissenschaft, Nora-Platiel-Str. 1, 34109 Kassel, theurer@uni-kassel.de

Tillack, Carina, M.A., Jg. 1983, Studentische Mitarbeiterin im PERLE-Projekt 2008–2011, derzeit Wissenschaftliche Mitarbeiterin im Fachgebiet Empirische Bildungsforschung (Prof. Dr. H.P. Kuhn), Universität Kassel, Institut für Erziehungswissenschaft, Nora-Platiel-Str. 1, 34109 Kassel, tillack@uni-kassel.de

Publikationen aus dem PERLE-Projekt

(Stand: Oktober 2012)

Berner, N.E., Faust, G. & Lipowsky, F. (2010). Kunstunterricht in der empirischen Bildungsforschung: „Kunst & Kreativität" im Forschungsprojekt PERLE. *BDK-Mitteilungen, 46*(3), 8–10.

Berner, N.E. & Faust, G. (2010). „Eine Schlange, die gepanzert ist und fliegen kann" – Bildnerische Kreativität im plastischen Gestalten. In C. Kirchner, J. Kirschenmann & M. Miller (Hrsg.), *Kinderzeichnung und jugendkultureller Ausdruck. Forschungsstand – Forschungsperspektiven. Kontext Kunstpädagogik* (S. 449–464). München: Kopaed.

Berner, N.E., Lotz, M., Kastens, C., Faust, G. & Lipowsky, F. (2010). Die Entwicklung der Kreativität und ihre Determinanten in den ersten beiden Grundschuljahren. *Zeitschrift für Grundschulforschung, 3*(2), 72–84.

Berner, N.E., Theurer, C. & Lipowsky, F. (2012). „Ist Kreativität messbar?" Zur Erfassung kreativer Fähigkeiten im Forschungsprojekt PERLE. *Erziehung und Unterricht, 162*(5–6), 442–453.

Corvacho del Toro, I.M. (2012). *Fachwissen von Grundschullehrkräften und dessen Effekt auf die Rechtschreibleistung von Grundschülern*. Dissertation Universität Frankfurt am Main.

Corvacho del Toro, I.M. & Greb, K. (2007). Persönlichkeits- und Lernentwicklung von Grundschulkindern. Zur Anlage des Projekts PERLE. In K. Möller, P. Hanke, C. Beinbrech, A.K. Hein, T. Kleickmann & R. Schages (Hrsg.), *Qualität von Grundschulunterricht entwickeln, erfassen und bewerten* (S. 313–316). Wiesbaden: VS Verlag für Sozialwissenschaften.

Faust, G., Lipowsky, F. & Gleich, A.-K. (2011). Unterrichtsqualität in der Grundschule. Kognitive Aktivierung in der PERLE-Videostudie Sprache. *Die Grundschulzeitschrift, 25*(245/246), 48–52.

Gabriel, K., Kastens, C., Poloczek, S., Schoreit, E. & Lipowsky, F. (2010). Entwicklung des mathematischen Selbstkonzepts im Anfangsunterricht – Der Einfluss des Klassenkontextes. *Zeitschrift für Grundschulforschung, 3*(1), 65–82.

Gabriel, K., Mösko, E. & Lipowsky, F. (2011). Selbstkonzeptentwicklung von Jungen und Mädchen im Anfangsunterricht – Ergebnisse aus der PERLE-Studie. In F. Hellmich (Hrsg.), *Selbstkonzepte im Grundschulalter. Modelle – empirische Ergebnisse – pädagogische Konsequenzen* (S. 133–158). Stuttgart: Kohlhammer.

Greb, K., Faust, G. & Lipowsky, F. (2007). Projekt PERLE: Persönlichkeits- und Lernentwicklung von Grundschulkindern. *Diskurs Kindheits- und Jugendforschung, 2*(1), 100–104.

Greb K., Lipowsky, F. & Faust, G. (2009). Nina und Michael, Miró und ein Nussknacker! Persönlichkeits- und Lernentwicklung von Grundschulkindern. *Die Grundschulzeitschrift, 23*(228/229), 18–21.

Greb, K., Poloczek, S., Lipowsky, F. & Faust, G. (Hrsg.) (2009). PERLE-Instrumente: Schüler, Lehrer, Eltern (Messzeitpunkt 1). In F. Lipowsky, G. Faust & K. Greb

(Hrsg.), *Dokumentation der Erhebungsinstrumente des Projekts „Persönlichkeits- und Lernentwicklung von Grundschulkindern" (PERLE) – Teil 1* (Materialien zur Bildungsforschung, 23/1). Frankfurt am Main: Gesellschaft zur Förderung Pädagogischer Forschung (GFPF).

Karst, K. (2012). *Kompetenzmodellierung des diagnostischen Urteils von Grundschullehrern.* Münster: Waxmann.

Karst, K., Mösko, E., Lipowsky, F., & Faust, G. (Hrsg.) (2011). PERLE-Instrumente: Schüler, Eltern (Messzeitpunkt 2 & 3). In F. Lipowsky, G. Faust & K. Karst (Hrsg.), *Dokumentation der Erhebungsinstrumente des Projekts „Persönlichkeits- und Lernentwicklung von Grundschulkindern" (PERLE) – Teil 2* (Materialien zur Bildungsforschung, 23/2). Frankfurt am Main: Gesellschaft zur Förderung Pädagogischer Forschung (GFPF).

Künsting, J., Post, S., Greb, K., Faust, G. & Lipowsky, F. (2010). Leistungsheterogenität im mathematischen Anfangsunterricht – ein Risiko für die Leistungsentwicklung? *Zeitschrift für Grundschulforschung, 3*(1), 46–64.

Lipowsky, F., Kastens, C., Lotz, M. & Faust, G. (2011). Aufgabenbezogene Differenzierung und Entwicklung des verbalen Selbstkonzepts im Anfangsunterricht. *Zeitschrift für Pädagogik, 57*(6), 868–884.

Lotz, M. (2010). Kognitiv aktivierende Leseübungen im Anfangsunterricht der Grundschule. Eine Videostudie. In G. Rupp, J. Boelmann & D. Frickel (Hrsg.), *Aspekte literarischen Lernens. Junge Forschung in der Deutschdidaktik* (S. 145–163). Münster: Lit Verlag.

Lotz, M., Berner, N.E., Gabriel, K., Post, S., Faust, G. & Lipowsky, F. (2011). Unterrichtsbeobachtung im Projekt PERLE. In D. Kucharz, T. Irion & B. Reinhoffer (Hrsg.), *Grundlegende Bildung ohne Brüche* (S. 183–194). Wiesbaden: VS Verlag für Sozialwissenschaften.

Lotz, M., Faust, G. & Lipowsky, F. (2012). „Unterstreiche alle wichtigen Stellen im Text!" – Zur Anregung des Lesestrategieeinsatzes im Anfangsunterricht. In F. Hellmich, S. Förster & F. Hoya (Hrsg.), *Bedingungen des Lehrens und Lernens in der Grundschule – Bilanz und Perspektiven* (S. 279–282). Wiesbaden: VS Verlag für Sozialwissenschaften.

Lotz, M., Lipowsky, F. & Faust, G. (2011). Kognitive Aktivierung im Leseunterricht der Grundschule. Konzeptionelle Überlegungen und erste empirische Ergebnisse zu ausgewählten Merkmalen kognitiv aktivierender Unterrichtsgespräche. *OBST (Osnabrücker Beiträge zur Sprachtheorie), 80*, 145–165.

Lotz, M., Lipowsky, F. & Faust, G. (Hrsg.) (in Vorbereitung). Technischer Bericht zu den PERLE-Videostudien. In F. Lipowsky & G. Faust (Hrsg.), *Dokumentation der Erhebungsinstrumente des Projekts „Persönlichkeits- und Lernentwicklung von Grundschulkindern" (PERLE) – Teil 3* (Materialien zur Bildungsforschung, 23/3). Frankfurt am Main: Gesellschaft zur Förderung Pädagogischer Forschung (GFPF).

Mösko, E. (2011). *Elterliche Geschlechtsstereotype und deren Einfluss auf das mathematische Selbstkonzept von Grundschulkindern.* Dissertation Universität Kassel. Online verfügbar unter: https://kobra.bibliothek.uni-kassel.de/handle/urn:nbn:de: hebis:34-2011102139419.

Orth, S., Berner, N.E., Faust, G. & Lipowsky, F. (2012). Klarheit und Strukturiertheit in der Kunstrezeption. Eine videobasierte explorative Analyse im Rahmen des Forschungsprojekts PERLE. *BDK-Mitteilungen, 48*(2), 9–12.

Poloczek, S., Karst, K., Praetorius, A.-K. & Lipowsky, F. (2011). Generalisten oder Spezialisten? Bereichsspezifität und leistungsbezogene Zusammenhänge des schulischen Selbstkonzepts von Schulanfängern. *Zeitschrift für Pädagogische Psychologie, 25*(3), 173–183.

Post, S. & Greb, K. (2009). *Deskriptive Ergebnisse zu den schriftsprachlichen Vorläuferfähigkeiten am Anfang von Klasse 1 und der Entwicklung der Mathematikleistung im Verlauf des ersten Schuljahres.* PERLE Projektbericht Nr.1. Universität Kassel: Kassel. Online verfügbar unter: http://perle-projekt.de/images/pdf/erstergperle09.pdf.

Post, S., Kastens, C. & Lipowsky, F. (im Druck). Learning environments in private elementary schools – Implementation and students' perception of high achievement expectancies and differentiation. In G. Huber (Hrsg.), *Building Bridges through education.* Tagungsband XIII Workshop of Qualitative Research in Psychology.

Praetorius, A.-K., Greb, K., Lipowsky, F. & Gollwitzer, M. (2010). Lehrkräfte als Diagnostiker – Welche Rolle spielt die Schülerleistung bei der Einschätzung von mathematischen Selbstkonzepten? *Journal of Educational Research Online, 2*(1), 121–144.

Praetorius, A.-K., Karst, K., Dickhäuser, O. & Lipowsky, F. (2011). Wie gut schätzen Lehrer die Fähigkeitsselbstkonzepte ihrer Schüler ein? Zur diagnostischen Kompetenz von Lehrkräften. *Psychologie in Erziehung und Unterricht, 58*(2), 81–91.

Praetorius, A.-K, Lipowsky, F. & Karst, K. (2012). Diagnostische Kompetenz von Lehrkräften: Aktueller Forschungsstand, unterrichtspraktische Umsetzbarkeit und Bedeutung für den Unterricht. In A. Ittel & R. Lazarides (Hrsg.), *Differenzierung im mathematisch-naturwissenschaftlichen Unterricht – Implikationen für Theorie und Praxis* (S. 115–146). Bad Heilbrunn: Klinkhardt.

Schmidt, R. (im Druck). Rezeption und Produktion: Denkprozesse initiieren. In C. Kirchner (Hrsg.), *Kunst-Didaktik für die Grundschule.* Berlin: Cornelsen.

Schmidt, R. & Faust, G. (2011). Kognitive Aktivierung während der Kunstrezeption im Anfangsunterricht. In J. Kirschenmann, C. Richter & K.H. Spinner (Hrsg.), *Reden über Kunst. Projekte und Ergebnisse aus der fachdidaktischen Forschung zu Musik, Kunst, Literatur* (S. 293–309). München: kopaed.

Theurer, C., Berner, N.E. & Lipowsky, F. (angenommen). Die Kreativitätsentwicklung im Grundschulalter: Zur Erfassung der Kreativität im PERLE-Projekt. *Journal of Educational Research Online.*

Theurer, C., Kastens, C., Berner, N.E. & Lipowsky, F. (2011). Die Kreativitätsentwicklung im frühen Grundschulalter und ihr Zusammenhang mit der Intelligenz. *Zeitschrift für Grundschulforschung, 4*(2), 83–97.

Thomé, G., Corvacho del Toro, I. & Thomé, D. (2011). Grundlagen qualitativer Fehleranalysen. In G. Schulte-Körne (Hrsg.), *Legasthenie & Dyskalkulie: Stärken erkennen – Stärken fördern* (S. 43–49). Bochum: Winkler.